女主临朝

狸猫何曾换太子

刘广丰 著

主编 耿元骊
宋朝往事 系列

辽宁人民出版社

图书在版编目（CIP）数据

女主临朝：狸猫何曾换太子 / 刘广丰著 . —沈阳：
辽宁人民出版社，2023.1
（宋朝往事系列 / 耿元骊主编）
ISBN 978-7-205-10515-0

Ⅰ . ①女… Ⅱ . ①刘… Ⅲ . ①中国历史—北宋—通俗
读物 Ⅳ . ① K244.09

中国版本图书馆 CIP 数据核字（2022）第 137099 号

出版发行：辽宁人民出版社
　　　　　地址：沈阳市和平区十一纬路 25 号　邮编：110003
　　　　　电话：024-23284191（发行部）　024-23284304（办公室）
　　　　　http：//www.lnpph.com.cn
印　　刷：北京长宁印刷有限公司天津分公司
幅面尺寸：165mm×235mm
印　　张：18.25
字　　数：200 千字
出版时间：2023 年 1 月第 1 版
印刷时间：2023 年 1 月第 1 次印刷
责任编辑：贾　勇　赵维宁
封面设计：乐　翁
版式设计：一诺设计
责任校对：郑　佳
书　　号：ISBN 978-7-205-10515-0
定　　价：58.00 元

总　序

　　宋朝的魅力，势不可当，有越来越多的人爱读宋朝故事，这从"宋朝往事"第一辑所受到的欢迎程度也可见一斑。10位青年学者，以自身长期积累的学术优势，通俗而不媚俗、讲史而不戏说的独特风格，赢得了广大读者的认同。也因此，在辽宁人民出版社的支持下，我们延续前缘，继续组织撰写了"宋朝往事"的第二辑。

　　关于宋朝的一般性概括，在第一辑总序当中已经说过了。说过的话，多数情况下，理所当然不应该重复。但是下面这段话，是我们两次编撰"宋朝往事"的共同圭臬，所以请让我再次引用孟浩然的这一句"人事有代谢，往来成古今"，因为它最能代表我们的心情和缘起之思。我们就是想通过人和事两方面，与读者诸君讨论宋朝的独特之处。宋的风雅、宋的政事、宋的富庶，都体现在人和事之中了。没有那些独特的人，风雅不可见；没有那些风雅之士的行动，政事不可知；没有那些百姓的努力创造，富庶无可求。想要全方位地观察宋、了解宋、欣赏大宋之美，就请和我们一起来回首宋朝往事。

面对浩瀚宇宙，面对苍茫大地，面对漫漫人生，我们的内心常常涌起一种深远庄严之感，不由得想去探究和思考。这就是人之所以为人的根本，只有人类才渴盼了解自身，试图了解自己的过往。而有着世界上最长久、最多历史记载的中华民族，也算得上是更愿意了解自身历史的族群之一。与过去的历史人物、事件建立起属于我们自身的沟通管路，唯一的渠道和办法，就是读史。读其书，想其人，念古人或雄壮或卑微的一生，感慨万千，油然而生的一种复杂情绪自会弥漫胸间。这大概也是想了解历史、阅读历史的普通读者常有的心境。

不过世易时移，大多数非专业读者，基本已经不再能识读繁体字了，更不要说能较为畅达迅速地理解文言文。而处于压力极大的现代社会，人们的状态都是每日疲于奔命。让有阅读渴望的各行各业读者，都能重新从工具层面开始入手研读，实在是不可能的奢望，也是强人所难。但是满足爱读史的读者的渴求，也是我们这些从事专业研究的职业学者仍然不可忽视的职责所在。所以回首"宋朝往事"，提供一种虽然是"快餐"，但尽量做到最佳的"快餐"，就是我们这些职业学者试图为其他行业读者提供的一点微不足道的小贡献。

在第一辑基础上，我们再次选择了五人五事，同我们亲爱的读者一道，再次进入宋朝的天地时空。赵普、包拯、狄青、陆游、文天祥这五位代表性人物，就此进入了读者诸君视野。赵普是宋朝开国元勋，也是宋初文臣之中较为有名的一位。一生之中三次入朝为相，影响很大。世人知道他，多以那句"半部《论语》治天下"的典故。他长于吏道，善于出谋划策，"智深如谷"，开国大政，多依赖于赵普的策划。在我们已经了解赵匡胤的基础上，自然也要了解一下这位开国谋士。包拯在明清以后，已经成为中国古代清官的杰出代表，是为政清廉、公正执法、断案如神的象征，民间呼为"包青天"。以他为主角衍生出的历史演义、戏剧小说、电影电视剧等为数众多且历代相传。戏说虽然于史无证，却激起我们窥探历史上包拯究竟是何种模样的极大兴趣。狄青从一名出身低微的基层农家子弟应征入伍，一无权二无势，通过自己精湛的武功、高妙的指挥能力和优良的人品，以及在国家危难之际奋不顾身的突出表现，成长为接近权力巅峰的枢密使，是底层小人物逆袭的典型，后代小说家甚至以他为主角写成了诸多小说演义作品。传说狄青是武曲星下凡，与文曲星下凡的"包青天"一起享誉天下。陆游是伟大诗人和伟大爱国者，大多中国学生都学习和背诵过那首千古名诗《示儿》，他一辈子渴望北伐中原，收复失地，但是时代没有给陆游这样的机会。以南宋大历史，以宋金和战历史来做背景，我们才能发现一个真实的陆游。文天祥更是我们常常耳闻的人物，为了匡扶南宋这座将倾的大厦，妻离子散，家破人亡，但依然志向不改、视死如归。文天祥伟大的人格力量，在中华历史上铸就了一块无与伦比的正气丰碑，内化成为中华优秀传统文化不可分割的一部分。纵观文天祥一生，无负于"人生自古谁无死，留取丹心照汗青"的铮铮誓言。

与五人同时，就是我们常常想了解的"大事"。这些大事，在宋代历史上也极为关键。女主临朝、更化到绍述、宋夏之战、襄阳保卫战、崖山暮光，是我们观察宋朝、了解宋朝不可缺少的环节。宋真宗皇后，章献明肃刘皇后在历史上也是一个有名的皇后，关于她的故事，最著名的传说就是"狸猫换太子"了，而这只是个编造的谎言。事实上，刘皇后作为宋代第一位垂帘听政的太后，在她身上发生的故事远比"狸猫换太子"更加精彩。熙丰变法由神宗与王安石共同发起，最后到了神宗的儿子手上，却逐渐由改善宋代民生、行政、财政、兵政的大目标，转而成为朝廷清除异己与聚敛财富的工具，丧失了它的正当性，而这一切还是在继述神宗之志旗帜下进行的。借着更化到绍述之名，大宋这一艘漏水航船驶入了更加风雨飘摇的末路。而自宋建国起，宋朝与党项李氏一直保持着友好关系，西部边界也一直处于相对稳定的局面，直到李继迁公开与宋朝决裂。党项李氏逐渐壮大，并建立西夏，发展成为足以抗衡辽、宋的地方政权，宋朝西部边患几无宁日，他们之间漫长曲折的战争故事也陆续上演。宋元之间，襄樊大战则是南宋灭亡的关键。让我们一同进入宋末的历史世界，看看身处其中的人物如何抉择，观其言，察其行。在13世纪末的欧亚大舞台上，从全球视角，看看襄樊之战的前因、后果、始末、结局与影响。襄樊大战失败之后，元军继续南下，宋人多路义军闻风而动，试图收复故土，好不热闹。但元军一路直下，鏖战五十年，四川最终陷落。宋廷退守崖山，张世杰摆一字长蛇阵，决战一日，十万军民漂尸海上，南宋彻底灭亡。遗留的大宋忠臣遗民，或以生命为国尽忠，或以生命为国招魂，只留待我们后人唏嘘南宋的往事，或叹或悲或感慨。这样的五人五事，我们再次以立体形式勾勒了大宋面貌。让我们11个人继续努力，期待读者诸君与我们一起走进宋朝，在大宋场景之中，回味历史的波澜壮阔。

经过上一轮的磨合，与10位作者已经形成了默契相知。在辽宁人民出版社蔡伟编辑的再次鼓励下，我们继续承担了撰写工作。还是同样的希望，希望我们 11 个人的努力，能让您对真实的历史多一点了解。感谢陈俊达（吉林大学）、黄敏捷（广州南方学院）、蒋金玲（吉林大学）、刘广丰（湖北大学）、刘芝庆（湖北经济学院）、仝相卿（浙大城市学院）、王淳航（凤凰出版社）、王浩禹（云南师范大学）、张吉寅（山西大学）、赵龙（上海师范大学）等一众优秀青年学者（以上按姓名拼音排序）加盟此系列的撰述。虽然刘云军教授因为撰述任务太多未能参与，非常遗憾，但仍感谢云军教授在不同场合给予的大力支持！最后，亲爱的读者，我们一群作者贡献全力，希望能为您的读书生涯增添一点乐趣！让我们一起读宋，知宋，了解宋朝。

耿元骊

2022 年 8 月 18 日于开封铁塔湖

目　录

总　序 / 001

引子　"狸猫换太子"的故事 / 001

第一章
巾帼岂能让须眉 / 005
　　一、中国古代的后妃政治 / 005
　　二、五代与宋初的皇后 / 015

第二章
贫民孤女变凤凰 / 025
　　一、刘氏的身世 / 027
　　二、情妇的逆袭 / 033

第三章
开封城内风云变 / 045
　　一、宝贝儿子 / 047

二、天禧政争 / 052

三、太后垂帘 / 065

四、母子相安 / 078

第四章

"异论相搅"控朝局 / 089

一、宰执集团的演变 / 090

二、台谏势力的崛起 / 135

三、特殊势力的利用 / 149

第五章

幼君渐长拒还政 / 171

一、还政的博弈 / 172

二、女主的心态 / 182

三、皇帝的态度 / 194

四、宸妃的葬礼 / 199

第六章

女主政绩亦斐然 / 204

一、对内政绩 / 206

二、经济政策 / 214

三、对外交往 / 225

四、女性意识 / 232

第七章

垂帘终成宋典范 / 246

　　一、章献明肃 / 246

　　二、垂范后世 / 254

余论　"于赵氏实有大功" / 271

后　记 / 278

引子 "狸猫换太子"的故事

　　中国历史上有很多有趣的故事，因为我们的文献记载非常丰富，所以这些故事也得以流传。这本来是一件好事，但问题是，自古以来有多少人翻阅古籍呢？古代的识字率本来就不高，能读史书的都是读书人，但他们所占的人口比例相当小。到了现代，我们基本能实现扫盲了，但愿意阅读古籍的人依然很少。然而，中国人对很多历史故事依然耳熟能详，因为除了文献记载之外，还有很多口耳相传的作品，包括戏曲、小说等。说起小说，自宋以后有很多街头说书的人，他们所讲的故事后来逐渐形成文字，或成为话本，或搬上舞台变成杂剧，而它们的故事来源，很多都是经过演绎的历史故事。比如著名的《三国演义》，就是以三国时期的历史为蓝本，而《水浒传》的故事，也是基于北宋的农民起义。不可否认，这些历史故事能给当时没有读过书的普通民众普及一些历史知识，并传达与当时社会相符的价值观；但它们都是经过"演绎"的，当中有一些甚至只是借用历史人物的姓名，但其中故事与这些人物并无关系。于是，问题来了：由于这些故事中的人物大多是历史人物，不明真相的群众就会把它们看作真正的历史，从而让一些历史人物在民间蒙受不白之冤。例如《杨家将》中的潘仁美，《三侠五义》中的庞太师，他们都以反面人物的形象出现在小说中，但事实上，前者并没有迫害过杨家众人，而后者乃是北宋历史上的名臣。

我这本书的主角是北宋著名的女主，宋真宗的皇后：章献明肃刘皇后。跟庞太师一样，她也出现在《三侠五义》当中，且为了突出包拯公正严明、不畏强权，她也被这部小说塑造成一个刻毒的女人，而关于她的故事，就是著名的"狸猫换太子"了。既然如此，我就先简单讲一下这个故事，以作为全书的引子。

话说北宋真宗年间，中宫已经虚位多年，真宗皇帝身边有两位妃子：刘妃和李妃。二人当时都怀有身孕，于是真宗当众宣布，谁生下太子，谁就正位中宫。刘妃害怕李妃生得儿子，从而得宠，于是与宦官郭槐合谋，在李妃生产当天，用一只剥了皮的狸猫替换了李妃所生的皇子。真宗看见李妃所生之物，乃一只血淋淋的狸猫，于是龙颜大怒，把李妃贬入冷宫。而真正的皇子则被刘妃密令勒死，丢弃在金水桥下。奉命执行的宫女寇珠不忍皇子身死，于是让宦官陈琳偷偷把他运送出宫，寄养在八贤王家中。不久，刘妃也产下皇子，正位中宫。可惜的是，皇子在六岁时因病去世，真宗决定从八贤王的子嗣中挑选太子，八贤王顺势把当初李妃所生之子推荐入宫。此子途经冷宫时，在陈琳的引导下拜见了李妃，但后来却被刘皇后探知。刘皇后为防止出现意外，便以李妃心生怨恨为由，欲派人将她勒死。很早之前，陈琳已通过另一宦官秦凤告知李妃真相，李妃为了儿子的平安，不得不隐忍至今。此刻大祸临头，秦凤的徒弟余忠替李妃赴死，而秦凤则安排李妃逃离皇宫。刘皇后怕留下太多线索，伙同郭槐火烧冷宫，秦凤最终也死在冷宫之中。真宗驾崩，太子即位，是为仁宗，而刘皇后也顺理成章成为太后。此时，大宋出现了一位清正廉明的官员包拯，他在陈州赈灾时，偶遇流落至此隐姓埋名的李妃。李妃对包拯诉说了自己的遭遇，包拯半信半疑，于是把她带回京城。李妃与八贤王之妻狄妃相认，八贤王也证实了此事，于是他们安排李妃与仁宗相见。仁宗密旨让包拯审理此案，于是包公三审郭槐，最后通过假设阴曹让郭槐招供，此事终于真相大白。郭槐最终就戮，仁宗拿着郭槐的供词去见刘太后，刘太后当场吓死，李妃终正中宫之位，成为太后。

这个故事曲折离奇，符合小说矛盾冲突的要件，更重要的是，当中角色忠奸分明，好人最终有好报，坏人最后遭报应，可谓大快人心。作为文学作品，这是非常成功的，但作为历史，这里面问题很大。这里我先不替刘皇后喊冤，而是替真宗喊冤，因为他在故事里被塑造成一个让刘妃玩弄于股掌之中的昏君。事实上，历史上的宋真宗并不昏庸，可不知为何，文学界对他很不友好，在《杨家将》里，他也是一个糊里糊涂的人物。当然，这个故事也并非完全没有历史依据，毕竟文学作品也是源于生活，高于生活的。下文我们会提到，宋仁宗的确是李氏所生，由刘皇后抚养成人。再者，南宋光宗朝的李皇后，也是妒忌心重，曾迫害皇帝喜欢的妃子。而明宪宗时的万贵妃，其所作所为，更可以说与故事中的刘妃十分吻合。

可故事终归是故事，它杂糅了不同时期的历史事件，又经过不同作者的加工、演化，它不是历史事实。这一点历史学者都很清楚。我读研究生的时候，有一位女老师说她很喜欢郑少秋演的《戏说乾隆》，但她也说，她喜欢的是这一版乾隆的风度翩翩，这部电视剧已经说明自己是"戏说"，谁相信谁糊涂。确实如此，可对于很多普通民众，甚至是不研究历史的学者而言，他们未必会分得很清楚。我记得以前读过一篇管理学的文章，当中的理论分析全部基于"狸猫换太子"这个故事。对于我们研究历史的人来说，这个故事既然是假的，你凭什么保证从中分析出来的理论是真的。作为从事历史研究的工作者，我认为有必要对一些文学作品里的故事正本清源，从而让普罗大众了解历史的真实。事实上，刘皇后作为宋代第一位垂帘听政的太后，在她身上发生的故事比"狸猫换太子"更加精彩。

第一章

◎

巾帼岂能让须眉

我们这本书要讲的是宋代第一位垂帘听政的太后，可中国古代明明是一个男权社会，为什么女性还能够参与到政治当中，甚至还可以垂帘听政呢？若论中国古代最出名的女主，大家耳熟能详的当然是武则天与慈禧太后，这刘太后除了"狸猫换太子"之外，还有什么好讲的？宋代后宫的这些女性参与政治的环境是怎么样的？与之前的时代有什么区别？这些问题都值得我们思考，而我也认为在第一章里，有必要先给中国古代，尤其是五代至宋初的后妃政治作一个简单的介绍。

一、中国古代的后妃政治

我们必须承认，中国古代真的是一个男权社会，而且越到后来，对女性越不友好。如果说《周易·家人卦》里面提到的"女正位乎内，男正位乎外"是一种对男女家庭分工的描述，那么到了明清时代所谓"三步不出闺门"，就是对女性活动空间的严格限制了。在这种条件之下，女性不要说参与政治，就算想跟男性一样获得平等的受教育权利，都是千难万难。在我们传统的戏剧剧目中，有一出《再生缘》的戏，讲述的是元朝大学士孟士元之女孟丽君为了逃婚，女扮男装，上京考状元的故事。戏中的孟丽君才情横溢，不输男性。但这终归只是戏剧，并不是真实的历史。在中国古代历史上，除短暂的武周时期外，女子基本上难以当官。哪怕武则天所处时代的唐朝——号称中国历史上最为开放的朝代——才女鱼玄机也只能空叹"自恨罗衣掩诗句，举头空羡榜中名"，因为身为女性，她连参加科举考试的资格都没有。

　　问题来了，既然女性连考科举当官的资格都没有，那武则天是怎么当上皇帝的？考试也好，当官也罢，这些都是制度，都能够把绝大部分的女性隔绝在政治之外。但现在有一句话说得好：有人的地方就会有江湖。江湖是什么？各种恩怨情仇啊，说白了，就是人情。人情人情，顾名思义，就是人类的感情，而人类的感情里最基本的，就要算亲情了。那是父母之爱，儿女之孝，兄弟之义，夫妻之情，无论你是高高在上的皇帝，还是社会底层的贩夫走卒，这些感情都是与生俱来无法回避的。而且，历史本来就应该讲感情，因为离开了这些血与肉、爱与恨，我们的历史就会变得寡淡无趣，我们更无法理解古人的思想和行为。更何况，我们自古以来都是人情社会。

　　好了，上述这些究竟跟中国古代的后妃政治有什么关系？关系可大了。大家都知道《红楼梦》，那在贾府里，权力最大的是谁呢？不是贾政，也不是贾珍，而是家里那位辈分最高的老祖宗贾母，她才是贾府的实际领导人。抛开她知书达理、知人善任这些优点，她能主理贾府，归根到底还是她的身份——贾政的母亲、贾珍的叔婆（祖母辈）。中国古代最讲孝道，当年母抚子以慈，此刻子侍母以孝，这是天经地义的事情。中国古代的孝，当然不是指事事顺从，但父母的要求就算稍不合理，只要不算过分，子女一般都会遵从，更何况，如果父母提出好的建议，子女乐于接受，这难道不是人之常情吗？普通家庭，哪怕是官宦人家，一些家长里短的事情，于国家政治是无伤大雅的。

可是，皇帝也是父母所生的，他也需要对父母尽孝，而对于大多数皇帝来说，他能即位，就意味着他的父亲已经离开人世，所以他能尽孝的对象就只有母亲了。而且，中国古代的孝不但是一种单纯的家庭伦理规范，它还是皇帝治理国家的基础。《孝经》第一章就开宗明义地指出："夫孝，始于事亲，中于事君，终于立身。""事亲"是基础，"事君"则关系到国家秩序，而对于皇帝来说，他无君可事，就得更注重终极目标"立身"了，否则如何成为天下臣民的典范，如何维持国家的统治秩序？这事亲嘛，皇帝在宫中孝敬太后，当一个可爱的乖儿子不就成了，哪儿涉及政治啊？一般家庭当然可以，可皇帝的家庭不行，因为"天家无私事"，跟皇帝有关的都是国家大事，这是我们中国古代的体制决定的。于是，问题就出现了，太后给皇帝提的任何建议，都有可能涉及政治。比如，太后特别喜欢皇帝的某个儿子，于是跟皇帝说，你以后啊，就立他当你的继承人。这是立太子，百分之一百的干预政治。

中国历代女主临朝，大多数是太后，所以历代皇帝和士大夫大多会把限制女主的目光投向母后那里。比如《后汉书》里面就提到："自古虽主幼时艰，王家多衅，必委成冢宰，简求忠贤，未有专任妇人，断割重器。"换言之，当皇帝年幼时，辅助他的应该是以宰相为首的忠贤大臣，而不是小皇帝的母后。到清代，王夫之甚至直接指出："母后临朝未有不乱者。"矛头直指太后。之所以如此，乃是因为太后对皇权的行使，存在着"孝"这一儒家伦理作为依据，但同时这种行为又侵入了外朝的男权世界，在家天下时代，这是一个难以解决的矛盾：大臣们再反对，总不能让皇帝对母亲不敬吧，尤其是他还是一个未成年的小皇帝时。这是一个摆在台面上的问题，所以大臣们、士大夫们、史官们、男性的知识分子们必须对此时时提醒，处处提防。有时候，老皇帝未驾崩时，就已经考虑到这个问题了，于是他先下手为强。比如汉武帝发动"巫蛊之祸"，本来就是想把太子刘据的母族，也就是卫青的家族干掉，以免太子即位后发生母后干政的事情，谁知道这场政治斗争把太子也牵扯进去了。后来，当汉武帝要立刘弗陵为太子，就干脆把他的生母钩弋夫人给杀了，由此开了"立子杀母"的先例。而这种做法在北魏被"发扬光大"，只要哪位后宫的儿子被立为太子，母亲往往会被赐死，然后追封为皇后。这种做法当然是不人道的——而且效果也不好，所以后世也很少效法。明朝建立之初，朱元璋就明令规定后宫不得干政。到了清朝的时候，老皇帝担心自己的继承人能力不足，会被后宫或权臣左右，干脆建立了"秘密建储"制度，不到最后打开遗诏的一刻，根本不知道谁是下一任皇帝。这是从皇储人选上把关，无论如何都要选择能力最强的。可这就能防止母后干政吗？不行。刘弗陵即位，成为汉昭帝，辅政大臣中的上官桀和霍光都争着让自己家的女儿当皇后，因为他们都清楚，当时的后族能与皇帝分享权力。而在此之后，汉代母后干政甚至成为历史的典型，推翻西汉的王莽，就是出身后族。北魏呢？母亲死了，还有祖母，还有乳母，到了后来那位亲生母亲甚至跟皇帝感情太好了，皇帝舍不得杀她，于是让她成为北魏唯一一位以生母身份主持外政的太后——胡灵太后。明朝确实没有垂帘听政的太后，但明英宗九岁即位，实际行使皇权的却是张太皇太后（明仁宗的皇后），因为大臣们不敢自作主张。而到了清朝，秘密建储制度让这一朝皇帝总体上优于前代各朝——当然，也更加专制——可制度的设计者也没想到，咸丰皇帝驾崩后，只有一个未成年的儿子，于是为母后垂帘听政打开了一扇大门，且一发不可收拾。

太后参与政治是很难避免的，于是大家可能会说，母亲也就一个，所以只要把太后的权力控制好，后宫就难以干政了。可在后宫里，皇帝身边的女性还不止太后，还有皇后和不同等级的嫔妃。与太后相比，她们缺乏干政的合法性，所以历代垂帘听政的皇后很少，在中原王朝里比较典型的就是唐高宗时期皇帝跟皇后（武则天）一起坐朝了，可这是个案。但后妃们是否会参与政治呢？当然会，而且她们比太后更具隐蔽性。按道理说，政治大多是朝中政事，只要皇帝不把白天上班的工作带回宫中，后妃们是无法干预朝政的。历朝历代对此都有相关的制度或默认的规则。但我之前说了，中国人是讲感情的，放在现在，丈夫在工作中遇到什么烦心事，回家跟太太诉说诉说，这不是很正常吗？古人也是一样的。皇帝也是人，也有感情，他在朝上也有很多苦恼的事情，也需要找人诉说。诉说的对象是谁呢？大臣不合适，不让他闹心就不错了。回到宫中，皇帝可以向从小陪自己长大的宦官诉说，于是古代宦官干政，甚至专政的现象不少。但随着皇帝成年、成家，他诉说的对象也可以是自己的枕边人，那就是后妃了。有的后妃把皇帝的话听了就算了，有的则会谈谈自己的想法，有的甚至借助自己的身体和身份想方设法去影响皇帝。所以，大臣们真不知道皇帝第二天早朝宣布的决定，是不是有人在宫中撺掇。比如本书的主角刘太后驾崩后，宋仁宗亲政，想把太后留下的中枢大臣都罢免掉，于是跟宰相吕夷简商讨好了名单。晚上回到宫中，他随口跟郭皇后聊起了此事，郭皇后搭了一句："难道吕夷简就不依附太后了吗？只不过他比较聪明机巧而已。"这话说完，第二天早朝宣布罢免名单，第一位就是吕夷简。宋仁宗跟郭皇后还是感情不好的，因为这不是他自己喜欢的皇后，而是太后为他选的，不久之后他甚至废了郭皇后。但即便如此，他还是把朝廷大事拿来跟皇后说，而皇后也提出了决定性的意见。感情不好的尚且如此，感情好的就更不用说了。这就能够理解，为何上官桀跟霍光想方设法要让家族的女孩成为皇后，而霍光的夫人甚至为此毒死了汉宣帝的原配许皇后，这背后体现的是皇后在政治上巨大的话语权。不但皇后如此，得宠的妃子也是一样。如唐玄宗时，杨贵妃得宠，杨家可谓鸡犬升天；又如宋仁宗时，张贵妃得宠，伯父张尧佐也因此飞黄腾达。无怪乎白居易在《长恨歌》中说道："姊妹弟兄皆列土，可怜光彩生门户。遂令天下父母心，不重生男重生女。"而后妃一旦为皇帝诞下龙儿，且成为太子，将来她就有可能成为太后，甚至在有限的条件下名正言顺地行使皇权，这对后族而言也是巨大的利益。

对于垂帘听政，尽管在历朝历代均有相关的制度，但女主代理皇权毕竟不是中国古代的常态，所以必然会有条件限制。皇帝若是成年，精力充沛，且能力出众，那太后跟后妃最多也就只能在后宫中吹吹风，利用亲情左右一下皇帝。那么什么情况下，后宫女性可以代理皇权呢？我认为起码有四种客观情况。第一种情况，即所谓"主幼时艰"。中国从周朝开始，就确立了嫡长子继承制，尽管历代对这个制度也不算严格执行，但在两朝更替时出现幼主是十分常见的。尽管大臣们大多想如"周公辅成王"那样，由外朝主导政治，辅助幼主，但对于皇帝而言，他们毕竟是外人。当年的周公尚有"恐惧流言日"，汉朝的上官桀和霍光最终也落得满门抄斩的下场。所以，从西汉中后期开始，代理幼主行使皇权的，大多是太后。第二种情况，乃皇帝生病了，无法主持政务。在这种情况之下，太后代子（或孙）行使皇权，是为慈爱的体现，如宋英宗时的曹太后，以及宋光宗晚年的吴太皇太后。当然，也有皇后替生病的皇帝行使皇权的，如辽景宗时期的萧燕燕，本书的主角刘皇后，以及宋宁宗的杨皇后。第三种情况，是在帝位传承问题上出现重大变故，此时需由皇后主持大局，以确保皇朝顺利过渡，如宋哲宗突然驾崩，因其无子嗣，需要神宗的向皇后选出继承人，并暂时主持朝政；再如宋理宗之继位，疑云甚多，甚至被认为是一场政变，所以他需要宁宗杨皇后为他垂帘听政，实际上是为他的合法性背书。最后一种情况是皇帝性格懦弱，皇权旁落到皇后手里，最典型的就是唐高宗时期的武则天，以及唐肃宗的张皇后。但这种情况非常少见，而且皇帝与大臣都有意抑制，所以从唐代宗开始，唐朝长期不立皇后。

但即便出现上述四种情况，也不是每个后妃都能当上行使皇权的女主的，这还得看自身的条件，像上文提到的郭皇后，尽管一句话把吕夷简罢相了，但没多久就被吕夷简一招反打，踢下后位。那么女性能行使皇权，需要有什么自身条件呢？这里我以慈禧太后为例来谈谈这个问题。众所周知，慈禧太后最开始并不是皇后，而只是被选入宫中的小贵人。但是，皇帝都有自己喜欢的女性，叶赫那拉氏恰好就是咸丰皇帝喜欢的类型，所以她侍寝的机会比较多，晋升也比较快。入宫四年，她就因生下皇嗣而被晋封为妃。1860 年，英法联军打进北京城，咸丰皇帝带着后宫逃走，路上体弱多病，很多政事都交由叶赫那拉氏处理。第二年，皇帝驾崩，他唯一的儿子继位，而叶赫那拉氏正是这位小皇帝的生母，于是她跟皇后钮祜禄氏一起垂帘听政。在此期间，她发动政变，铲除了肃顺等八位顾命大臣，而钮祜禄氏又不怎么管理朝政，于是叶赫那拉氏得以独掌皇权。从慈禧的故事中我们可以看到女性成为女主的几个条件。首先，她得得到皇帝的恩宠，否则一切无从谈起。这也说明女性哪怕成为女主，其权力来源还是男性，她们垂帘听政并不能改变中国古代男权社会的性质。第二，她生下了子嗣，而且她走运，所生皇子乃皇帝唯一存活的儿子，如果没有这一层，她跟宫中其他嫔妃的命运是一样的。第三，她得有足够的政治才华，否则机会摆在面前，她也无法抓住，甚至可能在与八大臣的斗争中惨死。第四，她还得有足够的政治野心，皇后钮祜禄氏比慈禧的起点要高得多，才华也不输于她，为什么最后能当上末代女主的是慈禧而不是她，主要还是没有野心。

《清宫遗文》记载"东宫优于德……西宫优于才……"，暗示着东宫太后对权力不太感兴趣。最后还有一点，咸丰皇帝驾崩时才三十一岁，如果他晚死十年，按照清朝的制度，恐怕就没有慈禧太后什么事了，这是机遇，也就是我们上文提到的客观条件。从慈禧的遭遇可以看到，中国古代女性要能成为女主，需要有很多条件配合，当中偶然因素非常多。当然，就第一和第二点而言，慈禧是慈禧，并不是中国历史上每一个女主的经历都跟她一样。比如有些女主并不得宠，可她起点高，一开始就是皇后，而且既强势，也有家族背景，最后媳妇熬成婆，通过掌控自己的儿子来掌控皇权，比如吕雉。还有一些皇后，自己没有儿子，可新皇帝出于各种目的，就是把她当亲娘一样供着顺着，她一样可以借此成为女主，比如宋理宗时代的杨太后。可女主想要成功，才华和野心是必不可少的，因为她们比男性皇帝要面对更多的困难。

我们一直对中国古代的皇帝有一个误解，认为只要当上皇帝，他就可以为所欲为。的确，在专制时代，皇帝统管一切大权，似乎可以为所欲为。但皇帝毕竟是人，他也会人力有时尽，所以他需要大臣辅助内政，需要将军带兵打仗。这样一来就有了朝廷，有了官场，有了江湖，他必须平衡各种势力，缓和各种矛盾，所以有些皇帝实在觉得自己干不好了，干脆就放手不干了。非要事事躬亲，把所有事情都掌控在自己手上，那就得把自己干趴下，比如清朝的雍正皇帝。所以我上课的时候一直跟学生强调，皇帝其实不好当，要当好皇帝，那是一份苦差。女主临朝会比皇帝面临更多的困难：皇帝要面对的她都得面对，除此之外，她还得面临朝中大臣对她的挑战。之所以如此，乃是因为她们不具备掌握皇权的正统合法性，哪怕有先帝遗诏，或今上请求，她们对皇权的行使都是临时的，是外朝对内朝一种迫不得已的妥协。可一旦掌握了最高权力，大多数人都不愿意轻易把它交出来，女主也是一样。如此一来，一旦需要女主的过渡时期过去了，大臣甚至皇帝都会想方设法逼她交出权力，而女主为了保住自己的权力，往往会依靠一些特殊的政治势力，并使用一些非常手段。诚如张星久先生所言："女后或外戚掌握最高统治权既然没有君主本人当权那样具有合法性，遇到的阻力或反对力量必然会更大，当然就会倾向于更多地诉诸暴力镇压，更多地采取一些非程序化的、秘密的手段，从而使他们的统治表现出更加突出的残酷性与阴谋性。"于是我们看到，汉、唐，甚至是清朝，每当有女主临朝之时，往往会在朝廷上掀起腥风血雨。除此之外，我们还可以看到，在宋以前，女主往往会跟外戚勾连，但情况却不一样。汉朝时，皇后或太后大多是她们家族在宫中的代言人，故在汉代的女主政治中，主导者反而是外戚。后来北魏之所以"立子杀母"，其实也是防范后族。但到了唐朝，这种关系就反过来了，女主才是政治上的权威人物，而她的外戚乃是她实施统治的基础，也是她的附庸。尽管他们也在朝廷上占据了重要的职位，但却是为女主服务的。

不过，宋代很不一样。整个宋朝垂帘听政的太后有九位，乃历朝之最，但从第一位垂帘女主刘太后开始，基本上没有发生过很严重的外戚干政，而且每当太后临朝，政治基本都能平稳过渡，以至于《宋史》的编写者认为："宋三百余年，外无汉吕氏之患，内无唐武、韦之祸，岂不卓然而可尚哉。"之所以如此，跟第一位垂帘太后所树立的"祖宗之法"有关，也跟五代至宋初后妃政治的大环境有关。

二、五代与宋初的皇后

如前文所述，唐朝自代宗以后，基本不立皇后，所以也再没出现女主临朝的现象，甚至连后妃干政都很少。但进入五代以后，后妃——尤其是皇后——参与政治者是非常多的。所谓五代，乃指唐以后中国北方陆续出现的五个朝代，分别是梁、唐、晋、汉、周，除了梁朝由朱温建立外，唐、晋、汉三朝乃由沙陀人建立，而周乃脱胎于沙陀共同体，宋也是如此。也就是说，从后唐到宋朝，有一种内部的接续关系。梁朝后妃参与政治的并不多，主要是朱温的原配张氏，但张氏死后，能在政治上辅助朱温的女性基本没再出现，在他身边吹枕头风的倒是不少。而五代真正参与政治较多的女性，乃是出现在沙陀共同体中，而宋初后妃政治的状况，也与沙陀人的传统不无关系。

谈起沙陀女性，不得不提后唐太祖李克用的正妻刘氏，她可谓一位巾帼英雄。唐中和四年（884），河东节度使（治今山西太原）李克用亲率蕃汉大军驰援朱温，大败黄巢军队。朱温邀请李克用进入开封，大摆筵席招待，李克用喝得酩酊大醉，在上源驿休息。朱温妒忌李克用，想趁机把他干掉，于是派兵围攻上源驿，李克用在下属将领的保护下成功逃脱，但随他入城的人几乎都牺牲了。河东大军驻扎在城外，有一个军士从城中逃了出来，给大军报信。刘氏此时正在军中，她二话不说，立即下令把报信的军士斩了，然后秘密命令其他将领带兵从容撤退。第二天，李克用逃回军中，立即就想带兵进攻开封，刘夫人劝他说："你本来是为国讨贼的，朱温的龌龊事没有证据，你反而率兵去打他，天下人知道了，也分不清是非。还不如马上带兵回河东，然后上章给朝廷申诉。"在这个故事里，我们可以看到几个信息，第一，刘氏经常跟随丈夫出征打仗；第二，当李克用不在军中之时，大军的指挥权在刘氏手上；第三，她面对危机时能沉着应对，知道如何保存大军；甚至她比李克用更加冷静，能够审时度势，谋求对己方最有利的结果。刘氏的事迹在以后也会陆续出现，比如，乾宁元年（894）李克用率兵讨伐背叛自己的义子李存孝，是刘夫人单人匹马进入邢州（今河北邢台）把李存孝带出来的。再比如，后来梁兵大举围困太原，军中将领如李存信等劝说李克用往北逃窜，还是这位刘夫人呵斥了李存信，坚定了丈夫坚守城池的信心。

　　刘氏深受丈夫的敬爱与信任，而且极具军事与管理才能，按道理说她应该能够在丈夫去世后大放异彩。然而，李克用去世后，她很长时间都没再出现在史书上。她缺乏两个要素：儿子跟野心。刘氏无子，李克用的继承人李存勖乃曹夫人所生，他后来推翻梁朝，建立后唐，是为唐庄宗。他如此优秀，当然不需要太后垂帘听政了。但问题是，当他登基称帝后，却把生母曹氏册为太后，把嫡母刘氏册为太妃，这在汉人看来是有乖伦常之事，因为他是替父亲把妻子贬为妾啊！后来欧阳修写《新五代史》时，也对此事大肆鞭挞。可欧阳修真是瞎操心了，人家刘夫人跟曹夫人关系可好了——至少史书上是这么记载的——册后诏书来了之后，曹夫人还有点不好意思，刘夫人直接说："那孩子好好当皇帝，以后能千秋万代就可以了，我去世之后能到地下陪伴先帝就很不错了，其他啥都不要说了。"但是，李存勖甚至连陪伴先帝这个小小的要求都没有满足刘夫人，她去世之后，既没被葬在代北（今山西北部及河北西部）李克用的陵墓旁，也没被葬在京城洛阳，而是被葬在魏州（今河北大名县）。

刘夫人虽然没有当上太后，但她的经历足以说明，沙陀女性可以分享丈夫在军中的权力，这是战争年代的状况，而一旦沙陀首领成为皇帝，他们的皇后所分享的就是皇权了。庄宗的皇后也是姓刘，其出身贫寒，没有宗族，唯一在世的亲人是她的老父亲，但她为巩固自己的地位而拒绝相认。她本来并非庄宗的正妻，但因生有皇子而被立为皇后——此事再次被欧阳修鞭挞。同光四年（926）魏州发生兵乱，宰执大臣要求用内府之物赏赐军队，以激励士气。但刘皇后坚决反对，她说："吾夫妇得天下，虽因武功，盖亦有天命。命既在天，人如我何！"这句话说得嚣张狂妄，却透露出一个重要信息：天下不是皇帝一个人的，而是夫妻二人共享的。这种观念在汉人中是不可思议的，但对于游牧民族而言却很正常。此外，这件事也透露出另外一个信息：内府并不由皇帝支配，而是由皇后掌握，既然皇后掌握着一部分的财政大权，在政治上当然也就有话语权了。事实上，沙陀皇后的权力是制度化的，她们可以自己发布"教命"，其效力甚至可以比美皇帝的圣旨，如庄宗朝名臣郭崇韬就是死在刘皇后的教命之下的。皇后教命的施行，其实所体现的也是游牧民族家庭中妻子的权力与地位，虽然沙陀人并没有摆脱中国古代男权社会的桎梏，但妻子确实可以分享丈夫的权力，李克用之妻刘氏如此，此时庄宗皇后刘氏也是如此。比照与他们同时代的契丹皇后述律平，也是如此。事实上，史书上对后唐废帝李从珂的皇后刘氏、后晋太祖石敬瑭的皇后李氏、出帝石重贵的皇后冯氏、后汉高祖刘知远的皇后李氏，也都有干预政治的记载，而皇帝对皇后，往往被描述为"惮"，也就是怕。至于后唐明宗李嗣源的皇后曹氏，史书上没有她当皇后时参与政治的记载，但我认为她是通过淑妃王氏来行使权力的，具体分析限于篇幅与体例，就不在这里展开了。

不特皇后可以分享丈夫的皇权，沙陀人对母亲的权力也十分重视。早在唐朝的时候，安禄山就说过"蕃人先母而后父"，这是胡人的习俗。李存勖之所以敢冒天下之大不韪，废嫡母而立生母为太后，而后又废正妻而立侧室为后，皆因母权问题，在汉人看来这是大不韪，在沙陀人看来，以生母为后乃是天经地义之事。类似的事情也在契丹发生过，辽圣宗驾崩后，其正妻萧菩萨哥被废被杀，因为她没有子嗣，而继位的耶律宗真乃宫婢萧耨斤之子。根据游牧民族的习俗，儿子成为皇帝，萧耨斤理所当然要成为太后，故她不顾圣宗生前遗愿，对菩萨哥大肆迫害，此事后文会详细提及。

胡人对母权的重视，不仅体现在母亲的地位上，更体现在其权力上。李存勖继位成为晋王后，就曾因小错而被母亲鞭打，当时他早已不是黄口小儿，而是统率整个沙陀共同体的首领，更与后梁进行过多次战争，但在自己的母亲面前，他就算被打也依然服服帖帖。他登基称帝，建立后唐后，曹太后即与刘皇后一样，可以自己颁行"诰令"。从此之后，沙陀集团的太后均获得了发布命令的权力，且有许多太后的命令被史书记录下来，这是太后权力制度化的表现。不仅如此，沙陀三王朝中，太后的权力还有一层象征意义：当帝位传承发生危机时，需要太后出面干预，从而确认新皇帝权力的合法性。如后唐末帝李从珂篡闵帝李从厚之位，就是由当时的曹太后，也就是明宗曹皇后以诰令的形式，先废李从厚，再立李从珂。再如后周太祖郭威篡后汉，也是后汉高祖李皇后以教令干预，承认郭威的正统与合法性的。不管曹太后和李太后是否出于自愿，她们都是以前朝太后的身份确立新朝皇帝的帝位，这在中国历史上其他朝代是非常罕见的。其实太后们还是有选择的，曹太后愿意为李从珂出面，皆因后者算是他的养子，尽管他篡夺明宗亲儿的帝位，但却保留了后唐的国号和明宗的后代。而当石敬瑭篡唐建晋时，曹太后拒绝再次为新政权担保，而是选择与后唐共存亡。必须注意的是，石敬瑭的妻子李氏，恰恰是曹太后的亲生女儿，所以她完全可以选择在女儿女婿的护翼下安度晚年。这位李氏在成为后晋太后之后，也掌握着很大的权力。尽管晋出帝石重贵对她并不尊重，但当契丹人兵临城下时，代表晋朝给他们献降表的不但有皇帝，还有太后。皇帝在生且在位时，朝廷以太后的名义进行外交，这种现象在汉人王朝中是很少的。

　　然而，从后周入宋，太后的权力象征有所削弱。宋太祖陈桥兵变，黄袍加身，并没有让周世宗的符皇后出面，而是让翰林学士陶谷伪造了一份以周恭帝名义写的禅位诏书，这是汉文化使然。然而，沙陀文化对宋的影响还是很大的，当帝统不正之时，宋人往往还是把太后请出来，为新皇帝增加合法性。最早的当然是宋太宗赵光义伪造出来的"金匮之盟"了。故事大概是这样子的：太宗朝时，赵普谋求恢复相位，跟已经当上皇帝的宋太宗说了一段往事，说杜太后（太祖和太宗的生母）在世的时候，曾经跟太祖说，你是怎么当上皇帝的，你心里清楚吧？那是后周柴家的皇帝太小了，孤儿寡母，你才能黄袍加身当上皇帝。所以呢，你万岁之后，就把皇位传给二弟，你的孩子才能安然。讲完这番话后，她就让赵普把这事记下来，存放在宫中的一个金柜子里。此时赵普把这事说了出来，太宗立即跑回宫中，果然找到了那份记录。于是乎，朝廷上下就没必要再纠结他继位的合法性了，因为这一切都是在太祖生前定好的。这个故事我在《寇准传》中讲过，但那时候的着眼点在于国有长君，而此时我想强调的是杜太后作为母亲的意义。已经有大量的研究成果认为，所谓的"金匮之盟"只不过是太宗与赵普杜撰出来的一个故事，而杜太后也只是被从坟墓里拉出来作为太宗合法性的证明而已。但问题是，为什么是杜太后而不是其他人呢？赵普完全可以说这是太祖为了大宋千秋万代，故乾纲独断，大义凛然地把皇位传给已经成年的弟弟——事实上，很多学者也是这么认为的。可是，他依然把杜太后牵扯进来，这只能说明，母后的权力在宋初乃至在整个宋朝，依然具有十分重要的象征性意义，以至于宋代出现九位垂帘太后，而这一切，不得不说是受沙陀文化的影响。

事实上，宋太祖一脉就皇位问题是作过抗争的。太祖驾崩非常突然，以至于后世有所谓"烛影斧声"的传说，暗示赵光义谋杀了太祖。但司马光的《涑水记闻》有另外一番记载，里面提到，太祖驾崩后，宋皇后让内侍都知王继恩去诏太祖的四子赵德芳，可王继恩直接跑到开封府，找到了晋王赵光义。两人来到寝宫，皇后问："德芳来了吗？"王继恩回答说："晋王来了！"皇后一听，知道大势已去，于是立即喊赵光义"官家"——这是宋人对皇帝的专称——并且说："我们母子的性命，都交给官家了。"这是宋代第一次有详细记载的后妃干政，但最后归于失败。宋皇后之所以失败，主要有两个原因。第一，她完全没有政治经验，因为太祖在世时，一切乾纲独断，她对政事根本无从插手。按道理此时最理想的继位人选，应该是赵德昭而不是赵德芳，因为德昭是贺皇后所生，是太祖的嫡子，而德芳只是庶出，根本没有继位的合法性。此外，她竟然把如此重要的事情交给一个完全不值得信任的宦官，可见她缺乏必要的政治智慧。第二，事出突然，她完全没有准备。宋太祖是猝死的，在此之前，宋皇后完全没有筹划过如何保证帝位顺利传承。相比之下，赵光义一方是经过周密筹划的，这从他买通太祖身边的宦官王继恩，就可以看出来。

宋皇后是太仓促了，那不仓促的又会如何呢？至道三年（997）三月，太宗驾崩，宫内李皇后、宣政使王继恩，宫外参知政事李昌龄、知制诰胡旦合谋废太子而立楚王元佐。当时吕端入宫向病危的太宗问安，见太子不在，于是马上在笏板上写了"大渐"二字，命人送出宫外，让太子入宫。之后太宗驾崩，王继恩到中书请吕端入宫商议立新君之事，吕端把王继恩骗到一个房间锁了起来，然后才入宫。李皇后见到吕端后，说："皇帝驾崩了，我想呢，立嗣以长，这是顺序，现在相公觉得该如何处置呢？"她似乎胸有成竹，可吕端立即回应道："先帝立太子，不就是为了今天吗？"皇后还想说什么，就这么被吕端给挡回去了。在吕端的保驾护航之下，太子顺利即位，是为宋真宗。李皇后的谋划不是一天两天的，自赵恒被立为太子后，她一直想方设法打击他，而此时她阴谋政变，联合了宦官和外朝的大臣，可以说准备非常充分。但她依然失败了。李皇后与王继恩的谋划，所体现的乃五代分裂政权的遗风，特别是王继恩，之前就帮助过太宗谋取皇位，可谓驾轻就熟。但政治发展到太宗末年，各种制度与形势都已经与五代大不一样了。唐末五代，各个政权都没有正式立过太子，至至道元年（995）太宗立储的时候，中原王朝已近百年未有太子了。史书记载，太宗立太子，"中外胥悦"，因为这也是一种盛世升平的象征。由此可知，李皇后等人的谋划是逆当时形势而行的，且无法理依据，这就已经处于劣势了；吕端扶持真宗继位，一则代表已故太宗的意愿，合法合理，再者顺应潮流，符合民意，而且吕端本人乃朝廷文官之长，更具说服力。故此，按照史料上的叙述，吕端似乎于瞬间化大变于无形，但实际上，太宗在世的时候，君臣就已经为后事做好准备。太宗选中吕端作为托孤之臣，可见其用人的眼光；而吕端能够洞悉阴谋，提前把王继恩拦下关起来，显然对李皇后等人的图谋也关注甚久，并非仓猝行事。实际上，无论是宋皇后还是李皇后，都应该说有一定的政治野心，但她们都缺乏必要的政治智慧。再加上，从后周开始，后妃干预政治的趋势就有所减弱，而从太祖到真宗，既非幼主，也非身体不行不能理政，更非懦弱之辈，尤其是前面两位，一向乾纲独断，根本没有给两位皇后留下多少参与政治的机会，更不用说让她们成为女主了。

有一点需要注意的是，这两位皇后在朝中都有一定的背景。宋皇后的父亲乃是宋偓，母亲是后汉的公主，祖母乃是唐庄宗李存勖的女儿，可谓出身名门，身上也流着沙陀人的血。而李皇后则是宋初大将李处耘的女儿，其兄李继隆乃侍卫马军都指挥使，掌握兵权。但可以看到，两位皇后的政变都没有求助于外戚。宋皇后事起仓促，就不必说了，李皇后的图谋是经过周密部署的，可李继隆却不在她的计划之内。之所以如此，乃因李继隆所掌握的军队属于禁军，他若想调兵得通过枢密院，而李皇后在没有拉拢到枢密院长官的情况下，也是无法动用兄长的军队的。相反，王继恩所掌控的皇城司，乃负责皇城保安工作，相对而言更好调动，这也是吕端要第一时间把王继恩关起来的原因。但这也揭示出，到了宋初，外戚在后妃政治当中的作用已经不大了。事实上，就算是五代，真正属于外戚用事的，也就只有晋出帝时的冯玉，但这也只是昙花一现。究其原因，主要是因为唐末战乱，很多世家大族都消亡殆尽了，五代宋初崛起的大多是军功贵族，他们就算后来当上皇帝，但出身却不一定很好。比如李嗣源、刘知远都是行伍出身，郭威甚至被在脖子上刺画，故被人戏称为"郭雀儿"。因此，他们所娶的皇后，也都是识于微时，真可谓糟糠之妻。而他们给自己孩子娶的媳妇，也大多来自军人家庭，本身也没有盘根错节的家族势力。真正出身名门的就只有石敬瑭的妻子，她是后唐的公主，可石敬瑭娶她的时候，其父李嗣源还只是沙陀军中一名将领而已，而当她成为皇后时，也早已国破家亡了。宛丘（今河南周口市淮阳区）符氏（宋初大将符彦卿的家族）倒是出了三位皇后，即周世宗的大小符后和宋太宗的符皇后，但符氏并没有被视为后族，而是将门，这说明他们更在意战场上的军功，而非宫廷里的权力斗争。宋太祖在开国之初就定下了与武将之家联姻的政策，但另一方面，他又在制度上限制了武将的权力。尽管我不同意宋初有所谓的"崇文抑武"政策，但这些制度确实纠正了五代武将权力过大，甚至危害皇权的弊病。如此一来，外戚的作用确实比前代大为减小。而随着宋代士大夫政治的发展，到了宋仁宗朝之后，外戚更是被百般限制，没有实权，这一点后文再谈。李皇后选择与外朝士大夫合作，这说明她也意识到文官对于政治的重要性。事实上，这不是李皇后一个人的选择，整个宋代的女主赖以统治的再也不是外戚，而是士大夫。

宋初两位皇后参与政治均以失败告终，但这并不代表宋代女主政治就此停步。后妃参与政治，既是人情，也是五代遗留下来的文化，当时机成熟的时候，新的女主就会应运而生，她会给宋代的政治文化，乃至整个中国的女性政治带来新的变化。

第二章

◎

贫民孤女变凤凰

今天，很多人都想通过自己的努力奋斗，实现人生的逆袭，毕竟大多数人都不是含着金钥匙出生的，要让自己和下一代过上美好的生活，就要靠自己的双手奋斗。然而，有时候努力并不一定会有结果，可能到了人生的终点时，我们依然是芸芸众生中的普通一员，因为很多时候，我们缺乏逆袭的机遇。在中国古代其实也是如此，唐宋以前世家大族把持朝政，士子们想实现逆袭几乎没有可能。但隋唐以后出现了科举考试，读书人靠自己的努力，能够进入官场，实现自己的远大抱负，这确实是一种逆袭。所以，到了宋朝，宋真宗专门写了一首《劝学诗》：

富家不用买良田，书中自有千钟粟。

安居不用架高楼，书中自有黄金屋。

娶妻莫恨无良媒，书中自有颜如玉。

出门莫恨无人随，书中车马多如簇。

男儿欲遂平生志，五经勤向窗前读。

宋真宗写这首诗，当然也是效仿唐太宗让"天下英雄尽入吾彀中矣"的想法，而事实上，宋代科举取士的人数也比唐代多得多，当中也涌现出很多通过科举实现人生逆袭的人物。可是，由于宋代本来就存在冗官的问题，越到后来越严重，故大多数科举考生在中举之后，终其一生也只是基层公务员，甚至是辞官回乡当教书先生。

男性逆袭都如此困难，中国古代的女性就更不用说了。《劝学诗》中所谓"娶妻莫恨无良媒，书中自有颜如玉"，实际上就是对女性的物化，把娇妻美妾作为勤学苦读的奖品，这是中国古代男权社会里女性的无奈。然而，即便如此，我们还是能找到女性通过自己的努力，再加上时代的机遇而成功逆袭的例子，宋真宗的刘皇后就是这方面的典型代表。大家可能会说，不对，成功逆袭的不止刘皇后，比如北魏的胡灵太后、唐朝的武则天、清朝的慈禧太后，哪个不是逆袭的？确实，她们都实现了逆袭，但逆袭的幅度真不如刘皇后。胡灵太后是武始侯胡国珍的女儿，出身贵族；武则天的父亲武士彟乃唐朝开国功臣，官拜工部尚书，封应国公，尽管比不上其他世家大族，但也是官宦出身；而慈禧太后的父亲叶赫那拉·惠征乃监生出身，长期担任基层公务员，也算是个小官。可刘皇后呢？大家可能又说，不对，根据正史记载，刘皇后的父亲刘通乃虎捷都指挥使，乃是一名中层军官。如果是这样的话，刘氏也算是官宦人家出身了。可真是这样吗？请看我慢慢分析。

一、刘氏的身世

宋太祖开宝二年（969）正月初八，今四川成都附近一个姓刘的贫民家庭，一个清秀可爱的女婴呱呱坠地，任何人都不会想到，这个家世贫寒的女婴，在五十年后会成为大宋皇权的实际掌控者。这个女婴，很多著作或小说直接把她称为刘娥，但我研究了她这么多年，实在找不到这个名字的出处，所以在本书中，我还是根据不同的阶段，把她称为刘氏、刘妃、刘皇后或刘太后。关于刘氏的出生年份有两个记载，《宋史》其本传说她驾崩时为六十五岁，由此倒推，其出生当在开宝二年（969）；《宋会要辑稿》则认为她驾崩时为六十四岁，据此则其出生当在开宝三年（970）。两种史料均属于官方正史，但我还是认为刘氏出生于开宝二年（969），原因与她的身世记载有关。

根据《宋史》记载，刘氏本来是太原人，他的祖父刘延庆乃是五代后晋及后汉时期的右骁卫大将军，而父亲刘通乃虎捷都指挥使、嘉州（治今四川乐山）刺史，从征太原时战死，而刘氏的母亲庞氏在不久之后也去世了，所以刘氏是"襁褓而孤"，也就是在婴儿期就变成孤儿，且由她母亲的娘家抚养成人。尽管这段履历可能是刘氏当上皇后之后编写出来的，但要让人信服，也必须符合基本事实。宋太祖最后一次出征太原是在开宝二年（969）二月，刘通若随同出征，无论如何都不可能在开宝三年（970）生出女儿来。不过，《宋史·刘美传》说刘通是在太平兴国年间从太宗征北汉战死的，如果是这样的话，刘氏就不是"襁褓而孤"了。后面的说法显然是刘家的谎言，而用一个谎言去遮盖另一个谎言，是绝对做不到天衣无缝的。

宋太祖在"杯酒释兵权"的时候，就承诺过让赵氏皇族与一众大将联姻，所以北宋初期有个不成文的规定：皇后一般都是出自将门，起码在刘氏成为皇后之前没有例外。按道理说，如果刘氏的祖父乃右骁卫大将军，父亲是虎捷都指挥使，那都属于中上层军官，那她也算是出自将门。然而，我遍查五代史料，实在找不到刘延庆这一号人物——反而在北宋后期有这么一位将军，而他也是南宋中兴四大名将之一刘光世的父亲。至于刘通，除了与刘皇后相关的记载外，其他地方均不见出现。宋代官员都是要造册记录的，哪怕南宋初期处于战乱年代，朝廷稍稍安稳，也会重新制造官员名册。北宋初年可能存在制度不完备的情况，但若刘通真的是从征太原战死的将军，断不至于连一点蛛丝马迹都找不到。事实上，不但我们今天找不到，当年宋朝的官员也找不到。当大中祥符五年（1012）真宗要立刘氏为皇后时，参知政事赵安仁和翰林学士李迪就指出刘氏家世寒微，李迪甚至以此认为她不能母仪天下。另一位翰林学士杨亿则拒绝为刘氏起草册后诏书，要求真宗交代刘氏的"三代"，也就是祖宗出身。之所以如此，那是他看准刘氏拿不出像样的出身履历来。刘氏确实拿不出来，所以她总是想攀附刘姓大族。她曾找来权知开封府刘综，并对他说："卿家乃是后宫的亲属啊，已经给你拟订了差遣，你知道吗？"刘综立即回应说："我是河中府人，出身贫寒，没有亲属在宫中啊。"后来刘氏当上太后，又找来权发遣开封府刘烨，跟他说："我知道卿出身于名门望族，我想看看你的家谱，也许我们是同宗呢。"刘烨确实出身名门望族，河南刘氏乃始于唐初凌烟阁二十四功臣之一的刘政会，但到宋代已经没落了。刘烨连忙说"不敢"，可刘太后硬是不放过他，连续几天逼问他这事，他干脆两眼一翻，假装晕倒，被抬出皇宫，才躲过此事。如若刘氏果真出身将门，何至于苦苦攀附名族世家？所以，诚如张邦炜先生所言，刘氏并非太原刘氏的破落户，而是太原刘氏的假冒牌。所谓将门出身，乃是真宗和刘氏合谋编造的。

刘氏的身世中有一个传闻：她先嫁给了银匠龚美，然后再改嫁真宗。这个传闻来自李焘的《续资治通鉴长编》（以下简称《长编》），这是研究北宋历史的基本材料，所以一向为人所信。而李焘在书中也讲得很清楚，这个传闻乃他转引自司马光的《涑水记闻》。那么《涑水记闻》是怎么写的呢？以前我在《寇准传》里说过，司马光随手把他道听途说而来的官场和宫廷秘辛记录下来，写成了《涑水记闻》这一部相对靠谱的八卦笔记。在这部作品的第六卷，司马光记录道："宫（龚）美以锻银为业，纳邻倡妇刘氏为妻，善播鼗。既而家贫，复售之。"这里要注意两个信息，第一，刘氏乃是"倡妇"，倡妇可以有两个解释，一是从事歌舞表演的女性，二是卖身的妓女。刘氏"善播鼗"，所谓"鼗"，就是拨浪鼓，这说明刘氏的身份是歌舞表演者。第二，龚美纳之为妻，然后又要把她卖掉，换言之，刘氏应该是龚美的正妻。但这里有个问题要注意，在中国古代，正妻是不能够买卖的，起码法律不允许。宋初的《宋刑统》就有关于"和娶人妻"的规定：无论用什么手段，娶别人的妻子和嫁别人的妻子，都要判两年徒刑，哪怕是丈夫把自己的妻子嫁给别人，也是一样的判罚。当然，民间因贫穷卖妻的现象确实存在，而且民不举官不究；但问题是，买家是皇子，一旦被检举揭发了，不但坏了自己的名声，还要面对皇帝老爹的问责。他可以有很多选择，有必要去冒这个风险吗？所以我认为，若皇子买刘氏，至少是手续清楚的，而能被买卖的女性，在当时是属于贱妾。这当中不存在改嫁之说，而只是一个人口买卖的故事，这在当时来说，只要手续清楚，就是合法的，况且贱妾买卖在当时也十分流行，名臣寇准、大诗人苏东坡等，都干过这样的事情。而龚美在当中所扮演的角色，乃是一个倒卖人口的贩子。文明发展至今，任何人口买卖都应该受到最严厉的谴责与惩罚，但在遥远的中国古代，这又是一种合法的行为，只要不是"掠卖"，即拐卖，民间卖身之事非常常见；而一旦卖身，就意味着失去良民的自由，这是一种文明不开化的表现。

《涑水记闻》第六卷里面的记载，是司马光听到王陶说起，顺手记录下来的。王陶官至翰林学士，但为人不怎么样，在他的官场生涯中，背信弃义的事情没少做。他自称此事乃是从其父王应那里听来的，而他说父亲王应曾经跟张耆一起事真宗于藩邸。可我遍查与真宗相关的史料，实在找不到有关王应的记载。所以，所谓龚美纳刘氏为妻云云，很可能是王陶哗众取宠的夸大之词。此外，王陶说龚美因家贫而卖刘氏，但实际上，龚美的锻银手艺还是不错的，有记载说，他未显贵时，曾给吴越王钱俶之子钱惟演与尚为皇子的真宗打过银器，收入应该不差。因此，他卖刘氏纯粹是为了谋取自己在经济上和政治上的利益。同样在《涑水记闻》中，司马光在第五卷记录了另一个有关刘氏进入皇子府邸的说法，这个说法来自刘敞，其中只说到龚美把刘氏带进京城开封，而没涉及他们俩的关系，更没提到买卖人口之事。

还有一个需要注意的问题，那就是刘氏进入真宗潜邸的时间。刘氏入王府有三种说法，其一是真宗为皇太子，尹开封时，持这种说法的有《涑水记闻》第五卷与《宋朝事实》。另一种说法是真宗为襄王时，持此种说法的有《宋史》《长编》《涑水记闻》第六卷和《东都事略》等。首先看第一种说法，真宗为开封尹在淳化五年（994），而在次年，他才被立为皇太子。因此，真宗为皇太子、尹开封，至少应该在至道元年（995）以后，而当时刘氏至少已经二十七岁了。按照古人的审美观，二十七岁的妇女已算大龄，真宗此时看中刘氏的机会应该很小。《宋朝事实》提到，真宗当开封尹时，刘氏十五岁，被纳入王宫，这在时间上更是一种矛盾。第二种说法，刘氏入于真宗襄邸，相对于前一种说法，这种说法更为合理。然而在支持这种说法的四条主要史料中，《宋史·刘皇后传》一条也是在时间上有矛盾，因为它说刘氏"年十五入襄邸"。真宗被封为襄王在端拱元年（988），此时刘氏已经二十岁了。刘氏年十五时，当为太平兴国八年（983），也正是在这一年，真宗被封为韩王。所以，可以确定，若刘氏入襄邸之说成立，至少在端拱元年（988）之后，淳化五年（994）真宗封寿王之前。《长编》也明确表示，真宗看上刘氏时，乃"初为襄王"，因此从时间上看，端拱元年（988）与端拱二年（989）之间，大致是刘氏入王府最可能的时间。恰好在端拱二年（989）五月，真宗的第一位夫人潘氏逝世，若他要在这个时候寻找一位新的女伴填补感情空白的话，刘氏于此时入王府非常合理，在时间上也很吻合。然而，我们不能忽视《宋会要辑稿》对刘氏入宫的记载，因为它在时间记载上不相抵牾，且与《宋史·刘皇后传》的时间大致吻合，也符合《宋朝事实》关于刘氏入宫时年龄的记载。与其他史料不同，《宋会要辑稿》认为刘氏乃是太平兴国八年（983）入韩邸，该书是宋朝官方最权威、最原始的史料，堪称宋代历史的百科全书；入襄邸说最早出现于司马光的《涑水记闻》第六卷，李焘经比较摘录入《长编》而传之后世。两则史料，一则来自官方，一则乃士大夫笔记之言，各有利弊：官方史料虽然权威，但有遭当权者篡改伪造的可能；笔记之言对此可加以避免，却有以讹传讹的可能。我本人倾向于入韩邸说，理由有二：其一，《宋会要辑稿》对刘氏入韩邸之说能提出比较具体的时间，即太平兴国八年（983），这一时间得到《宋史》与《宋朝事实》的佐证。《宋史》"年十五入襄邸"之言，可能是"年十五入韩邸"的误抄；《宋朝事实》史源与《宋史》不同，显然采取了《涑水记闻》第五卷的说法，但其保留了刘氏入宫时乃十五岁之说，足见这一具体时间得到当时一些宋代士大夫的采信。其二，《涑水记闻》第六卷的记载，来源甚有可疑，这一点上面已经分析过了。另外，入襄邸一说虽经李焘转载，但李焘之子李埴在撰写《皇宋十朝纲要》时却没有采用，而是转载《宋会要辑稿》之说，可见宋人对刘氏入襄邸一说，亦非尽信。

综上所述，整个故事的脉络也许是这样的：刘氏出生不久后就父母双亡，成为孤儿，她是在外婆家被养大的，而且能歌善舞，尤其喜欢打拨浪鼓。后来因为外婆家里太贫穷了，于是在她十四五岁的时候把她卖给了龚美。龚美很快把她带到开封，让她在街头表演赚钱，然后又转卖给尚是皇子的赵元休。正由于刘氏乃可以被买卖的贱妾出身，我们就可以理解为何真宗想立她为皇后时，朝中大臣纷纷以其家世寒微为理由加以反对——有些话不能不说，却不能明说。

二、情妇的逆袭

大概在宋太宗太平兴国八年（983），龚美带着刘氏从西蜀来到开封。据说，他们途经荆门军（今湖北当阳）的玉泉寺，寺中有个和尚看到刘氏，说她面相极贵，以后一定能成为贵人。刘氏在当上太后之后，给予玉泉寺大量的赏赐，就是这个原因。但我认为，排除迷信的说法，刘太后对玉泉寺的赏赐，更多是要从宗教上证明自己能当太后，乃是天命所归，早有预示。不过玉泉寺倒是遗传至今，乃佛教天台宗的祖庭之一。

到达开封后，龚美以锻银为生，而刘氏则在开封街头打鼓卖艺，若非遇到赵家皇子，她可能就跟着龚美过完这一生，或者被龚美卖到另一处人家当姬妾，可无论如何都不会走上掌控大宋皇权的道路。那么，真宗为什么会看上刘氏呢？真宗最初名叫赵德昌，乃是太宗第三个儿子，生于宋太祖开宝元年（968）十二月初二。从中国传统的年龄算法看，他比刘氏大一岁，但实际上，他仅比刘氏大一个月零六天。太平兴国八（983）年十月，十六岁的他被封为韩王，改名赵元休。赵元休有一个癖好，他认为"蜀妇人多才慧"，很想找一个来自西川的女性伴侣。他把这个想法告诉了自己的亲信张旻，而张旻又因为要帮王府筹措银器，从而认识了龚美，于是把这个想法转告于他，希望这位来自西蜀的银匠能给皇子找一个"多才慧"的蜀妇人。我们甚至可以做一个没有证据的大胆猜想：龚美可能早年就来到过开封，结识了张旻，在收到张旻的指示后回到成都，买下刘氏，然后把她带到开封转卖给皇子。不管如何，刘氏还是以贱妾的身份被卖进了韩王府，而龚美也因而与韩王交好，成为他的手下。大宋天下，芸芸众生，可以结交天家皇子的能有几人？不管身份如何，这对龚美和刘氏而言，都是一个改变人生的上好机会。

刘氏被卖进王府，会是一种什么样的感觉呢？很多人都说，刘氏乃是大宋的武则天，那么我们不妨把她跟武则天作一个比较。武则天自小在家里就被兄弟们欺凌，生活确实也不怎么样，所以唐太宗选美女充实后宫时，其他官宦小姐均避之大吉，而武媚娘却说"见天子庸知非福"。刘氏襁褓而孤，年幼家贫，生活肯定也不好，而这种不好武媚娘是无法相比的。所以，刘氏应该也有"见皇子庸知非福"的想法。她们所谋求的"福"，都是想改变自己的生活状态，但武媚娘的福跟刘氏的福是大不一样的。对于武媚娘而言，她见天子所谋求的福，是后位，是提升自己与母亲的地位，她一直也是这么做的。这个愿望她在太宗朝无法实现，却在高宗朝通过自己的努力实现了。而刘氏的福，则是简单的摆脱贫穷，实现温饱，而且生活安逸，此时的她绝对没有武媚娘的志向。对于一位贫民孤女来说，能够进入王府侍奉皇子，已经是莫大的幸福了。事实上，血气方刚的皇子赵元休对这位来自西蜀的小姑娘也确实很好，她应该是他的第一个性伴侣，所以他对她"宠幸专房"，说通俗一点，就是天天待在她的房间里跟她共赴云雨。

然而，好景不长，有一天赵元休上朝，太宗见他形容枯瘦，精力不济，于是询问他的乳母。这位乳母也姓刘，她早就觉得刘氏来历不明，却把皇子迷得神魂颠倒，故对她十分讨厌，此时她趁机把此事告诉了太宗。太宗听了之后勃然大怒，勒令赵元休把刘氏逐出王府。不久之后，太宗为元休正式聘娶了一位夫人，那是大将潘美的女儿，这完全符合赵氏皇族与将门联姻的潜规则。不过，赵元休并不是好色无情之人，他对那位"多才慧"的蜀中女子是动了真感情的，不愿意就此放弃她。于是，他把她安排在心腹张旻家中。可这对张旻来说却是一个烫手的山芋，毕竟这是主公的女人，放在自己的家里，那是瓜田李下，以后恐怕掰扯不清。张旻不敢收留，于是赵元休给了他五百两银子，让他建一所房子来安置刘氏。至此，我们可以清楚地看到，赵元休有自己的正妻，他对刘氏乃是金屋藏娇，而刘氏也显然成了他的情妇。

在之后的岁月中，历史对刘氏的记载中断了很长时间，就算偶有提及，也只是把其被逐出王府之事放在不同的年份。而赵元休后来改名赵元侃，先后被封为襄王、寿王，并在淳化五年（994）成为开封府尹，在至道元年（995）被立为太子，改名赵恒。他的第一个妻子潘氏在端拱二年（989）就去世了，至淳化二年（991），太宗又为他聘娶了第二个妻子，她乃大将郭守文的女儿。虽然史无记载，但赵恒对刘氏应该念念不忘，甚至时常与之相见。在《寇准传》里我曾经谈到，真宗即位的过程充满了艰险。可他即位后不久，就请准了秦国夫人——也就是当初极力主张把刘氏赶出王府的那位乳母——把刘氏接回宫中。此时离刘氏离开王府已经十多年了。十多年时间，一位皇子成长为皇帝，他的感情生活可以非常丰富，却依然要把当初的挚爱接回宫中，这在中国历史上是很少见的，所以我认为，真宗与刘氏之间是有真爱的。

景德元年（1004）正月，刘氏被封为美人，后宫另一位女子杨氏被封为才人。这两位女性在接下来的日子里，将互相扶持。必须注意的是，美人在大宋的皇宫里是有品阶的，而且不低，乃是四品。这一来一回，实际上就是把刘氏贱妾的身份给洗白了。此外，根据相关史料，此时宫中除了皇后之外，并没有看见其他妃、嫔和婕妤的记载，换言之，刘氏此时在宫中的地位仅次于皇后。真宗是很想立一位妃子的，可宋代的皇帝并不能为所欲为，尤其是真宗当上皇帝的过程本就存在着很大的危机，他本人也想通过实现大功业来证明自己即位的合法性与合理性，故此，他需要士大夫的支持，同时也会受到他们的掣肘，哪怕宫中的家庭事务，他也无法随心而为。就在同一年，他想把刘美人立为贵妃，手诏都写好了，并命宦官拿给宰相李沆安排。结果李沆看都没看手诏的内容，直接把它投入火中烧掉，只说了一句："你回去就说，臣李沆认为不可以。"此事就这样不了了之了。景德四年（1007），郭皇后驾崩，后宫无主，当时真宗就想立刘美人为皇后，奈何大臣们都反对，他干脆也就把此事压下：你们不让我立喜爱的女子为后，我干脆就不立皇后了！到大中祥符二年（1009），四十一岁的刘氏被封为二品修仪，位列九嫔，才人杨氏被封为三品婕妤。此时，刘氏已经是大宋皇宫里地位最高的女性了。

真宗真的很想立刘氏为皇后，可刘氏的出身摆在那里，大臣们肯定会横加阻拦，即便要强而为之，也要有足够的理由，比如说，刘氏为大宋带来一位皇子。真宗不是没有生过儿子，可大多数都早夭了，活得最久的那位乃是郭皇后所生，但到九岁时也夭折了，郭皇后也是因此郁郁而终。至大中祥符时，真宗是没有存活的儿子的。大中祥符二年（1009），刘氏晋升为修仪，她的寝宫中来了一位新的宫女，姓李，乃是杭州人。据说她人长得端庄好看，而且沉默寡言，真宗一见倾心，让她侍寝，不久之后她就怀上了身孕，并在大中祥符三年（1010）四月诞下皇子——这就是后来的宋仁宗。可皇子一出生，刘修仪就把他抱走了，认作自己的儿子，并让杨婕妤照看，这恐怕就是"狸猫换太子"故事的原型了。可在这个故事里，有一个很关键的人物，那就是真宗。别人不知道这孩子是谁的，难道真宗自己不知道？他知道，但他依然默许了刘修仪的行为，无他，这本来就是之前定好的计策。刘修仪此时已经四十出头，再生皇子就有高龄产妇的危险，而且这么多年都无所出，估计也早已不育。但要立她为皇后，就必须得有理由，所以真宗与她决定借腹生子，否则后宫佳丽三千，为何真宗独独看上修仪宫中的侍女呢？《宋史·李宸妃传》对李氏的描绘是"庄重寡言"，她究竟有多好看我们不清楚，但"寡言"却是一个很好的特点，起码她不会到处乱说。换言之，所谓的"狸猫换太子"，真宗、刘氏、李氏都知道真相，而且他们都默认了这个事实。实际上，除了抱走李氏的儿子外，刘氏对李氏还是挺好的。后来李氏再为真宗生了一个女儿，这说明刘氏默许她成为真宗的后宫，与原来的宫女身份相比，这是一种地位的提升。此外，刘氏还让义兄刘美——原来的龚美——找回了李氏失散多年的弟弟李用和，并许以官职，这也算是对她的一种补偿。总之，刘氏并非"狸猫换太子"里面的那种刻毒妇人，她对李氏也算是有情有义了。

大中祥符五年（1012）五月，刘修仪被立为德妃，离皇后之位只有一步之遥，也可谓万事俱备，只欠东风了。不久之后，朝廷上又出现了立后的呼声，这显然是真宗授意的；而这种呼声也是合情合理，因为自景德四年（1007）郭皇后驾崩后，大宋中宫已经虚位五年了。然而，大臣们并不愿意妥协，如前文所言，李迪、赵安仁等大臣纷纷反对立刘氏为后。赵安仁甚至提出："刘德妃家世寒微，不如沈才人出于相门。"所谓沈才人，乃太祖朝宰相沈义伦的孙女，赵安仁的提议，实际上反映出朝廷大臣对皇后家世的重视。真宗对他的提议很不高兴，却也认为他为人正直。可不久之后，王钦若在皇帝面前打了赵安仁的小报告，说他曾经得到过沈义伦的提拔，暗示他此时提出让沈才人当皇后，乃是徇私报恩。真宗大为恼火，而赵安仁也因此被罢参政。最终，真宗抵住外朝的压力，在本年十二月立刘氏为后，至此，刘氏终于完成了人生的逆袭，从一个可以被买卖的贱妾，成为大宋母仪天下的皇后。在立后诏书中，有"德妃刘氏，毓粹高门，钟英甲族"之语，这显然是睁着眼睛说瞎话，无怪乎杨亿坚决拒绝为她起草立后诏书，并要求真宗明示刘氏三代。丁谓曾得真宗授意，劝杨亿起草诏书，他对杨亿说："大年（杨亿的字）兄勉力为之，不用担忧以后的富贵荣华啊。"杨亿回绝道："这样的富贵，不是我想要的！"可杨亿不想要，别人想要，这封诏书最终是由陈彭年完成的，他乃南唐遗臣，也是一位大才子，此时正附和真宗大搞"天书封祀"运动，当然也愿意为刘氏起草立后诏书了。诏书里还写道："长秋虚位，宰府上言，援据古今，契予褒择。"意思是立后这事可不是朕自己提出来的，而是宰相们提出来的。有意思的是，这封诏书也没有按照惯例公告天下，而只是送到宰相的办公厅中书备案了事。总之，刘氏被立为皇后的过程，可谓波折重重。有一些研究表明，宋代皇后的出身并不如唐代，但从刘皇后的例子中可以看到，起码在宋初，贫家女子想逆袭为一国母仪是十分困难的。别看刘氏出身贫寒，当轮到她挑儿媳妇的时候，她也会强调出身，此乃后话了。

真宗为何在立后的问题上如此执拗，非刘氏不可呢？如前文所述，他对来自西蜀的女子是有偏爱的，他后宫中另一位重要的妃子杨氏，也是来自成都郫县。刘氏立后时已经四十四岁，中国古代可没有打羊胎素这种驻颜技术，所以她容貌应不复当年，故不能说真宗贪图她的美色。她很可能是真宗生命中第一位有亲密关系的女性，而长期相处，她的"才慧"也确实让他对她产生了深厚的感情。正是这种感情，令真宗冲破政治藩篱，使爱侣得以成为自己的妻子。其实从刘氏在宫中的住处，也可以窥见两人感情之深。北宋皇帝的寝宫叫福宁殿，它在立国初期被称为万岁殿，大中祥符七年（1014）改延庆殿，至明道元年（1032）才改名叫福宁殿。其后有一小殿，最初只名"万岁后殿"，只因"章献明肃皇太后居之，乃名崇徽"。这个关于福宁殿的沿革被记录在《宋会要辑稿》里，但只揭示刘氏当太后之后住在崇徽殿。然而据《长编》记载：天禧二年（1018）正月庚子，"芝草生真游殿及皇后所居崇徽殿，上作歌诗示宰相"。这是一则关于祥瑞的普通史料，却揭示出真宗皇后当时的住处，正是其寝宫之后的崇徽殿。再结合《宋会要辑稿》的记载可以推断，刘后入宫之后，极有可能一直住在这个当初只称"万岁后殿"的小殿里。正是有了这样的条件，才可能有真宗披阅奏章至深夜，"后皆与闻"的记载。这虽然是小殿，但与皇帝住处极为接近，这正体现出二人深厚的感情，并非其他后妃可比。同时，刘氏十分接近当时大宋王朝的权力源泉，这点正是她日后能够参政、预政的重要条件。

后妃与皇帝的关系，可能成为其预政的基础，但这种关系，未必是双方之间的爱情关系。有时候或只需皇帝对某一后妃有宠爱之心，后妃即可借机预政。但是复盘真宗与刘氏的关系，真宗对刘氏有知遇之恩、爱慕之情，而刘氏以穷困之身得真宗知遇，故对他既是感激，亦是爱恋，而得以成为真宗妻子后，她更是以贤妻的姿态辅助真宗。在其预政、摄政期间，刘氏对赵氏宗族非但没有用残酷手段加以迫害，反而处处优遇，于其主观而言，其实是追念真宗感情所致。从爱侣到贤妻，这已奠定了刘氏日后预政的基础。李焘在叙述立刘氏为后的条目中，曾对她有所评价，其语云：

> 后性警悟，晓书史，闻朝廷事，能记本末。帝每巡幸，必以从。……凡处置宫闱事，多引援故实，无不适当者。帝朝退，阅天下封奏，多至中夜，后皆预闻之。周谨恭密，益为帝所倚信焉。

根据以上史料可得出一些结论：首先，刘皇后诚如真宗所言，是一位"多才慧"的女子，她出身贫寒，按理应该不曾认真读书，但到了立后之时，她已经"晓书史"，估计在离开真宗藩邸后的那段时间里，她一直接受教育。而很明显，她生性聪敏，闻朝廷大事，皆能详细记下，这为她能够参与政治提供了必要的自身条件。其次，真宗朝"东封西祀"，刘氏皆有跟从；真宗深夜披阅奏章，刘氏也在身边，这证明了真宗与刘氏的感情相当深厚，因而为她参与政治提供了现实条件。第三，刘氏接触政事，乃是从内而外，在处理家庭事务方面，刘皇后是一位胜任的管家。对于皇后而言，要做到这点，就要表率六宫，整肃宫闱。李焘在此点上对刘后的评价是："太后临朝听政，虽然政出宫闱，但号令严明，恩威加天下。左右亲信之人很少凭借她的权势作威作福，宫廷之间未尝随意改动，对内对外的赏赐都有节制。"正是她能适当处理好宫廷内部事务，才让真宗看到她的政治才能，才有给她参与政治的可能。最后要注意的是，真宗对刘皇后处理政事比较认同，对她也很信赖。

刘皇后是从什么时候开始预政的，史书上没有明确记载，但从上述史料的语气来看，估计她预政应早于被立为皇后。事实上，自郭皇后去世后，在有文献记载的真宗后宫里，刘氏地位最高，她以此身份帮助真宗处理宫闱中事，也是顺理成章。真宗在郭皇后去世后，就把刘氏视为妻子，在这种情况下，宫闱家事与朝廷政事，就未必能完全分开了。虽然历朝历代都反对后宫干政，但如第一章所述，皇帝也是人，当他烦恼之时，也需要有人开导，有人谈心，有人共同分享快乐或面对困难，而这些人，往往是皇帝最亲密的人，尤其是他的妻子，或他最爱的女人。于真宗而言，刘氏就是这个可以同甘共苦之人，故在立后之前，刘氏应该已经参与政治，至少在与真宗分担烦恼之时，为他出谋划策。

然而我认为，刘氏干政预政的野心并非与生俱来，也不是从小培养的。与唐代的武则天相比，二人均是出身相对低下，但刘氏的所谓低下与武则天却大不相同。武后家族毕竟是官宦之家，其入宫是想改变命运的，其野心也可见一斑。而刘氏本来是贫家女子，若非真宗见爱，招入王府，她很可能以开封街头一卖艺妇人而终老一生，根本不能涉足政治。故她在入王府以前，不可能有任何政治野心；即便她被真宗招入王府，但当时真宗上面还有两个哥哥，而她本人后来又被逐出王府，两人前途祸福尚未可知，故能被尚为皇子的真宗宠爱，她除了有幸福与幸运的感觉外，应该没有政治远见。

我认为，培养出刘皇后干政预政之野心与能力的人，其实就是真宗本人。宋代从太祖开始，就向集权独裁政权发展，这不是个人能力与野心的问题，而是制度建设的问题。太祖、太宗两朝所创立的各种制度，本身就是让权力自然集中于皇帝一身，迫使皇帝本人必须实行独裁统治。但真宗的能力与魄力，远比不上他的父亲，更遑论太祖；他在中年又致力于"天书降神"之事，独裁政治于他而言，实在是力不从心，故此，他需要有人在身边与他分担、商量，甚至是出主意。换言之，他需要让渡出一部分皇权，以减轻其自身的压力。他本可以选择朝中的大臣，但一方面制度不允许大臣掌握皇权，哪怕只有一部分；另一方面，正直刚正的大臣，如李沆、寇准等，尽管可以把真宗导向一位仁君、明君，但也给了他莫大的压力。他也没选择宦官、佞臣，因为他并不是一个糊涂的皇帝。他选择了身边对他最贴心的女人——刘氏。这种选择于历史而言是偶然的，但于真宗而言却是必然的，因为爱情使他认为，只有刘氏才能解开他心中的郁结，分享他心中的苦闷，更重要的是，当真宗身体还好的时候，刘氏对政治只能参与，提提建议和想法，但不能决策，皇权依然掌握在皇帝手中。

无疑，刘氏乃一"多才慧"的女子。被逐出王府后，她实际上就是被尚为皇子的真宗包养起来的情妇。一个被包养的卖艺女会做什么事情呢？也许不同的人会有不同的选择，而刘氏却选择了读书学习，提高自己的层次。虽然离开王府减少了她与皇子见面的时间，但作为消遣的阅读时间却相应增加，故这段时间她所学得的知识，当在很大程度上有利于她日后参与政治。然而，就知识面而言，贵族出身的郭皇后和后来与之竞争的沈才人未必会比刘氏窄，刘氏能够从中脱颖而出，其实应该多得益于真宗给予的预政机会。在真宗眼中，刘氏既是爱人，又是知己，故他事事与刘氏分享，才有"阅天下封奏，多至中夜，后皆预闻"之说，而只有在与真宗分担政事的过程中，刘氏才有机会把所学知识与实际政治相结合，其政治能力才能得到锻炼。或者说，最开始的时候，刘氏参政乃无意为之，目的是为真宗解忧，此时她仅仅是开始接触政事而已；但到后来，随着她参与政治的机会越来越多，她的政治能力也越来越强，逐渐从一位妻子向政治家转变。一些史料记载了真宗晚年对刘皇后处理政事的评价，这些评价一般都是正面的，在真宗去世以前，他意识到儿子年幼，需要有人辅助。在一番政治斗争之后，他最终选择了皇后，这种选择，无疑是他对刘皇后政治能力的充分肯定。

　　值得注意的是，真宗虽然因能力有限，不得不让渡出部分皇权，但独裁制度使他必须保有行使皇权的终极名义，换言之，真宗在世之时，无论刘皇后预政程度如何，她始终未能突破宫廷内闱的界限；而唐高宗时代高宗与武后以天皇、天后身份同朝听政的景象，也未在真宗朝再现。

第三章

◎

开封城内风云变

　　宋真宗当初被立为太子，可谓一波三折。太宗本来意属其长子赵元佐，但元佐却因为叔叔赵廷美被父亲迫害而发疯。后来太宗着意培养次子赵元僖，但元僖却误服自家小妾为正妻准备的毒药而死；他死后，他家里的那些乱七八糟的事情被抖了出来，太宗为此大为恼火。此后在寇准定策之下，太宗才于至道元年（995）立赵元侃为太子，改名赵恒。这是自唐末以后，中原百年以来第一次立太子。可就算当上太子，赵恒依然面对一系列的困难，包括嫡母李皇后对他虎视眈眈，总是想方设法让太宗把他废掉；而太宗自己又疑心太重，多次试探太子。可以说，赵恒这个太子是当得战战兢兢的。后来太宗驾崩，李皇后一伙又阴谋政变，想废太子而立元佐，若非宰相吕端临危不乱，赵恒能否顺利继位还是两说。可见，真宗从当太子到继位为君，可谓风险重重，稍有不慎，就会万劫不复。故此，他当上皇帝后，总想做些事情来证明父亲的选择是对的。真宗的统治可以分为三个阶段，从至道三年（997）继位到澶渊之盟的缔结，这是他帝位的巩固期，在这个时期，他想通过对外的征战来证明自己，所以他两次御驾亲征。事实上，澶渊之盟缔造了宋辽两国的百年和平，确实是真宗一件了不起的功绩。可真宗本人在这次战争中的怯懦行为，被王钦若利用来污蔑寇准，说是"城下之盟"，真宗也因此否定自己，并想再造大功业来证明自己。再上战场他是不敢了，于是在王钦若的怂恿下，他在大宋境内大搞"天书封祀"运动，这是一种政治宣传运动，也成为他统治的第二阶段——从澶渊之盟后到天禧三年（1019）寇准再次拜相前——大宋朝廷的政治主题。天禧三年（1019）后，真宗的健康每况愈下，此时至他驾崩，乃他统治的第三阶段，而这一阶段的政治主题，则是朝廷上围绕皇权行使的政治争斗。

宋朝之前的五代乃是乱世，幼主继位不利于守卫政权，尤其是幼主在军中毫无威信，恐怕连自家的军队都无法统御。当然，五代北方各朝不乏年轻的天子，但他们往往会向两个极端发展，如李存勖、柴荣二人，他们继位后身先士卒、励精图治，从而在军中建立威信，巩固帝位。但也有如李从厚、刘承祐等，完全无法掌控军队，从而被叛军杀害。最极端的就是柴荣的儿子柴宗训，也就是后周恭帝，他继位时才是七岁孩童，结果不到一年，赵匡胤黄袍加身，推翻周朝，建立大宋。有鉴于此，宋初君主皆有意避免幼主继位的问题，宋太宗时所谓"金匮之盟"，就是以此为理由的。然而，到了宋真宗的晚年，幼主继位的事似乎已经不可避免，因为他此时只有一个儿子活着，那就是大中祥符三年（1010）出生的皇子赵受益，至天禧时，他还没有成年。从太宗开始，由于国内外政治趋于稳定，故皇位传子的基调就被定了下来，真宗此时当然不愿意在有亲生儿子的情况下，把皇位传给自己的兄弟。那问题来了，万一皇帝有所不讳，太子尚未成年，由谁来辅助幼主，行使皇权呢？这就是真宗末年政治争斗的焦点所在了。

一、宝贝儿子

不得不说，老赵家确实缺了点儿子缘，两宋很多皇帝要不就生不出儿子，要不就是生了养不活，真宗如此，后来的仁宗也是如此，到了南宋，高宗、宁宗和理宗都存在这个问题。据《宋史》记载，赵受益出生之前，真宗生了五个儿子，但没有一个能活到成年，活得最久的一个，在九岁时也夭折了。这对真宗来说是一个很大的危机，他在"天书封祀"运动中兴建了臭名昭著的玉清昭应宫，理由就是为了求子。所以，大中祥符三年（1010）赵受益的出生不但成了刘氏立后的契机，同时也在某种程度上让真宗缓了一口气。皇子一出生，刘氏就把他抱到自己宫里抚养，真宗也默认了，这不但显示出皇帝对刘氏的爱，也是对她的信任。可对刘氏而言，抚养皇子，既是机遇，也有风险。这可是大宋的"金叵罗"，前面五个皇子都没养活，如果这一个砸在自己手上，那后位估计就得凉凉了。司马光在《涑水记闻》里记载了这么一个故事，说仁宗小时候喜欢吃虾蟹等海产，可他又对这些东西过敏，所以刘太后严令宫中不得给小皇帝吃这些东西，反而是共同抚养皇子的杨太妃偶尔偷偷拿一些给孩子吃，并且说："太后怎么这样虐待我这孩子啊！"这个故事所记载的，是仁宗即位后的事，但类似的事情在真宗生前应该也有发生。司马光就此判断，仁宗因为这而怨恨刘太后，亲近杨太妃。后世也有很多学者据此认为，刘太后对仁宗的感情是假的，毫无人味。可换个位置想想，这是真宗皇帝的一根独苗，担负抚养重责的刘氏，哪敢轻易让此时的皇子，以及日后的小皇帝冒险？非但如此，刘皇后还让仁宗住在自己的寝宫里，一直到他继位后、立皇后之前都是如此。这种保育方式当然有它的弊病，但仁宗能够顺利成长成人，刘氏的精心呵护是功不可没的。真宗在赵受益出生两年后才立刘氏为皇后，估计也是想让皇子的身体健康稳定下来，从而昭显刘氏对皇子的抚养之功。

可以说，刘皇后跟皇子是一体的，他们也都足够幸运。小皇子在皇后的保育和教导之下，慢慢成长起来，而且他也不负众望，起码在史书上，他的言行举止是符合大宋朝野的期待的。赵受益在大中祥符七年（1014）三月被封为左卫上将军、庆国公，此时他才五岁，在大宋皇子中，受封是比较早的。其实真宗并不想这么快给这个孩子封爵，但宰相们看着着急，屡次上奏，要求给皇子封王，真宗这才勉强听从，但却没有封王爵。宰相们为何如此着急呢？估计还是因为皇帝子嗣太少，希望通过封爵来奠定皇子的地位，以免日后生变。一年之后，赵受益被封为忠正军节度使、兼侍中、寿春郡王。宫中随后开辟资善堂，专门供皇子读书。在此之后，后宫再无子嗣诞生，这个日渐长大的小皇子将来要成为大宋的皇帝，看来也是必然之事了。

祥符九年（1016），真宗因为蝗灾而中风，身体越来越差，甚至经常"不豫"。所谓"不豫"，就是皇帝昏迷不醒，当然也就无法处理政务了。宰相们看在眼里，急在心里，万一皇帝有个不测，这太子的名分总是定不下来，大宋帝位的传承就会出问题。到了天禧二年（1018），宰相们实在看不下去了，于是对皇帝说："陛下您看，这孩子聪明好学，又乐善好施，对您又孝顺，可迟迟没有亲王的爵位，我大宋朝野上下，都对他充满了期待啊，您要不还是答应了我们的启奏，尽快让他正位吧。"从宰臣话中可以看到，他们对这位皇子是非常满意的。真宗推托再三，终于在二月时答应把受益封为昇王，这是亲王，而不是郡王。

六月份，朝廷给刘皇后的父亲刘通和母亲庞氏举行了隆重的葬礼。根据《长编》记载，刘皇后的父亲在太平兴国四年（979）护驾北征，死在征途中，遗体暂时停放在京城的西面。我在第一章已经说过，这是刘皇后跟真宗共同编造出来的谎言。宋代是有这么一个习惯，官员在外当官，他和家人可能会因为各种原因身死，而他们的遗体就会就近存放，当以后子孙荣显之后，再寻回遗体迁葬。从这个角度来说，若刘通真的是一位武将，并且在战争中阵亡，他的遗体暂时存放在京城是有可能的。早在祥符六年（1013），真宗就把刘皇后三代编入皇室的名册（属籍）里，并且对他们进行了追封，确定皇后的曾祖名叫刘维岳、祖父刘延庆、父亲刘通，按道理此时就应该把刘通夫妇下葬了。或者说，当时皇后生母的遗体还在成都，要等迁过来一起下葬，也是有可能的，可这个时间不会太长。然而，这场葬礼却一直等到天禧二年（1018），此时离刘氏成为皇后已经五年半了。我认为，朝廷之所以迟迟不下葬皇后父母，乃是因为实在无人可葬，因为刘通根本就不是什么将领。可为什么到天禧二年（1018）要搞这个葬礼呢？那是因为真宗和皇后都不能再等了。朝野上下，立太子的呼声越来越高，而刘皇后作为太子的"生母"，不能在孝行上有所亏欠；而且大宋将来的太后，身份来历也不能不清不楚。只有彻底解决皇后家族的身份问题，她才能够名正言顺地成为储君的母亲。这场葬礼，就是要向世人宣告，皇后是有父亲的，他是光荣战死的，他的遗体真实存在——既然谎言已经编造出来，这场大戏就一定要继续演下去。在葬礼上，刘通被追封为太师、尚书令，谥号为"武懿"；皇帝亲自撰写了祭文。有趣的是，主持这场葬礼的是昇王府咨议参军张士逊，这种安排应该不是一种巧合。

到了八月，真宗的身体越来越差，群臣纷纷上奏请求立储，可真宗依然在推托。后来还是陈执中借真宗召见之机，借古讽今，劝他早定天下根本，这才把立太子之事定了下来。不久之后，皇帝下令，立昇王赵受益为皇太子，改名赵祯，而册立太子的诏书，就是当初拒绝为刘氏起草立后诏的杨亿写的。乐黄目、张士逊、晏殊、鲁宗道等成了太子的东宫官，而参知政事李迪则被封为太子宾客。李迪乃真宗景德二年（1005）榜的状元，真宗此时本想让他当太子太傅的，也就是正式成为太子的师傅，可他还是再三推迟。真宗不得已，但还是要求太子以师傅礼来对待李迪。太子为人十分谦逊，对东宫里的各位官员尤其如此，大臣们看着这位小太子，可是越看越喜欢，他们似乎看到了大宋未来的希望。

可问题是，太子太小了，天禧二年（1018）时，他只有九岁，皇帝万一有不测，谁来保扶太子？这是大宋第一次有可能面临幼主继位的情况，而之前一百年的历史都说明，幼主继位，王朝会发生动乱。真宗不是一个糊涂皇帝，他必须为他身后之事考虑。在他身体转差之后，朝廷大事很多都在宫中由刘皇后帮忙处理。可以说，在真宗的培养之下，刘皇后已经成为一位出色的女政治家，而此时他也把皇权的部分行使权让渡给了皇后。可是，前朝的历史又说明，太后临朝会对幼主不利，更何况这个太后还不是幼主的亲生母亲。真宗尽管很爱刘皇后，可他也逐渐发现了皇后的野心，他不得不为自己的孩子考虑。我认为，他是信得过皇后，愿意把太子交托给皇后的，可他也需要有一个得力的大臣来掣肘皇后，让她不敢为唐代武后之事。想来想去，他想到了寇准。

寇准是太宗朝的进士，年纪轻轻就两进二府，先后成为枢密副使和参知政事。在太宗朝末年，正是他劝太宗早点立太子，才有后来真宗成为太子并当上皇帝的事。而在真宗朝，寇准一度被拜为宰相，在澶州之役中，他促成真宗亲自上战场，最终与契丹签订澶渊之盟。而澶州一战，也让寇准名垂青史，后世据此认为他乃大忠之臣。可寇准也有寇准的毛病，那就是过于刚直，而且为官率直任性。在朝廷发生危机时，这种刚直可以一锤定音；可在和平年代，无论是皇帝还是其他官员，只要在他身边都会觉得难受。真宗是很欣赏寇准的能力的，可又受不了寇准的脾气，所以澶渊之盟后不久，他就让寇准到外面当官了。他不是没试过让寇准回朝，但没几个月他又再次受不了了。此时正是王朝帝位传承的紧要关头，他深知只有寇准才能帮大宋朝廷渡过这个难关。天禧三年（1019），宦官周怀正谎报寇准的辖地永兴军（治长安）出现天书，在真宗的指示下，寇准上报天书，并借此回朝，再次拜相。真宗的想法是，刘皇后若能真心保扶幼主，那一切都好，寇准也可以跟皇后合作，以让新旧两朝顺利过渡；但她若有异心，则可以由寇准拨乱反正，以寇准刚直的性格，他必然会拼死保护幼主。然而，真宗是过于一厢情愿了，寇准可不想与皇后合作，他回朝之后，就想把皇权的行使权从皇后手中夺过来，一场政治争斗就此爆发。

二、天禧政争

寇准是在天禧三年（1019）五月二十八日回到京城开封的，而六月初六，也就是寇准拜相前七天，大宋的天空出现了一种天文现象：太白昼见——也就是金星在太阳刚升起的时候出现，而且特别明亮。但所谓"天无二日，民无二主"，现在天空貌似出现两个太阳，那就意味着凡间要出现二主了。当时有人占卜后得出一个结论：女主昌，也就是大宋将出现女主临朝之事。尽管如今看来，这是一种无聊的流言蜚语，而《长编》记录下这一笔，也有点事后诸葛的味道，但这样的流言，谁知道会不会传入刚回朝的寇准耳朵里呢。寇准很清楚自己此次回朝的任务，他并非那种有道德洁癖，不会变通之人，可在他心目中，帝位传承乃是大是大非之事，不容他有半分妥协。唐朝时期女主临朝危及帝位之事距此时并不久远，所以他根本不相信刘皇后，更不想跟她合作，共同保扶太子。所以，他要做的第一件事，就是要把皇权从刘皇后手上夺过来，不容她染指。在寇准身边有一帮跟他志同道合的大臣，如李迪、杨亿等，他们一意要维护太子的法统与合法权益，想把皇后排除在政治之外；可刘皇后在朝中也网罗了丁谓、钱惟演等人，支持她在真宗龙体欠安的情况下继续行使皇权。张邦炜先生把他们分别称为"太子党"和"皇后党"，而双方之间的争斗将会非常激烈。

　　大概在天禧四年（1020）春天，真宗再次不豫，寇准提议让皇太子总揽军国大事，参知政事（也就是副宰相）李迪赞成，而枢密使丁谓却反对。丁谓认为，以后真宗身体好转的时候，那朝廷该怎么办呢？李迪认为太子监国是古制，可以参照而行。李迪力争不已，但丁谓就是反对，最终决定皇太子在资善堂处理日常事务，其他大事则要请旨处理。丁谓本来是寇准的好友，曾得到过寇准的推荐和提拔。天禧三年（1019）他跟寇准一起回朝，当了参知政事，就是真宗有意安排让他辅助寇准的。可在一次中书的工作餐中，丁谓十分谄媚地为寇准擦拭胡子，被寇准讥笑，从此怀恨在心，并投靠刘皇后一方，后来更从中书调任枢密院。此时，丁谓表面上是反对寇准的意见，实质上是公开与寇准为敌。江山社稷、皇权正统对寇准来说是大是大非的事情，太子监国是皇权的问题，谁要反对，那就是站在寇准的对立面上。按照此时朝廷的形势，女主干政甚至在皇帝万岁之后当政，已经是一件非常明显的事情，寇准要捍卫太子的权力，当然反对女主政治。但此时刘皇后预政已经不是一两天的事情了，她早已掌握朝中大权。唐朝武后夺位之事殷鉴不远，谁知道这种事会不会在宋朝发生。如果现在回看历史，寇准的担心是多余的，但若身在其中，寇准并非完全没有道理：李显和李旦都是武后的亲儿子，尚且被废黜夺位，更何况如今的太子还不是刘皇后亲生的，情势恐怕比唐朝时更加凶险。寇准提议太子监国，就是想维系赵氏皇权，不使刘皇后夺去。还有一点，太子尚且年幼，一旦监国，肯定需要大臣辅助，而寇准保扶太子有功，肯定就是辅政大臣之首，可以总揽朝政。丁谓此时既已怀恨寇准，并选择了刘皇后，在议太子监国的辩论中，当然持反对意见，并维护皇后在朝中已经掌握的权力，因为太子监国之后，皇后再无理由干预朝政，丁谓实际上就等于失去了靠山，再无法与寇准相抗衡。这场辩论的结果，太子只能处理日常事务，大事还得请旨，这不是请真宗的旨，因为他已经病得不能处理朝政，所以只能是请刘皇后的旨，这就等于宣布了丁谓在这场辩论中大获全胜，而这并不只是丁谓的大胜，更是刘皇后的大胜。

可寇准岂会轻易认输，没多久，他就直接向刘皇后的义兄刘美发难了。当时，刘氏家人仗着皇后的势力，在西川地区横行无忌，其中有人抢夺了民间的盐井，真宗因为皇后的缘故，想赦免其罪，但寇准要求依法处理这件事，于是得罪了皇后，而丁谓等人也乘机诬陷寇准。根据政争的参与者之一钱惟演的记载，寇准一度要求把这个案件送御史台审问，真宗很生气，但寇准却坚持己见。当日，真宗非常不高兴，而寇准则非常沮丧。钱惟演是站在寇准的对立面的，他说真宗很生气，其实是合理化了他们后来构陷寇准的行为，但实际上，真宗是真的把此事交给了御史台办理，由监察御史章频来审理这个案子，这说明真宗依然配合着寇准。章频审理此案，发现刘美依仗皇后的势力纳贿，使人收买办案人。章频要求逮捕刘美，真宗因为皇后的原因不追究刘美的罪责，并让章频出知宣州（治今安徽宣城）。这又说明真宗在两边平衡，他满足了寇准的要求，并借此敲打了皇后一下，但又不愿意过度削弱皇后的势力。

史书上对刘美的记载不算太多，似乎他在整个政治争斗中就是个路人甲，甚至看起来像是被牵连的。既然如此，寇准为什么要打击刘美呢？刘美尽管不是刘皇后的亲哥哥，但由于刘皇后是孤女，所以他也算是她唯一的亲人。以后我们会提到刘皇后的外戚，这些人其实都是直接或间接跟刘美有关系的。故此，刘皇后得以行使部分皇权后，也不断提拔这位义兄。早在祥符年间，刘美就被提拔为同勾当皇城司。皇城司的职能有两个，其一是负责皇宫的守卫，这是真正的大内侍卫，其兵员在太祖时一度达到数万人。后来兵员减少，但依旧有几千人。掌控着皇城司，就意味着掌控着皇帝的安全。其二就是监视百官，成为皇帝的耳目，所以皇城司实际上也是一个特务机构。勾当皇城司这个位置的品秩虽然不高，但若非皇帝最亲信之人，一般是很难做到的。由此可见，刘美本身也得到了真宗的青睐与信任。而到了天禧三年（1019），刘皇后所亲信的夏守恩与刘美一同升官，夏守恩为殿前都虞候，刘美为侍卫亲军马军都虞候。宋代禁军，以殿前司、侍卫亲军马军司和侍卫亲军步军司为首，是为"三衙"，其长官往往是实际的统兵之将。都虞候乃各司第三把手，算是掌管禁军的高级军官了。事实上，至天禧四年（1020）政争发生时，殿前司因都指挥使（一把手）曹璨去世后一直未有补缺之人，夏守恩实际上成了第二把手；而马军都指挥使王守赟刚好调任外地，马军当时没有任命副都指挥使，换言之，刘美实际上是侍卫亲军马军司的最高长官。虽然史书中没有关于刘美参与这次政治争斗的记载，但有些事情未必会被记录下来。退一万步说，即便刘美完全没有参与政争，仅其在皇城司的经历，以及他掌管禁军的现实，就足够让寇准认为这是对太子的威胁了。当然，按照宋朝的制度，就算是三衙长官也没有调兵之权，要调兵得听枢密院的。可是，此时的枢密使，不正是寇准的对头，刘皇后的合作者丁谓吗？故此，寇准欲治刘美之罪，实际上是要剪除刘皇后在军中的臂膀。

经过此事，寇准更进一步得罪了皇后。他忽视了真宗与刘皇后的感情，这时真宗对刘皇后，已经有点像唐高宗对武则天的那种眷恋依赖了，这不是寇准一两句话可以轻易破坏的。寇准坚持严办刘美，只能给真宗增加烦恼，而刘皇后更是对寇准恨之入骨。此外，如果真如钱惟演所记那样，真宗对寇准动怒，那估计是因为寇准的行为远远偏离了真宗对未来的预期，看来希望双方通力合作，只能是真宗的一厢情愿了。

惩处刘美的计划失败后，寇准心有不甘，六月份，他独自请见真宗，对真宗说："皇太子是众望所归，愿陛下考虑朝廷与宗庙的重要性，把大权传给他，以此来巩固万世基业。丁谓是个小人，不可以辅佐少主，愿陛下选择正直的大臣为少主的羽翼。"真宗表示同意。于是寇准马上让翰林学士杨亿草表，请求让太子监国，并且想让杨亿代替丁谓之位。但由于寇准大意，当晚醉酒泄漏了此事。丁谓他们知道之后，在真宗面前极力诋毁寇准，要求罢免他的相位。真宗似乎忘记了早前与寇准的约定，同意了丁谓的提议，并且马上召知制诰晏殊入宫，让他起草罢免诏书。晏殊说："臣是负责外制的，这并非臣的职责。"于是真宗召翰林学士钱惟演入宫。钱惟演是丁谓同伙，又是皇后外戚，他入宫后，又在真宗面前极论寇准专恣，要求深责。最终，寇准于天禧四年（1020）六月十六日被罢相，成为太子太傅、莱国公。

在此事中，是寇准首先向丁谓发难的，但机密外泄，让丁谓等人有机可乘。根据史书记载，这是因为真宗病得糊里糊涂，忘记了与寇准的约定。对于这个说法我有保留。我认为，真宗不可能在这个事情上犯糊涂，他是揣着明白装糊涂，如果他真糊涂的话，寇准罢相后就应该立即被赶出朝廷，但真宗没这么做，而且还优待寇准，让他继续留在朝中。而且我们可以看到，真宗此后在二府班子调整的问题上，是比较谨慎的。所以，与其说丁谓诬陷寇准，不如说是真宗被他们那一伙人说服了。史书上没写丁谓到底说了什么，但这不重要，因为能够说服真宗的肯定不是丁谓，而应该是他的皇后刘氏。刘皇后是如何得知真宗同意让太子监国的？这里有两个可能，一个是丁谓接到消息后，立即给宫里通风报信；但更大的可能是，此事就是在宫中泄密的：皇后有可能在真宗身边安插了眼线，或者是真宗自己把此事告知皇后，毕竟寇准的提议并没有把皇后怎么样，而纯粹是针对丁谓。无论哪一种可能，皇后得知此事后，应该跟真宗有过一次深入的交流，史书上没有写他们交流了什么，但我猜，皇后应该指出了两个问题：太子监国之后，皇帝怎么办？太子谁来辅佐？关于第一个问题，既然让太子监国，就相当于真宗提前把权力移交给太子。在真宗身体时好时坏的情况下，他实际上就要当一个无权的太上皇，在宫中安享晚年了，这主要看真宗自己是否能够接受这样的事实。而关于第二个问题，辅佐太子之人实际上就掌握了皇权的使用权，皇后肯定是不可能的，因为一旦太子监国，宋朝的一切政事都会在外朝决议，身在内宫的她权力将会被架空。既然此议是寇准提出来的，这个人也就只能是寇准——事实上朝中当时也没有谁比寇准更加合适。这样一来，不但不能达到真宗内外平衡的理想状态，还很有可能造就出一个权臣。寇准的忠心是没有问题的，但他有喜欢揽权的毛病，一旦他掌握最高权力而又没有人制约他，说不准会做出真宗不愿意看到的事情，比如清算皇后一方的势力，或全面否定"天书封祀"运动。此外，刘皇后应该还给了真宗保证，说自己一定不会做出不利于赵氏皇室的事情——后来的事实也确实如此。以上是我认为合理的推测，因为史无明载，也只能推测。但结果很明确，寇准被罢相了。但就算如此，真宗还是没有把寇准赶出京城，他应该是希望寇准能够留下，以后好掣肘皇后。后来寇准被贬出朝，真宗想起他，问左右为何久久不见寇准了，左右皆不敢回答。真宗那时是真的病得糊里糊涂了，但在他内心深处还是觉得寇准应该在朝，认为他是自己皇位传承的关键人物。

七月十四日，真宗在滋福殿接见了李迪、冯拯和钱惟演三位大臣。他想让李迪当宰相，但李迪是个老实人，觉得自己资历不够，故推托再三，后来连太子都跑出来劝李迪。真宗用李迪的意图很明显，那就是托孤。论才能与果敢，李迪当然不如寇准，但李迪是太子宾客，算是太子的藩邸之人，且对太子多有教导，事事以太子利益为先。当寇准被罢免后，李迪不失为一个退而求其次的托孤人选。况且，真宗此时还没想把寇准赶出朝廷，未来还有很多变数。

当日，钱惟演又在真宗面前极力排挤寇准，他的意图很明显，就是想方设法排挤寇准出朝，他在真宗面前诋毁寇准交结朋党，谋复相位，甚至说朝中三分之二的大臣都已经依附寇准了。以寇准的性格，谋复相位未必没有可能，只不过此时朝中再没有王旦这样有手腕的人帮助他，也没有

"天书降"这样的机遇。至于所谓交结朋党，找人占卜等，基本是污蔑，朝中三分之二的大臣依附寇准，更是无稽之谈。随后，真宗咨询他可以成为宰相及参知政事的人选，钱惟演极力推荐寇准的政敌，包括丁谓、曹利用、任中正，以及寇准昔日的对头冯拯；而对真宗提及的寇准好友或同情者如李迪、张知白等，则多加抑制，其用意不但是要将寇准排挤出朝，更要防止反对刘皇后的势力死灰复燃。但真宗对钱惟演还不是那么言听计从，他最后仅听从钱惟演擢升冯拯的意见，而对寇准、李迪依然如故。真宗还有自己的打算，他并不想寇准就此出朝。

冯拯拜枢相其实是一个意外，这个意外又给了丁谓晋升的机会。按照当时钱惟演的提议，真宗是要封冯拯为参知政事的，于是召翰林学士杨亿草制。杨亿说："这是中书舍人的职责啊。"真宗问："那么翰林学士应该为什么官员的拜罢写诏书呢？"杨亿说："如果是枢密使、同平章事，那么他们的任命诏书就应该由翰林学士来写。"真宗毫不思索就说："那就以此来任命冯拯吧。"按照以往惯例，枢密使一般只有两人，而此时丁谓与曹利用都是枢密使，再加一个冯拯，就是三人，前所未有，朝中大臣都感到奇怪，曹利用和丁谓也假装自己不称职，相继要求辞职。真宗这才发现搞错了，于是召来知制诰晏殊，对他说将有所改动。晏殊说："这不是臣的职权啊。"于是真宗又召来钱惟演，问他意见。钱惟演当然不忘推销他的亲家丁谓，他说："冯拯当过参知政事，现在拜枢密使，没问题。但中书不应该只有李迪一人，要不把曹利用或丁谓调一个到中书？"真宗问："谁可以呢？"钱惟演说："丁谓是文臣，过中书为便。"又说玉清昭应宫还没有宫使，丁谓是首倡建宫之人，应该领此使。又说曹利用忠赤，对国家有功，也应该授予平章事的头衔。真宗都同意了。于是，丁谓成为宰相，曹利用成为枢相。

两天后，周怀政谋乱的事情被揭发了。周怀正曾经是真宗的亲信宦官，第一份天书就是他爬到宫殿的屋顶上拿下来的；而后来寇准上乾祐天书，也是他与朱能策划的；据说前次寇准议太子监国一事，还是周怀政把真宗的意思告诉他，让他放手干的。寇准罢相之后，丁谓对他处处防范，使他的日子非常难过。为求自保，周怀政阴谋杀害丁谓等人，让寇准复相，奉真宗为太上皇，传位太子，废皇后。他与弟弟周怀信暗中找客省使杨崇勋、内殿承制杨怀吉、阁门祗候杨怀玉等人商议，打算在二十五日举事。很不走运的是，他所托非人，二十四日晚，杨崇勋、杨怀吉到丁谓家告密，丁谓连夜乘妇人车到曹利用家商议。第二天一早，曹利用入奏崇政殿，真宗马上令侍卫捉拿周怀政，诏曹玮与杨崇勋在御药院审问他。没多久，周怀政全部招供，于是押赴城西普安寺斩首。丁谓趁机揭发朱能造假献天书的事，二十八日，寇准降授太常卿，知相州（治今河南安阳），随后徙知安州（治今湖北安陆）。八月，朱能叛变，他又因此被贬为道州（治今湖南道县）司马。这一次寇准的待遇就大大不如上一次了。《寇准太常卿知相州制》说他"不肃门庭，交结匪人"。而贬道州司马时，更说他"密萌凶慝，辱于辅弼"。可见丁谓决心置他于死地。

周怀政谋乱，寇准应该是不知的，寇准真要参与谋划这件事的话，应该找与他关系比较好且手握兵权的签署枢密院事曹玮和枢密副使周起商议，而不应该是杨崇勋等人。寇准的权力欲再大，也不至于把自己的身家性命押给一个已经失势的宦官。更重要的是，寇准在大是大非上是十分清楚的，让太子监国，是为了让皇权顺利传承，这过程中并不伤害真宗的利益。还有一点必须注意：无论寇准多么想架空皇后，他都只是从皇后的族人入手，或者想在制度上杜绝皇后掌权的机会，但他从来没有直接把矛头指向皇后，他应该深知废后并非易事，而且容易动摇国家根本。在整个宋代一共发生过两次废后事件，一次在仁宗朝，一次在哲宗朝，均引来朝中大臣的非议，而这两次废后的直接原因，都是帝、后不和，这个条件显然在真宗与刘皇后之间没有发生。再者，宋初涉及的皇权斗争，失败的太祖宋皇后与太宗明德李皇后，也没有被废黜，寇准显然也不想在自己这里开这个先例——他依然把握着分寸。但周怀政谋乱就完全不是这回事了，这其实是这次皇权斗争的激烈化和表面化，他在谋乱中提出要让真宗传位太子，废掉皇后，这不但直接把矛头指向皇后，更牵涉到真宗的皇位，分明就是犯上作乱。而且立太子、废皇后，就相当于谋朝篡位、自己做挟天子以令诸侯的枭雄了，这种事寇准是绝对不愿意去做的。

周怀政谋乱一事让真宗非常气愤，有人乘机把此事牵连到太子身上，而真宗也差点就要惩罚太子。幸好李迪从容启奏说："陛下有多少个儿子，竟然想这样做？"真宗这才恍然大悟，太子也得以保全。这里的"有人"究竟是谁，史书上没有记载，但我想不会是刘皇后，因为太子出事，真宗就只能在宗室里选继承人了，而这样一来就有很大机会选一位长君，尽管如此一来，她或许会有拥立之功，但却会完全失去继续干政的理由，或者不能控制选出来的嗣君。两相权衡之下，这完全不符合刘皇后的利益。李迪是肯定要保住太子的，这是他们一方的基本理念。真宗子嗣不多，使得李迪的理由变得非常充分，作为一个专制帝皇，真宗不得不考虑身后之事，如果连太子都出事了，他百年之后宋朝肯定会因为皇位之争而变得非常混乱。

寇准被贬出朝不久，任中正和王曾双双拜为参知政事，钱惟演拜枢密副使。又过了不久，枢密副使周起与签署枢密院事曹玮被丁谓指为寇准同党，双双罢出，而王曾对丁谓尚比较忍让。这样，两府中能与丁谓抗衡的就只有李迪一人。李迪与寇准同在中书的时候侍之甚谨，到寇准罢相后，丁谓很看不起他。丁谓等人不想寇准居住在内郡，于是上奏真宗要求将他远贬，真宗命让寇准知小州，丁谓退朝后在纸尾写道："奉圣旨，除远小处知州。"李迪说："刚才听圣旨，里面无远字啊。"丁谓说："你刚才自己亲耳听到皇上的金口玉言，难道想擅自改变圣旨，庇护寇准吗？"丁谓明明自己擅改圣旨，却诬蔑李迪，真可谓奸险。李迪此时不与他相争，估计是怕被指为寇准一党，遭受牵连，况且真宗病重，经常忘记说过做过的事情，这样毫无准备地在朝上让丁谓构陷一番，肯定是凶多吉少，所以这次他选择了忍让。

李迪忍让，丁谓却得寸进尺。天禧四年（1020）十一月，真宗在承明殿与辅臣议政，他主动提出让太子在外朝掌管政务，由皇后在宫中审阅奏章，处理政事，这应该是真宗与皇后在宫中商议并最终达成的协议。自寇准被贬后，丁谓擅权，官员升降也不再上奏皇帝，李迪对此非常生气。到议兼职之时，李迪已经是少傅，因此想得到中书侍郎兼尚书的头衔，丁谓执意不肯。于是起草熟状，丁谓加门下侍郎、兼少师，李迪加中书侍郎、兼左丞，其他官员皆有加官晋爵。何谓"熟状"？按照宋朝的文书制度，一些不太要紧的事，往往由相关官员拟定施行措施写在白纸上，由宰相押字，其他执政官一起签名，提交给皇帝批准就可以了，这种文书就叫做熟状。而对于熟状，皇帝一般都是会批"可"的。换言之，熟状提交给皇帝，一切基本尘埃落定。按照惯例，两省侍郎是不兼左右丞的，而以李迪在朝的年资，也应当迁为尚书，丁谓是在故意抑制李迪。

李迪性格老实，丁谓故意激怒他，企图借机把他赶出朝廷。十一月十九日，众大臣在等待上朝之时，丁谓提议让林特担任枢密副使，仍领太子宾客。此时枢密院只有冯拯与曹利用两位枢密使，以及钱惟演一位副使，所以增加一位副使也是合理的。但丁谓这个提议，实际是想趁机扩充他在宰执中的势力。李迪反对，认为林特升迁已经非常迅速了，如今又当上了东宫官，本来就难以服众，更不应该再被提拔入二府。接着，他又怒骂丁谓，可能一时急怒攻心，抄起笏板就要打丁谓。同僚们极力劝解，他也不听。于是一起入对长春殿。内臣从禁中拿着制书来到真宗榻前，真宗说："这些就是卿等兼任东宫官的制书了。"李迪上前说："臣请不受此命。"于是斥责丁谓奸邪弄权，中外无不畏惧，而且表示愿意与丁谓一起到御史台对质。可能愤怒已经让李迪失去了理智，他斥责丁谓之后，并没有停歇，而是继续攻击其他同僚。他说林特的儿子在地方审案不公，导致疑犯死亡，丁谓却包庇他；又说寇准无罪，朱能一案不应该牵连太多人；还批评钱惟演跟丁谓是儿女亲家，曹利用和冯拯又与丁谓结为朋党。曹利用是武人出身，首先不服气，他出言反驳李迪道："舞文弄墨这事情，臣不如李迪，但赤手空拳，奋不顾身冲到敌军里面去，李迪就不如臣了。"真宗于是问丁谓："中书有处置不当的事吗？"丁谓自己不作任何回应，让真宗问其他同僚，于是真宗又问任中正与王曾，他们都说中书没有失职之事。真宗此时十分生气，他把枢密副使都留了下来，与他们商议后，决定将丁谓和李迪各降一级，罢相，丁谓知河南府（治洛阳），李迪知郓州（治今山东东平县）。

　　制书尚未发出，二十日，李迪请对于承明殿，又请见太子于内东门，但不知他说了些什么。丁谓方面也图谋复相，钱惟演怕丁谓出朝后他失去靠山，因此请求真宗把丁谓留在朝中，并一起挽留李迪，真宗同意了。二十二日，丁谓入对承明殿，真宗斥责他在庭上忿争。丁谓说："不是臣敢忿争啊，是李迪怒骂臣而已。臣不应该跟他一起被罢免，愿重新留在中书。"最终，真宗让入内都知张景宗、副都知邓守恩传诏送丁谓到中书，令依旧办公，而李迪仍然出知郓州，当朝宣布，即时赴任。至此，丁谓与李迪之争结束。这一次，丁谓又再胜利，而李迪失败出朝。

　　李迪是一个比较传统的儒家士大夫，虽然性格脾气都比较刚强，但权力欲却没寇准大。在寇准离开朝廷后，他全力保护太子，集中精力把政敌打倒，甚至不惜同归于尽。他甚至像周怀政那样，直接把火头引向刘皇后。有一天，真宗很生气地对辅臣们说："昨夜皇后一干人等回娘家了，把朕一个人留在宫里。"史书上认为，真宗之所以会这样说，是因为病太久了，病得糊里糊涂，胡乱说话。这当然是一种可能，但还有一种可能是皇后昨夜真的回娘家了，真宗在病中觉得被照顾得不够周到，于是向辅臣们发发牢骚，甚至他自己都不太记得是怎么一回事了。无论如何，这都是真宗自己的家事，其他大臣都很识趣地回避了这个问题，唯独李迪借题发挥，他说："如果是真的话，何不依法来处置皇后呢？"可能对李迪来说，皇帝家的事就是天下之事，他此举的目的就是要借机把刘皇后除掉，因为在他看来，刘皇后才是太子最大的威胁。可真宗听了李迪的话后，怔了一下，又说："没有这事。"真宗当真病糊涂了？其实不然，他真的只是发发牢骚，完全没想到宰相会提出法办皇后的建议。为了不把事情闹大，也就只好自己打自己嘴巴，说没有此事了。让李迪没有料到的是，此时刘皇后刚好站在屏风后面，听得清清楚楚，于是对李迪深恶痛绝。李迪被罢相之后，曾经单独请见太子，但说了些什么史书没有记载，估计有两个可能，一是想让太子给他想办法，使他能继续留在朝中；二是可能他知道自己被贬出朝是不可改变的事实，于是告诫太子日后在朝中要多加小心。但无论如何，由于请求真宗依法惩治皇后一事，他已经跟刘氏结怨，况且在当初刘氏立后时，他又上书反对，刘皇后对他的痛恨，绝对不亚于寇准，她和丁谓等人是肯定不容许他继续留在朝廷的。李焘在《长编》中认为李迪被贬，而丁谓复相是中宫的意思，应该是事实。

三、太后垂帘

李迪被贬出朝后，朝廷上下几乎都是丁谓与刘皇后的势力。天禧五年（1021）是较为平静的一年，这一年里，丁谓主要是集中精力对付意欲回朝的王钦若。此外，他为了支持刘皇后干政，也有所作为，这一年正月，他给真宗上言说："看见陛下的龙体已经逐渐康复了，臣等实在是高兴得不知如何庆贺啊，但现在朝野内外都没有什么事情，还是希望陛下不要太过操劳国事了。"让真宗不要操劳国事，实质是让刘皇后继续在幕后处理朝政。不过这些话听来顺耳，真宗也就欣然接受了。在真宗去世前，皇权的归属与最高权力的行使其实已经得到定论，刘皇后预政之事谁也改变不了，所以在这段时间里，太子党与皇后党均相安无事，这一年也是真宗后期政局最平稳的一年。

乾兴元年（1022）二月，真宗驾崩，仁宗继位，遗诏尊皇后为皇太后，淑妃杨氏为皇太妃；军国事权兼取皇太后处分。这是宋代第一封以已故君主名义颁布，宣布让皇后（太后）干预政事的诏书，这无疑是从法理上认可刘太后垂帘听政。真宗生前很清楚，幼主即位的事情是不能避免的，天禧末年一系列的争斗，所争的实际上就是由谁来辅佐幼主，并实际行使皇权。换言之，在幼主成长的这段时间内，皇权必须部分让渡出来，最高权力也需由他人代为行使。争斗的结果，毫无疑问是刘皇后获得了这种权力，而事实证明，刘皇后也是真宗心目中的最佳人选。真宗曾多次在众大臣面前赞许刘氏的政治才能，从其赞许的话语中可以看出，他一早就选定刘皇后作为托孤之人。唐代武后专权而颠覆李氏皇朝一事，不算久远，深通历史的真宗也应对此有所了解。但他自以为已经彻底解决了宦官和权臣的问题，而刘氏本人出身低微，恰好没有盘根错节的外戚势力；主观上说，他相信皇后是不会辜负他的，因为他跟她共同经历了风风雨雨，有十分深厚的感情。况且刘氏是他的皇后，也是一朝国母，由她来辅佐新君，代为行使最高权力，也算是代表赵氏行使专制之权。在遗诏中，辅臣们特别强调"保兹皇绪，属于母仪"，实质是向刘太后强调真宗对她的信任。

根据《长编》记载，"初，辅臣共听遗命于皇太后"，这说明谁都没有亲耳听到真宗自己立下遗诏，除了太后，而后来向天下颁布的遗诏，是从太后的嘴巴里说出来的。太后当然只会说出遗诏的中心思想，而如何形成学院体的文字公布天下，则是辅臣的事情了。当写到"军国事权兼取皇太后处分"时，丁谓提出去掉"权"字。如果真这样的话，太后听政就是永久性的，所以参知政事王曾反对，他说："政令出自内宫，已经不是国家的好运了，说是权宜之计，以后还能有个说法，而且言犹在耳，怎么可以更改呢？"王曾虽然不反对刘太后干政，但他表明了自己的态度和立场：这种干政不能长久，总有一天是要还政于仁宗的，他力争一个"权"字，意义就在于此。丁谓不同，他要求去掉"权"字，是要太后长久执政，这样做的目的一是讨好刘太后，二是想通过巩固太后长期垂帘听政的地位，以使自己长期掌权。王曾只是稍稍违逆了他的意思，就使得他不高兴了，不过遗诏是太后说出来的，他也是没有办法，只得听从王曾的建议。

其实丁谓的意见并非没有依据，唐高宗遗诏中的"军国大事有不决者，兼取天后进止"，就没有"权"字。这道遗诏是唐代第一道以先帝名义颁布让皇后（太后）参预朝政的遗诏，我们不妨对两封遗诏进行比较。唐高宗遗诏，虽然没有"权"字，但明确指出只有"军国大事不决者"才让天后决定，换言之，朝廷一般事务，或者皇帝可以处理的军国大事，均无需天后过问，这实际在很大程度上限制了武则天的权力。然而历史证明，即使有高宗这封遗诏作为限制，并且当时即位的李显也已经二十八岁，是为长君，但武后还是通过各种手段倾覆了李氏王朝。那么乾兴遗诏呢？真宗遗诏表明，"军国事权兼取皇太后处分"，也就是说，军国之事，事无大小，均由皇太后处理。这可以说是对皇太后的完全信任，而且也没有对她的权力加以过多限制。"权"字是遗诏中对刘太后权力的唯一限制，表明这是暂时性的，但到什么时候，遗诏并没有明确说明。当时"中外汹汹，（王）曾正色独立，朝廷赖以为重"。所谓"汹汹"，指的是人心不稳，这说明当时朝廷内外人等，均把当前形势与唐高宗末年作比较，并且得出不太乐观的结论。王曾乃当时朝廷上主张维护赵氏法统的主要人物，当然也会进行这样的比较，而就表面看，仁宗这位幼主所处的环境，似乎比作为长君的李显更为凶险。但事已至此，太后干政的事实不可能改变，而作为大臣的王曾，所能争取的也就是一个"权"字而已，实质是要争取保留对刘太后权力的一点限制。《宋史·丁谓本传》记载，是丁谓提出增加"权"字来限制太后的，与《长编》所载相反，恐怕有误。后来的丁谓确实是要架空太后的权力，但此时却不会因为此事而得罪太后，因为新君刚刚即位，一切尚不稳定，他跟太后还算一条船上的人，限制太后也就是限制他自己。更何况辅臣当中还有太后的姻亲钱惟演，他更不可能在钱惟演面前公开提出这个问题了。

其实王曾所争取的，并非只有一个"权"字，遗诏中提到以杨淑妃为皇太妃，王曾认为这种待遇太过了，没有必要写在遗诏里面，必须以后另行讨论。丁谓听了之后就有点不高兴了，他说："参政你难道也想擅自改动遗诏吗？"王曾跟他辩了两句，但身边其他宰执没有站在他一边的，于是他也知难而退了。杨淑妃此时也已经参与政事了，所以王曾此举，其实也是想削弱刘太后的实力，但还是被丁谓阻止了。换言之，在讨论之后，辅臣草拟的遗诏，并没有对刘太后所宣示的真宗遗命作出修改。那么，遗命可不可以改呢？纵观宋朝以后的历史，应该是可改的，十一年后刘太后的遗诰就被大臣们删改过。真宗的遗命是从法理上承认刘太后预政，而只有大臣们承认这一遗命，并且把它写成遗诏，颁布天下，太后预政的合法性才能真正得以实现。真宗末年的政争已经充分表明，由刘太后辅佐幼主参决朝廷大政，这是一个不能改变的事实，而这一事实也在真宗生前得到他的认同。有份参与讨论遗诏的宰执大臣，都是因政争后权力重新分配而坐上宰执之位的，他们亲自经历过这场政争，知道刘太后的政治手段，也深知当时非以刘太后垂帘听政不可，否则朝局无法稳定。而他们当中的大部分人，也都站在刘太后一边。其实此时的遗诏，对刘太后与宰执大臣而言，只是对外宣布太后辅政的法理文件而已，大方针早已在真宗生前确定，故遗命不论是真宗之意，抑或是太后之言，均无伤大雅。丁谓与王曾所争执的，只不过是当中的细节而已。事实上，丁谓并没有因此怨恨王曾，反倒对他十分信任，从而招来贬窜之祸。

此后，丁谓在刘太后的授意下，对寇准等人大加迫害。他以交通周怀政的罪名，把寇准从道州司马贬为雷州（治今广东湛江市海康县）司户参军，又以与寇准同党为由，把李迪从知郓州贬为衡州（治今湖南衡阳）团练副使。

李迪被贬之后，中书寇准一方只剩下王曾一人。王曾是寇准的好友，他对丁谓处理寇准和李迪的事是不满的，认为如此责罚太重。丁谓却对他说："居停主人恐怕也不能免祸啊。"何谓"居停主人"？这是拿王曾曾借住宅留宿寇准一事来威胁他，说他与寇准结党。王曾害怕了，不敢作声。其实王曾是一个比较隐忍的人，他此时对丁谓甚为恭谨，目的是骗取丁谓的信任。即便是为亲人求官这样的小事，他也不敢僭越丁谓的权力。

恭敬是表面的，实际上王曾在等待时机铲除丁谓。不久，雷允恭擅迁真宗山陵，这时机终于来了。雷允恭是丁谓摆在刘太后身边的棋子，真宗去世不久，他就自请参与真宗山陵事宜。三月份，雷允恭到了山陵下，判司天监邢中和对他说："如今的山陵往上百步，根据葬法是有利于子孙的，就像汝州的秦王坟。"雷允恭说："这样的话，干吗不用呢？"邢中和说："山陵是大事，重新选址，需要反复检查验证，拖的时间会很久，恐怕赶不及七月大殓之期啊。"雷允恭说："尽管把墓穴往上移吧，我立即骑马入见太后来说这件事，哪有不听我的。"雷允恭一向专恣横行，大家都不敢逆他的意思，于是马上改用了那个坟穴。他告诉太后，太后说："这是大事，怎么这么轻易下决定啊？"雷允恭说："只要有利于先帝的子孙，有什么不可以呢？"刘太后不大同意，但又不想当场否决这个想法，于是说："你出去问问山陵使大人可不可以吧。"山陵使就是丁谓，真宗去世不久他就兼任此职了。雷允恭见到丁谓，说了事情的本末。丁谓也知道不可以这样，但也是不想就此否决雷允恭的意思，于是支支吾吾，不置可否。雷允恭得不到丁谓的肯定答复，便入宫骗刘太后说："山陵使也没有异议了。"但到了五月份，事情起了变化，真宗的新坟穴果然有石，石尽水出，工役艰难，朝廷上下议论纷纷。侍卫步军副都指挥使、威塞节度使夏守思当时是修奉山陵部署，他怕工程不能完成，要中途停工，于是上奏待命。丁谓包庇雷允恭，仍然想迁就过关，把陵墓建成，不敢以实情禀奏刘太后。过了几天，入内供奉官毛昌达从山陵回宫，详细启奏了这件事。事情就这样败露了，刘太后派人问丁谓，此时丁谓才派按行使蓝继宗、副使王承勋前往参定。经过一系列的勘验与审问，真宗陵墓恢复旧址，而雷允恭也在六月二十二日伏诛。雷允恭的死可以说是自找的，他最大的问题是专恣，而且不是一般的专恣。不但同僚官员们不敢违逆他的意思，连身为太后的刘氏和身为宰相的丁谓都不敢与他正面碰撞，其专恣的程度可以说是无以复加了。可再专恣的宦官，其权力也大不过皇权，只需要一个借口，上至太后，下至大臣都可以置他于死地，而擅迁皇帝陵墓，只是一个有足够分量的借口而已。

雷允恭之狱不久，王曾就想借真宗山陵之事除去丁谓。一日，他对同僚们说："我王曾没有儿子，将以我弟弟的儿子作为后代，明天退朝的时候，想留下向太后说明。"丁谓没有怀疑，果真让他单独面见太后，王曾尽言丁谓包藏祸心，故意让雷允恭把真宗陵墓移到绝地，太后大惊。丁谓听说后，在太后的帘前极力为自己分辩，内侍忽然卷帘说："相公跟谁说话呢？太后的凤驾早就离开了。"丁谓惶恐不知所措。以上是《长编》对王曾揭发丁谓过程的记载，但比较简单，王铚的《默记》有更加详尽的记载：王曾为麻痹丁谓，三番四次在丁谓面前装出可怜兮兮的样子。丁谓多次追问他是什么缘故，他才说自己从小是孤儿，与一位老姐姐相依为命，而姐姐的儿子却跑去当兵了。我们知道，宋代当兵并不是一份体面的职业，职业兵都是要在脸上刺字，以作标识的，而这对作为参政的王曾来说，当然不是一件光彩的事情。王曾说罢此事，潸然泪下，丁谓听了于心不忍，就让王曾写份奏章请求朝廷除去外甥的军籍。可王曾再三推托，最后丁谓亲自为他铺路，让他在退朝之后单独留在朝堂上跟皇帝和太后说这件事，这也就不用他在其他大臣面前公开此事了。可王曾单独留下后，说的就不是自己外甥的事了，而是向皇帝和太后尽言丁谓的奸佞滥权之事。太后听了之后大怒，答应了王曾彻查丁谓的请求。丁谓还在阁门那等着，看到王曾久久不出，立即捶胸顿足说："来不及啦！"他这才醒悟，王曾之前所做的一切都是为了让自己来完成他的阴谋，但又让自己无所察觉，等到真宗山陵之事发生，他才乘机发难。

这则记载与《长编》不同的是王曾请求单独面见刘太后的借口，但这并不重要，关键是它记载了王曾蒙骗丁谓的全过程，可谓处心积虑。但丁谓本身是一个非常聪明，且心思缜密的人，王曾不经过精心策划、处心积虑，要扳倒丁谓谈何容易。王铚在这件事最后还加了一句评语说："假如丁谓防范王曾，哪会有这次大祸？由此可知，王曾的智慧和权术都在丁谓之上。"此话可谓一语中的。而王曾选择的时机也非常好，趁机就把雷允恭的事牵连到丁谓身上，而此时的刘太后也不再是糊涂的真宗，她不会偏听丁谓的谗言，最重要的是丁谓已经严重危及她自身的权力了。但话说回来，王曾此举也不够光明正大，反而有一种搞阴谋诡计的感觉，这跟王曾的性格与为政作风有关。如果这次对付的不是同样以权术知名的丁谓，而是其他大臣，恐怕他也会招来舆论的非议。

六月二十五日，辅臣们在资善堂吃工作餐，刘太后召见众人议事，唯独不叫丁谓。他自知必定获罪，就苦苦哀求同僚们帮忙。钱惟演对他说："我一定尽力，没大问题。"冯拯听到后盯着他，弄得他非常不安。到承明殿后，太后对他们说："丁谓身为宰相，竟然跟雷允恭内外勾结。"于是拿出丁谓托雷允恭令后苑工匠所造的金器，又出示雷允恭要求丁谓为他谋求管勾皇城司及三司衙司的证据。她说："丁谓以前附会雷允恭奏事，都说已经跟你们在座各位商议好的，所以我都同意了他的请求，最近才知道他是假托各位的话，虚妄行事。营造先帝的陵寝，就应该尽心尽力，但他却擅自迁移墓穴，差点误了大事。"冯拯等奏对说："自从先帝登极，政事都是丁谓和雷允恭商议的，然后说得到了禁中的旨意，臣等也是难辨虚实啊。幸好上天圣神揭发了他的奸佞行为，这是宗庙社稷之福啊。"太后非常愤怒，想杀丁谓，冯拯上前说："丁谓固然有罪，但新君即位，就诛杀大臣，恐怕会让天下骇然啊。而且丁谓哪有谋逆的行为呢？就是没有奏报雷允恭擅自迁移山陵之事罢了。"刘太后心情稍为平复，就命冯拯等人到偏殿商议降黜之命。任中正说："丁谓被先帝托孤，虽然有罪，但请按照律法来论功。"王曾说："丁谓不忠，得罪宗庙，还有什么好议的？"于是贬责丁谓为太子少保，分司西京。按照惯例，罢免宰相，应该由翰林学士草制，但当时由于时间仓促，只令当值舍人草词，贴于朝堂，公布天下。

李焘在《长编》中认为："丁谓所犯的罪，其实也就是包庇雷允恭，不忍心揭破他的胡作非为，未必真的包藏祸心。但他天性阴险狡猾，多阴谋，当了宰相一年多，深不可测，王曾虽然是用计把他扳倒，但公论却不以为这是一种过失。"丁谓奸邪这是众所周知的，他一生所求就是权力二字。从前他依靠刘太后，扳倒寇准，取得权力，他过往一切的事情中，很多都是刘太后授意他干的。但刘太后想把他推倒之时，却把这些撇得一干二净。王曾是寇准的好友，早就想为他出一口恶气，自然把丁谓往死里打。钱惟演表面上像被冯拯的一盯吓怕了，在议事时只声不吭，刚才对丁谓的慷慨早已荡然无存。其实他是刘太后的外戚，一切唯太后马首是瞻，太后的意图他又岂会不知，之前对丁谓只是惺惺作态而已。真正够朋友的还是任中正，他出面为丁谓求情，但终归势孤力弱。这里起关键作用的是冯拯，他是宰相，说话更有分量。他本来与丁谓就没有多少交情，反而在中书工作时有点矛盾，此时更是落井下石，以迎合刘太后。刘太后把过往所做的事都推在丁谓身上，冯拯也跟着把事情推在丁谓身上，这造成丁谓玩弄权术、两头欺瞒的表象。丁谓当然有这样做，但并非事事如此，冯拯只不过是为太后开脱。太后要杀丁谓，冯拯又为丁谓求情，但却不同于任中正，因为他是揣摩到了太后的心理。丁谓之罪，诚如李焘所言，"未必真有祸心"，根本罪不至死，如果刘太后真杀了丁谓，必定惹来"兔死狗烹"的非议，而且也违反了宋代"不杀士大夫"的祖训。刘太后要杀丁谓是故作姿态，冯拯心领神会，故意为丁谓开脱，以让太后有台阶可下，其实也是为自己，因为丁谓倒台后，他就会理所当然地成为首相了。

　　正如李焘所言，丁谓之罪，并非真的包藏祸心，那为什么刘太后非要把他罢免，甚至装出要置他于死地的样子呢？冯拯和太后所言的丁谓玩弄权术，又是怎么一回事呢？原来，在仁宗即位后，丁谓以为自己乃是当朝首相，可以独揽大权，但他似乎忘记了寇准的教训，忘记了皇权的厉害。在解决了"权处分军国事"这个问题之后，太后与仁宗的听政仪式问题又引起了争议，这涉及权力分配的问题。最初，辅臣们想仁宗在外朝主持政事，而太后在宫内听政，所以就问太后在内宫哪个殿听政。可这实际上就是让太后与皇帝分开，毫无疑问削弱了太后的权力，于是太后派内侍张景宗和雷允恭来说："皇帝办公，哀家应该朝夕在他身边，何必另外找一个殿来听政呢？"王曾于是就援引东汉时的做法，让太后和皇帝每五天到承明殿一次，皇帝在左边，太后坐右边，垂帘听政。太后但求跟皇帝一起听政，也就同意了。但丁谓却不同意，他是想皇帝每逢初一和十五出来见群臣，大事则由太后和皇帝共同召见辅臣商议决定，其他事就让雷允恭通传，太后跟皇帝在宫内签字盖章就可以了。王曾认为："两宫分开而单独由宦官来通传，这相当于把权柄交给了宦官，是祸端的征兆啊。"可丁谓不听。后来，太后发出手诏，竟同意了丁谓的办法。

王曾援引东汉故事，让太后垂帘听政，这是符合传统专制统治要求的。但丁谓却不想让太后见到众位大臣，而是想自己一人通过雷允恭与太后商议政事，其他大臣不得预闻。其目就是要借着太后的名义，独掌朝政，大有挟天子以令诸侯的味道。王曾指出这样会导致宦官掌权，可丁谓并不认为权柄会落在雷允恭手上，因为雷允恭是他放在刘太后身边的一个棋子，他要摆脱太后，自己独自掌权，就要通过雷允恭。在"擅移皇堂"一事中，丁谓要保护雷允恭，是因为雷允恭是他能架空太后权力，从而权倾朝野的关键人物。然而他万万没有想到，雷允恭的粗鄙专恣，竟然把他连累得身败名裂，远贬出朝。

另一方面，丁谓小看了刘太后。刘氏从大中祥符五年（1012）登上皇后宝座之前，就一直帮助真宗处理政务，对于大臣之间的争斗，还有他们为政的手段，她都知道得一清二楚，而她自己本身也参与到寇、丁之争当中。她知道如何利用这次争斗来为自己谋取最大的利益，并铲除自己的政敌。她应该知道丁谓心里的小算盘，但她还是同意了丁谓的建议，因为此举也能让她暂时摆脱其他辅臣的掣肘，只需要把丁谓控制好就可以了。但让刘太后没想到的是，丁谓也不好控制。丁谓以为，寇准、李迪既然远贬，仁宗也顺利继位，朝中大臣以他为首，他可以逐渐架空刘太后的权力，以让自己完全掌握皇权的行使权。甚至，他还敢冲撞刘太后。太后曾经以仁宗起床晚的缘故，让内侍到中书传旨，自己单独受群臣朝拜。按照之前丁谓的设计，这应该发生在某个月的初一或十五日。当时丁谓刚好请了假，另一个宰相冯拯不敢下决定，于是把丁谓请了回来。丁谓对此极力反对，还批评冯拯等人没有立即阻止此事，由此得罪了太后，也得罪了冯拯。但在这件事上，丁谓是没错的，皇帝的年龄不论大小，都是最高权力的标志，一旦外朝大臣单独朝拜其他人，都意味着最高权力的转移。当年太宗驾崩后，吕端坚持要亲眼看见太子后，才率群臣朝拜，也就是这个原因。之后，丁谓又要求以月进钱作为宫廷开支，实际上是限制宫中的消费，这就更加让刘太后不高兴了。

但是刘太后懂得一个丁谓忽视了的道理，她手里已经掌握着皇权，没有人再能够反对她。反而如果她要扳倒丁谓的话，很多丁谓的政敌或一些中立投机者都会依靠过来。此时已不像天禧之时，她未必要靠丁谓才能保住垂帘听政的地位。而且，皇权虽然处处受制于丁谓的相权，但只要有足够有力的借口，手握皇权的刘太后仅凭一纸诏书，就能把他罢相。恰在此时丁谓协同雷允恭专恣于朝，大家都是敢怒不敢言。因而刘太后推倒丁谓的时机已经成熟，只差一个体面的借口，而雷允恭擅移山陵之事，恰好给此事画龙点睛。

丁谓罢相后，刘太后听政的仪式又得重新讨论。七月十二日，宰执大臣三次上表，请皇太后遵照遗制，每五天到一次便殿，按照先前定下的制度，让中书与枢密院在那里奏事，然后太后跟皇帝一起裁决。太后最开始推辞了——这是中国古代惯用的礼仪——然后辅臣又给皇帝上表，两宫才都同意。二十七日，辅臣请皇太后、皇帝每五天到承明殿一次，所有军国大事，以及大臣乞求恩泽之事，都要上报请旨；如果是一般的事情，那就依旧用文书呈进内宫，由太后跟皇帝批准盖印，然后交给外朝去办就可以了；如果有些事情是根据其他旨意，却未可行的，那就在殿前收下文书，以后再处理。这个意见也得到了太后跟皇帝的同意。八月初八，仁宗皇帝第一次跟刘太后到承明殿，刘太后垂帘听政，参决大事，这也是采用当初王曾的建议。宰相率领百官称贺，太后却悲哀地哭了很久，并且让内侍传谕说："等皇上长成年了，我就把政事交还给他。"冯拯等大臣上言道："太后临朝，是先帝对您的顾命之托啊！"从此以后，一直到太后驾崩，所有朝廷政事都由两宫一起决定，换言之，这一时期大宋朝廷的决议，也是刘太后的决议。丁谓还当宰相的时候，他定太后自称"予"，丁谓罢相后，中书跟礼仪院讨论，认为太后下制书和命令就称"予"，其余时间在便殿处事则称"吾"；后来刘太后自己下诏说，无论何种场景，她都自称"吾"。我们都知道，皇帝一般是自称"朕"的，而让太后称"予"，除了有别于皇帝的称谓外，也是要跟一般臣民区别开来。最后太后只称"吾"，则是与一般臣民无异了。而听政仪式，则应如《宋史》所言，大臣在内东门拜上表章，让入内都知一员跪着接受，并传递到宫内。皇太后的回复，最开始应该写"览表具之"，而末尾则写"所请宜许或不许"。到这时候，关于皇太后听政制度及其仪式的讨论才算结束，其结果乃以王曾最开始的建议为主。刘太后既然已经把丁谓罢相，也知道想脱离仁宗单独秉政是不可能的，故只能妥协。但在这次仪式争论中，刘太后获得了朝廷政事的最后决策权，且其临朝听政，也得到首相冯拯的再次公开认可。这种结果对刘太后来说虽然不是最为有利的，但此时她的势力尚未强盛，若与辅臣强争，结果很难预料，所以她需要一个稳定时期来培植自己的势力，以保证将来仁宗年长后权柄仍掌握在自己手中。另一方面，刘太后的垂帘制度，也开了宋代的先河，其后宋代后妃垂帘听政，很多制度都是依照章献明肃（刘太后的谥号）故事的，此乃后话了。

四、母子相安

在第一章里我就已经讲过，儒家的孝道理念，其实是后妃作为母亲干预政事的理论基础，而母子关系则是母后临朝听政的伦理基础，这也就是母子关系的政治价值所在。早在天禧五年（1021）的时候，太子在资善堂听政事，但朝廷大事都是由当时的刘皇后决定的，对此，朝廷内外都感到十分忧虑。当时的参知政事王曾就通过外戚钱惟演对刘皇后说了以下一番话："太子年幼，若非中宫保扶的话，他是不能顺利继位的，而中宫如果不倚重皇储的话，那么人心也不会归附。所以，皇后对太子好，那么太子就安稳了，太子安稳了，才能够让刘氏上下安稳啊。"钱惟演听了，深以为然，把这番话禀告皇后，于是皇后跟太子更加亲密，旁人难以挑拨离间。

王曾所论述的，正是这种母子关系的政治价值，短短几句话，却已包含了他对前代历史、宋代政治环境以及当时形势的分析。"太子幼，非中宫不立"，这是当时的实际形势。当时真宗久病，一部分皇权已旁落刘皇后之手，女主预政已经成为事实。就宋真宗末年而言，王曾说此话之时，寇准与李迪都因为保扶太子，矛头直指刘皇后而被罢相远贬，周怀政更因此丧命。所以王曾能敏锐看到，如果强烈反对刘皇后预政，一定要把她除之而后快，其结果或者更甚于寇准和李迪。如果刘皇后不以母子之情为念（况且她的确不是仁宗生母），废太子而立其他皇室子弟，则太子性命堪虞，而朝廷也必定会发生大规模暴力流血事件，宋朝即使不因此被颠覆，赵宋皇室也会元气大伤。事实上，在当时的朝臣看来，废立太子之事未必不会发生，有记载说，真宗病入膏肓的时候，仁宗年纪还很小，当时就有夺嫡的流言传出。这是李心传在《旧闻证误》里要证伪的事情，也就是说这确实只是个流言，但空穴来风，未必无因，这则流言正反映出当时士大夫们的忧虑。而事实上，刘皇后确实曾经把荆王赵元俨的儿子养在宫中，此举于刘皇后而言或无他想，但对于外朝的士大夫来说，则是非常敏感的举动。故此，对刘皇后的权力以限制而不以反对为主，其实是当时最有利于太子以及赵氏皇族的选择。

"中宫非倚皇储之重，则人心亦不附"，其实是更进一步向刘皇后表明母子关系的重要性。太子虽非刘皇后所生，但刘皇后却在他出生后立即把他认作自己的儿子，因而刘氏在成为皇后之前，就有了倚重皇储之势。宋代政治环境也与前代不同，世家大族的势力，遭五代乱离，已然被消灭殆尽。宋代从太宗起，重用文臣，至真宗末年，经两朝经营，已建立起一套系统的适于皇帝实施专制统治的文官制度。朝廷上与皇帝共商朝政的，不再是公卿大族，而是通过科举进入官场的文人士大夫。科举出身的士大夫，其心所向者，只有皇帝而已。纵然日后皇帝年幼，太后辅政乃代为行使最高权力的权宜之计，但若太后越过皇帝单独执政，就会被士大夫们视为非法。所以王曾清楚地向刘皇后表明，如果她要继续保持现状，行使皇权，则必须以母亲的身份保护幼主，并代为执政；如果废太子而另立他人，或者效法武则天自立为帝，则朝中人心离散，刘氏家族在朝中势力又无法与汉之吕氏、唐之武氏相比，必遭灭亡。故王曾最后说："后厚于太子，则太子安，太子安，乃所以安刘氏也。"其实就是想告诉刘皇后母与子在政治中的互动和辩证关系，使其能够做到母慈子孝，从而使真、仁两朝顺利过渡。事实证明，这种劝谕深为刘皇后所接受，以至"两宫由是益亲，人遂无间"，效果优于寇准与李迪的激烈抵抗。

刘皇后对王曾的话深表同意，她对太子的保育与培养也十分周到。有记载说，太子的身体有什么毛病，她必定亲自护理；如果她不得不暂时离开太子身边，也必定会派人前来询问；至于乳母、保姆，以及太子身边的小宦官，她都是选择在宫中待了很久，且行事谨慎之人，并早晚吩咐他们对太子要恭敬谨慎。事实上，大量史料证明，刘后在保育仁宗方面尽了自己的努力，这种努力，无论在生活上、学业上，还是道德观、价值观的培养上均能体现。

首先是生活上的，此乃保育孩子的最基本方面。我们在上文提到，司马光在《涑水记闻》里提到了这么一则故事，说仁宗年幼即位，刘太后性格严肃，动不动就用礼法来约束他，从来没有给他好脸色看，而杨太妃则用恩惠来安抚他。仁宗本身是过敏体质，吃了海鲜就会咳嗽，所以刘太后不让御厨把虾蟹海鲜之物进给皇帝食用，而杨太妃则时常偷偷藏一点拿给仁宗吃，并且说："太后何苦这样虐待我的孩子呢？"司马光的记载显然是用杨太妃的温柔来烘托刘太后的严厉，不过我不太相信长期与太后有政治合作的杨太妃会在仁宗面前说太后的坏话。在这个故事中，刘太后乃代替真宗扮演严父的角色，她在生活上对仁宗严谨细致，有些事情的确对仁宗身体无益，她会坚决反对，而且动不动就搬出礼法工具。其实可以看到，她严厉的最终目的，是为了仁宗的身体，这一点，我以前不能体会，但当了父亲之后，我是感同身受的。

其次，在学业上，刘太后对仁宗的培养，也是尽心尽力。真宗去世不久，刘太后就下诏说："皇帝虽然双日不用处理朝政，但也应该宣召近臣入

宫给他讲课，不至于让他荒废学业。"她为仁宗任命的老师，乃当时名儒孙
奭与冯元，陪读的学士李维与晏殊，都是著名的文学之士。并且，为了仁
宗能够学习更多，刘太后后来还下令，从此以后，就算是单日也要召侍臣
入宫给皇帝讲课。此外，太后为了让仁宗更好地接受知识，也颇费心思。
她命宋绶等人选择前代那些关于孝道或有益于政治的文章，以让皇帝阅读。
同时，她又编了与南郊大祭的仪仗有关的《卤簿图》三十卷，让翰林院待
诏高克明等画师绘画出来，十分精妙，并在旁边用文字叙事，让师傅、保
姆等人早晚陪伴皇帝玩赏，并且给他讲解。这种种细节，都反映出刘太后
完全像现代一个"鸡娃"的母亲，家教补课一样不落，还别出心裁地给孩
子增加各种学习任务和课外作业。

关于刘太后对仁宗道德观的培养，史籍所记不多，较常见的是她跟仁
宗共同听政时，指点介绍一些大臣，跟仁宗谈论他们的道德修养。在价值
观培养方面，《曲洧旧闻》中记载了这么一个故事：

太祖太宗平定了南北各国的僭乱，但凡诸国的奇珍异宝，都藏在奉宸
库里。自太祖建隆（960—963）时代开始，有关部门只是每年清点一下而
已，从来不敢拿来用。到了章献明肃皇后垂帘听政的时候，仁宗听信了身
边宦官的话，想去看一下。太后认为，皇帝现在正处于青春萌动的年纪，
不能轻易对他展示这些东西，于是下诏选择一个吉日，打开奉宸库，设立
香案，焚香礼拜，并对皇帝说，太祖、太宗统一四海，创业艰难，这些东
西都是诸国失德，不能长期持有，所以才进入我们的库藏里，今天打开来

看，正可以引以为戒。如果把它们拿出来玩赏，成为癖好，或者直接使用，就会重蹈前车的覆辙，那就不是祖宗垂示教训的本意了。

仁宗想玩赏奉宸库内的宝物，刘太后并没有直接拒绝他，而是乘机给他上了深刻的一课，让他知道祖宗江山得来不易，故不能玩物丧志，重蹈覆辙。这其实很好地规范了仁宗的价值观，使他知道江山和宝物该如何取舍。对于这段记载还应该注意一点，那就是仁宗身边已出现宦官惑主的迹象。历史证明，很多宦官之所以能够专权，乃来自皇帝的宠信，而他们与皇帝的关系，大多是从小培养的。刘太后既然"晓书史"，当然也深通这当中的道理，所以一开始就在仁宗身边给他选择在宫中时间长久，并且行为谨慎之人。而当出现这种宦官惑主的苗头时，刘太后是词锋严厉，宦官们都吓得汗流浃背，所以《曲洧旧闻》的作者朱弁评论道："后之用心，岂不深且远哉！"

当然，为仁宗选择身边之人，无疑也是刘太后控制仁宗的手段。她要通过保育仁宗而实施专政，就必须让仁宗对自己言听计从。在亲情上，仁宗此时还认为太后是自己生母，对母亲当然千依百顺，但太后也恐防仁宗身边之人挑拨其母子关系，甚至道出事实真相，若真发生这样的事情，就极不利于她继续掌握朝廷大政了。故此，她亲自挑选人员侍奉仁宗，也是在情理之中。而最能体现这一点的，就是为仁宗挑选皇后。

天圣二年（1024）九月，皇太后亲自写下诏书赐给中书门下，以故中书令郭崇的曾孙女为皇后。郭崇乃是沙陀人，后周时为大将，后来追随赵匡胤。《长编》与《宋史·郭皇后传》都认为郭皇后是郭崇的孙女，但《宋史·郭崇传》和《宋会要辑稿》都说郭皇后是郭崇的孙子郭允恭的女儿，应该是曾孙。事实上，郭崇比郭皇后大104岁，从古人的生育年龄看，郭皇后确实应该是郭崇的曾孙女。郭氏并非没有竞争对手，当时仁宗所属意的，记录在史书中的就有两人。其一为王蒙正的女儿王氏，《挥麈录》记载说："当时选皇后的时候，仁宗也想像他父亲一样，找一个来自西蜀的女子。而蜀中有一个姓王的女子，可谓容颜绝世，于是也入京备选。刘太后一见到她，认为她太过妖艳了，恐怕不利于少主，于是把她嫁给了自己的侄子刘从德，而选择了郭氏当皇后，仁宗为此很不高兴。"王氏乃蜀中商人王蒙正的女儿，但这里说仁宗立后时对她有意，恐怕不是事实，因为《长编》在天圣元年（1023）的时候已经有王蒙正为刘太后姻亲的记载。由此可知，早在天圣元年（1023），或更早的时候，王蒙正的女儿就已经成为刘从德的妻子了。然而，仁宗后来依恋王氏的记载并不少见，当中更引出了富弼封还仁宗恢复王氏遂国夫人封号词头的美事。王氏作为刘从德的遗孀，是刘太后的外家媳妇，经常入宫觐见并不是怪事，仁宗由此接触并迷恋上她，也不奇怪。王明清在《挥麈录》中记载仁宗想让她当皇后，估计是从后来的事情当中附会出来的。

另一方面，王氏的家庭出身，也决定了她不可能当上皇后。在刘太后立郭氏为皇后的手书中，就有"赠中书令郭崇孙女，衣冠令族，汾晋名家，积庆流光，遂生贤淑"之语。换言之，她选媳妇是要从衣冠名族里面选的。她曾对大臣们说："自古外戚之家，鲜能以富贵自保，故兹选于衰旧之门，庶免他日或扰圣政也。"从这两段材料，我们可以看出刘太后立郭氏的意图。首先，是选后于衰旧之门。很明显，这里的衰旧之门，不是门第低下，而是昔日曾经显赫过，而今门庭衰落的家庭。张邦炜教授认为，宋初后妃的出身门第，并不是甲姓大族。这个观点没有问题，但我们不能否认的是，在刘太后之前，宋初的每一位皇后（死后被追封者除外）都或出自前朝名门，或宋朝的开国名将之家。如太祖宋皇后的母亲，是后汉的永宁公主；太宗符皇后，是魏王符彦卿之女；明德李皇后，是开国大将李处耘之女；真宗章怀潘皇后，是大将潘美的女儿；章穆郭皇后，是宣徽南院使郭守文的女儿，等等，不一而足。宋初皇后的选择之所以如此，可能与太祖曾经许下的诺言有关。在"杯酒释兵权"的故事中，他曾对大将们许诺道："我跟你们结成姻亲，君臣之间，两无猜忌，上下相安，这不是很好吗！""杯酒释兵权"一事并不一定真的发生过，但是太祖"且与尔曹约为婚姻"的承诺，在宋初的确是得到实践的，而且被作为一条不成文的家法。在章献刘皇后以前及以后，宋代皇后多选于将门，只有神宗的向皇后来自己故宰相门第。这种状况，一直到哲宗废孟后，立昭怀刘氏为后，才有所改变。事实上，宋初士大夫对于皇后的人选，虽然不计较是否三代公卿、甲姓大族，但还是比较注重其门第出身的，刘太后自己被立之时，就深有感受，而且她以卑微的出身成为皇后，在宋初是一个特例。此时，离真宗驾崩，仁宗继位不过两年时间，刘太后为仁宗立后，目的是要让仁宗"正家"，然后使天下安定，使得这个真、仁之际的时期能够顺利过渡，当然也为了使她自己垂帘听政能够顺利进行。为了减少阻力，更重要的是为了避免大臣们对她有所非难，她以出身门第作为立后的门槛，自然不可避免。在后来册立郭皇后的制书中，很明确写有"历选门阀，为求淑良"之语，并认为郭氏是"将相之家，簪缨不绝"。制书由词臣所写，体现的却是刘太后的意思，这反映出当时太后与朝廷大臣在立后问题上的共识，故仁宗即便当真一早意属王蒙正之女，刘太后也一定不会同意。后来仁宗亲政，废郭皇后，重新立后时，本想选商人陈子城的女儿，但也遭到大臣们的反对，最终不得不立开国大将曹彬的孙女曹氏为皇后。由此可见，北宋朝廷大臣对于皇后的门第依然非常在意。

郭氏的另一位竞争者，乃宋初骁卫上将军张美的曾孙女张氏，据《长编》记载，当时仁宗想立她为皇后，但由于刘太后坚持要立郭氏，此事才作罢。就门第出身而言，张氏也是出身将门，尽管张美的地位比郭崇略低。既然如此，为何刘太后坚持要立郭氏呢？前面提到，她曾对大臣说，新皇后日后不能干扰圣政。这句话有两层意思。表层的意思是新立的皇后不能干扰朝政，也不能让皇帝无心学业与国事；更深一层的意思则是，作为垂帘太后，刘太后既"君临天下"，又是六宫之主，她希望新皇后能对她俯首听命，不干扰其垂帘"圣政"，同时，新皇后也要有利于她与皇帝之间的关系。对刘太后来说，如果新皇后不是她所主张之人，自己未必有把握有效控制。仁宗喜欢的张氏，在太后眼中便属此类。事实上，刘太后所立的郭氏，在太后驾崩之前，一直对她非常恭顺，甚至在史官笔下，她是一个骄纵的女子，常常仗着太后的威势遏制后宫，为日后仁宗废后埋下伏笔。可在那个时代，母亲为儿子娶媳妇，乃理所当然之事，想当年仁宗的父亲真宗的前两个皇后，哪一个是他自己选的？刘太后在这次立后中，扮演的是一个母亲的角色，她跟其他母亲一样，按照自己的意愿，为儿子订立亲事，但在政治上，这门亲事对她也是有利的。

就立后之事而言，刘太后当然有私心，但她通过郭皇后对仁宗的控制，也可以从另一角度，视之为约束。随着仁宗渐长，血气方刚，对于身边宫娥嫔妃也很想接近宠幸，但郭皇后则是"恃章献骄妒，后宫莫得进"。刘太后未必赞成郭皇后"骄妒"的行为，但对于郭皇后遏制"后宫莫得进"，她却是很赞成的，她不愿意年轻的仁宗因沉溺后宫而荒废学业和国事，婆媳俩在这方面结成了天然的同盟。其实刘皇后所考虑的不无道理，在她驾崩后不久，年方二十五岁的仁宗便开始沉迷女色，放纵自己，不但做出追封已故的张氏为皇后，并废黜郭皇后的荒唐事，更是让自己的身体日渐衰弱，甚至一度"不豫"，而"不豫"往往是皇帝晚年才会发生的事情。

现在回头看在仁宗保育中刘太后与杨太妃的角色，我们就可以找到一些合理之处了：仁宗少年丧父，刘太后作为养母，但所担任的是严父的角色，而杨太妃则是担任慈母的角色。在父母当中，必须有一个能够震慑孩子，更何况这个孩子是一国之君，如果放任他变成熊孩子，遭殃的不是一个家庭，而是整个大宋。很显然，刘太后很好地完成了自己的角色，她替真宗严格管教仁宗，引导他往一个仁君的方向发展。后来仁宗之所以用"仁"字，跟刘太后的管教不无关系。当然，这种严厉的教育方法确实也有它的问题，仁宗的"仁"，其实也是一种懦弱，之所以如此，跟太后长期对他的压抑不无关系。

综上所述，天禧末年，以寇准为首的"太子党"跟以丁谓为首的"皇后党"引发的大规模政治争斗，其实质乃是真宗死后最高权力如何行使的争论。在这次争斗中，寇方的寇准与李迪以及他们的支持者大多被贬出朝，皇后党似乎获得胜利。但王曾的一席话，向刘皇后揭示出母子关系的政治价值所在，最终成功使刘后认清当时形势，并以保扶仁宗为己任。真宗驾崩后，刘太后通过宣布真宗遗命得以垂帘听政，但丁谓却想隔断内朝与外朝，从而独自掌权，刘太后借助王曾之力将之铲除，并与朝臣厘定了一系列垂帘听政的仪式。至此，刘太后终于能够掌握控制年幼的仁宗，垂帘听政，在事实上得到众大臣的承认，而且在当时也具有合法性。但这只是一个开始，在今后的十一年中，女后垂帘政治该如何运行？刘太后与朝臣关系如何？他们之间如何合作，又如何博弈？太后与逐渐年长的仁宗又如何分配权力？这一系列问题，都是当时的士大夫需要探索解答的；而这些问题，也构成了仁宗初年的政治局面。

第四章

◎

"异论相搅"控朝局

宋神宗时，宰臣曾公亮曾说："真宗用寇准，有人问真宗为什么，真宗说：'就是要让他们异论相搅，那么他们各自都不敢胡作非为了。'"所谓"异论相搅"，就是同时任用政见不合或关系不好的大臣，让他们在朝廷上互相制衡，不能独大，这样一来，他们都想得到皇帝的支持，皇帝的最高权威就可以得到维护了。不过这段史料有个问题：真宗的话是在神宗朝由曾公亮转述出来的，至于真宗是不是真的说过这话，就不得而知了，起码我自己在其他史料中没有发现相关记载。以前在《寇准传》里面我也提到过，真宗此话看似针对起用寇准一事，可寇准在真宗朝三次任职二府，前两次都没有跟相对应的大臣搅起来。最后他倒是在天禧末年跟丁谓对着干了，可真宗之所以再次拜丁谓为参知政事，其目的是让他辅助寇准的，换言之，在皇帝心目中，寇准最初要"相搅"的对象不是丁谓。我认为，皇帝乃是想让寇准制衡刘皇后，这一点我前面就已经谈过了，这里不再赘述。

根据史料，"异论相搅"一词是真宗提出来的，所以这种政治实践的开端定义理所当然是在真宗朝。不过沈松勤教授认为，到仁宗朝的时候，"异论相搅"的原则才具体化、制度化。我认为这种说法是有道理的，但仁宗朝"异论相搅"的肇始，乃是在刘太后统治时期。刘太后作为女主垂帘听政，这在宋代是第一次，尽管经过一系列的争斗，她掌控了皇权的行使权，可该如何统治，她自己心里没谱，朝廷上的士大夫也没谱。所以，她必须玩弄政治权术，用"异论相搅"的方法让士大夫之间互相制衡，同时，她又要让其他特殊势力来制约士大夫，而对于这些特殊势力，她也不见得特别倚重。她的基本思路是，宰执集团内部互相制衡、台谏势力制衡宰执，而特殊势力又在朝中搅局，却不能坐大。可以说，刘太后对"异论相搅"的政治理论运用得非常纯熟，是北宋"异论相搅"政治实践的经典案例。

一、宰执集团的演变

宋代的宰执，包括宰相与执政。宰相就不用多说了，而所谓执政，在宋代包括有副宰相之称的参知政事、枢密院的枢密使以及其他枢密院正副官员。这些宰执官员实际上就是当时朝廷的主要决策者，国家大政方针，基本上都是由他们定下来的。换言之，刘太后如果要在其统治期间顺利处理国家大政，就必须有效驾驭宰执。然而，宰执不是说驾驭就能驾驭的，因为他们的权力相当大，尤其是身为政府首脑的宰相，其权力甚至可以制约皇权。之前提到过的，宋真宗想立刘美人为贵妃，手谕就被他的宰相直接扔火里烧了。再如寇准当宰相，在澶渊之盟中直接架着皇帝上战场。还有神宗朝，皇帝想杀一个官员，但宰相蔡确坚决不同意，说："祖宗以来从来没杀过士大夫，不能从陛下开始啊。"神宗说："那就刺了面，发配到偏远艰苦的地方去！"另一位宰相章惇马上说道："这样，还不如把他杀了算了。"神宗问为什么，章惇回答道："士可杀，不可辱啊！"神宗声色俱厉地说："快意的事，都不能做一件！"章惇回答说："这样快意的事情，不做也好！"蔡确和章惇后来都是被《宋史》的编撰者放在《奸臣传》里的，但在抑制皇权方面，丝毫看不出他们有何大奸大恶之举。

以上这些，都是史书记载的故事，不一定能当真。宋代宰相对皇权的制约，还是要看制度，这主要体现于他们对诏书的署名权，没有宰相署名的诏书都是非法的，不能作为正式公文发布。甚至到南宋，刘黻认为，诏书的颁布，必须经过固定的程序，由中书参与决策，由门下省封驳，最后定案后再由尚书省施行。凡是不经过三省施行的诏书，都叫做"斜封墨敕"，不应该效法。如前所述，真宗想立刘氏为贵妃，诏书都拟好了，却还是被宰相李沆驳回，这就是宋初宰相封驳权的典型例子。再如刘太后统治的天圣四年（1026），仁宗想在明年元旦先率群臣拜贺皇太后，然后再接受百官朝拜，宰相王曾反对，仁宗为了玉成此事，也只得"以墨诏付中书"。所谓"墨诏"，就是之前提到的"墨敕"。皇帝的诏书一般是以朱砂研磨的红色墨水写成的，而用黑色墨水写诏书，就表明事出特殊，只此一次，下不为例。这还只是一个礼仪上的问题，如若想杀大臣，皇帝就必须得到宰相的署名同意，这也就是宋神宗想杀人而不得快意的原因了。

此外，宋代一些大臣喜欢当着皇帝的面来直言劝谏，甚至在廷上争吵，这就是所谓的"面折廷争"，比如寇准就特别喜欢这种方式，他甚至扯着皇帝的衣服不让他离开，非要皇帝答应他的要求。张邦炜先生指出："宰相等外朝官员面折廷争，不是为了削弱皇帝的正当权力，更不是为了动摇皇帝的最高统治地位，目的仅仅在于防止皇权滥用，即从根本上维护皇权。宋代的皇帝一般对此是清楚的，因而往往加以肯定。"张先生所言有理，宋初开国皇帝赵匡胤其实早已把这个基调定了下来。有个故事是这么说的：

太祖有一天在宫中，曾下令后苑制作一些蒸笼，可几天下来都没看到东西。太祖大怒，左右之人就回答说了："这件事首先要报到尚书省，尚书省又要发给负责的制造部门，部门又下发给下面的部门，下面的部门又发给真正负责的机构，然后他们又得一层层向上复奏，最后得到诏令，才能按照模型开始制作，然后再上呈到皇宫给您。这当中要经历这么多部门和手续，就算以最快的速度算，总也得等几天的。"如此效率低下，太祖肯定是不干的，他很生气地问道："是谁弄出这些条条框框来约束我的？"左右回答说："这就要问宰相了。"太祖说："把赵普给我喊来。"赵普到了之后，太祖对他说："我没当皇帝的时候，几十个铜钱就可以买一个蒸笼，现在当上皇帝了，几天都拿不到，这是为什么？"赵普说："这是由来已久的规定，不是特别为陛下您所设的，而是为陛下您的子孙而设的。如果陛下您的后代子孙当上皇帝了，想胡乱制造一些奢侈品，造成钱物浪费，这程序得经过多个部门，台谏们就会来管了，这才是这条规定的深意啊。"太祖听了之后大喜，说："这条规定好极了！"

从这个故事可以看出，宋初的制度建设者很清楚，任何权力，包括至高无上的皇权，都要被关在笼子里，这样才不至于肆无忌惮，从而造成对国家和朝廷的破坏。

然而刘太后并非宋代真正合法的皇帝，只是皇权的暂时代理人，宰执集团（如鲁宗道者）对她的面折廷争，实际上是对她的制约、质疑甚至是反对，这无疑给她的统治增加了一层压力。由于出身贫寒，没有家族背景，刘太后不能像前代主政后妃那样，依靠家族的力量来用铁腕手段铲除异己。所幸的是，她与仁宗分享皇权，并且实际行使最高权力，而皇权对于宰执大臣来说，却有至关重要的任免权。宰相的权力再大，皇帝一纸诏书就能够将他罢免。刘太后在其统治之初，正是运用这种权力，让宰执集团异论相搅，互相制衡，从而使其结构达到有利于己的平衡效果；其后，刘太后势力日渐稳固，于是她在天圣七年（1029）引发了一次政治风潮，使得王曾与曹利用两大势力同时退出中央朝廷，此后的宰执集团里大多是她的心腹官员了。

乾兴元年（1022）六月底丁谓被罢相后，朝廷的宰执集团有了相应的调整。首先是中书方面，次相冯拯被升为首相，而王曾则被提拔为次相。不过第二年，也就是天圣元年（1023）九月，冯拯病逝，曾被丁谓设计放逐在外的王钦若被召回京城担任首相。王钦若在天圣三年（1025）十一月死在任上，随后，王曾被提拔为首相，而枢密副使张知白则被提拔为次相。

至天圣六年（1028）二月，张知白卒于任上，当时的枢密副使张士逊被提拔为次相。这一时期的参知政事一直都是由吕夷简和鲁宗道担任，他们都是在乾兴元年（1022）七月被任命的，而也都在天圣七年（1029）二月离职，吕夷简离职的原因是拜相，而鲁宗道则是死于任上。

枢密院方面，曹利用从天禧年间开始一直在枢密院，真宗驾崩之后，他更是以枢密使兼侍中。在北宋，宰相的称谓一般是"同中书门下平章事"，简称"同平章事"，但由于那时尚有三省的建制，所以三省长官一般也算是宰相，只不过这些长官的头衔很少授予在生的大臣。侍中乃门下省长官的称谓，丁谓当政时，给自己跟冯拯和曹利用都兼了一个侍中衔，故此，曹利用也成了北宋少有的带侍中衔的枢相。乾兴元年（1022）七月，钱惟演被拜为枢密使，但四个月之后就因首相冯拯的弹劾而被罢免，自此之后，枢密院一直由曹利用单独任枢密使，一直到天圣三年（1025）十二月张耆被任命为枢密使。副使方面，张士逊从天禧五年（1021）开始就担任枢密副使；乾兴元年（1022）十一月，张知白也被拜为枢密副使。至天圣三年（1025）十月，晏殊拜枢密副使，同年十二月，张知白拜相，至此，枢密副使还是两人。天圣五年（1027）正月，晏殊被弹劾罢枢密副使，同月，夏竦拜枢密副使。天圣六年（1028）三月，张士逊拜相，姜遵与范雍一起拜枢密副使，此时的枢密副使一共是三人。第二年二月，由于吕夷简拜相，鲁宗道去世，中书缺参知政事，故夏竦被调任中书。

以上就是乾兴元年（1022）七月以后，天圣七年（1029）二月之前中书和枢密院的拜罢情况。从上述名单可以看到，丁谓被罢相当年，立即受到刘太后提拔的宰执有五人，分别是王曾、吕夷简、鲁宗道、张知白与钱惟演。刘太后用钱惟演当然是有私心的，因为他把自己的妹妹嫁给了刘太后的便宜哥哥刘美，从而成了太后的姻亲。刘太后本来就想把枢密院当作自家后院来经营，所以安排钱惟演当枢密使，也是为了培植自己的势力。但事与愿违，钱惟演虽说出身名门，是吴越国钱氏的后人，而且才华横溢，但他总是想着与朝中权贵攀结婚姻，从而提高自己的地位，所以他的为人并不受时人称道，所以在四个月后，他就遭到首相冯拯弹劾而被罢免。钱惟演被罢让刘太后认识到，在宋朝环境下，士大夫们根本不容许她重用外戚，况且她的外戚势力根本很小，不足以独当大任。除钱惟演外，其余被提拔任用的四位大臣，均是历史上的贤臣能吏，名声昭卓，后来有个叫刘绰的转运使用地方余粮来向太后邀功，太后对他说："你认不认识王曾、张知白、吕夷简、鲁宗道呢？这四个人哪有用余粮来求取晋升的！"由此可见，刘太后任用贤臣、能臣为宰执，都是她自愿的，这也反映出她刚接手大宋朝廷之时，其实是想借这些大臣之手处理好朝政的。

然而，刘太后的好意，士大夫们未必接受，他们所尊崇拥戴的，是未成年的仁宗皇帝，只有他才是大宋王朝的合法君主，而刘太后仅仅是皇权的代理人而已，如何抑制刘太后，以免她的权力过大，从而导致"女主之祸"发生，这是士大夫们要考虑的问题。故此，这些士大夫虽然得到刘太后的重用，但在皇权问题上，只要太后有一点僭越，他们都会据理力争，以保障仁宗的法统与权益。而即便是其他琐碎之事，如果刘太后有不当之举，他们也会力争到底。如鲁宗道，曾多次当面谏阻、驳斥，甚至顶撞刘太后。如天圣六年（1028），京师富民陈子城杀了一个雇用工人，最初朝廷是下令悬赏追捕的，但几天过后，宫中有旨意传出，停止追查此事。鲁宗道跑到太后帘前争辩说："陈某家是有钱，但也不能这么包庇他。"太后生气地说："你怎么知道人家有钱呢？"鲁宗道说："如果家里没钱，怎么把关节打点到宫里去呢？"太后听了沉默不语。鲁宗道对太后的这种面折廷争例子很多，我们在下文会一一谈到。而这种面折廷争的压力当然不只来自鲁宗道一人，王曾、曹利用等其他宰执大臣，也曾经当面反对刘太后的一些举措，而在当时朝廷中，刘太后并没有自己的势力可以制约这些宰执大臣。但是，刘太后有自己的方法去驾驭他们，那就是"异论相搅"，让当时的宰执分为意见相左的派系，使他们互相制约，以此达到权力制衡，从而使宰执的权力不致侵害刘太后的既得权力。

从乾兴元年（1022）七月到天圣七年（1029）初，一直位居二府宰执之位的有五位大臣，即王曾、曹利用、张士逊、吕夷简和鲁宗道，而这五位大臣恰恰形成中书与枢密院的两大政治势力。中书方面，王曾自乾兴元年（1022）拜相，一直到天圣七年（1029）六月罢相，任职可谓长久，而吕夷简与鲁宗道也是从乾兴元年（1022）开始任职中书，为参知政事，也是到天圣七年（1029）才离职。如果不是工作沟通无间，他们三人是无论如何也合作不了七年的。就私交而言，王曾早年在王旦的推荐下已经认识吕夷简了，而且二人私交甚笃，此时两人在一起工作，结成一派，也是理所当然。至于鲁宗道，其性格孤直，《国老谈苑》谈到他时说："鲁宗道以孤直的性格来对待主上，公家之事，知无不为。而从中书下班回到家里，则是自己待在一个小书斋里画山水画，并给这书斋题名'思退岩'，他自己一个人在那里，家人也很难接触到他。"单以这种孤僻的性格而言，鲁宗道似乎很难与他人结成一派的。但除了"孤"这一性格外，"直"同样也是鲁宗道的一大性格特点，前述他敢当面顶撞刘太后，就是最好的例子，正是由于这种性格，他获得"鱼头参政"的外号。所谓"鱼头"，一是因为他姓"鲁"，这个字的上半部分乃是个"鱼"字，故谓之"鱼头"；二是因为他性格耿直，遇事敢言，就像鱼头一样刺多扎人，所以才被称为"鱼头参政"。鲁宗道想抑制刘太后权力的想法正与王曾不谋而合，而对于其他宰执一些不当之事，他总是面加指责，不留情面，如曹利用、王钦若、张知白，都曾经成为他指责的对象。但就我所见的材料看，并没有发现鲁宗道与王曾有过忿争的记录，甚至只是意见上有稍微相左的记载，我也没有发现，而鲁宗道所指责的对象，大多是与王曾不和之人，故把他划入王曾一派是没问题的，至少他的言行在客观上有利于王曾。

枢密院方面，自钱惟演被罢枢密使后，曹利用在枢密院是一人独大。他是先朝元老，在澶渊之盟中，正是他到契丹阵营当使者，据理力争，最终让大宋与契丹达成盟约，可谓功勋卓著。天禧三年（1019）曹利用被正式拜为枢密使，其后又帮助刘太后推倒寇准，真宗驾崩后又以侍中拜枢相，其势力不容忽视。枢密副使张士逊早于天禧五年（1021）入枢府，至天圣六年（1028）拜相，在枢府任职多年，他得以拜相，也是上司曹利用的推荐，所以这二人关系非同一般。若说王曾等三人代表的是中书集团，那么曹利用与张士逊乃是枢密院集团的代表。这两股政治势力在刘太后统治初期，实际上就是两股相互抗衡的力量。天圣初年，朝廷政治表面上风平浪静，而实际上是这两股势力在暗中较劲。

按照史料记载，中书一方的鲁宗道经常向曹利用发难，曹利用依仗权势骄横跋扈，鲁宗道经常在皇帝面前指责他。按理说曹利用以侍中的身份担任枢相，地位比鲁宗道高得多，鲁宗道之所以敢在仁宗面前向曹利用发难，应该是基于宋代士大夫鄙视武人的习惯，身为文臣的鲁宗道根本看不起武职出身的曹利用。可对同为文臣的张士逊，鲁宗道也不放过。《长编》提到，有些执政让自己的子弟在馆阁里读书，鲁宗道说："馆阁是培育天下英才的，怎么可以让纨绔子弟凭借恩泽待在那里呢！我的儿子虽然小，已经是京官了，但从来没有让他如此玷辱国家的恩典。"此处只提到了执政，似乎没有特殊指向，而且在馆阁里读书似乎也不是什么大不了的事情。但吕中的《宋大事记讲义》对同一事件的记载就能让人深刻理解此事的意义了："天圣六年，宰相张士逊请以其子为校勘，上曰：'馆阁所以待天下之英俊，不可私授。'鲁宗道曰：'馆阁育天下英才，岂纨绔子弟得以处耶！'"这条史料透露出两个信息：第一，鲁宗道所指的，乃是曹利用推荐的新任宰相张士逊，这里面就存在着王曾集团跟曹利用集团的摩擦。鲁宗道把张士逊的儿子称为纨绔子弟，可见双方火药味甚浓。第二，张士逊的儿子不是到馆阁里去读书的，而是到里面当校勘官。所谓馆阁，是指昭文馆、集贤殿、史馆、秘阁、龙图阁、天章阁等机构，这些机构要不就是皇家图书馆，要不就是宰相修史的场所。校勘官虽然不是什么大官，但也是馆阁官员之列，且在馆阁里面是可以经常见到皇帝和宰相的。故此，正如南宋洪迈所言，一旦被任命为馆阁官，那就成为名流了。宋仁宗和鲁宗道说馆阁是育英才的地方，就是因为很多宰执大臣都曾有过馆阁官员的经历。

上述两件事情，其实都不算什么大事，王曾与曹利用的真正交锋，是在天圣三年（1025）末宰执大臣叙班的问题上。什么是叙班呢？我们知道，中国古代的官职大多是有等级的，故有所谓"一品大员"，也有"九品芝麻官"。可宋初恰恰就是属于少数的时期，在元丰改制之前，宋代官员的品级并没有多少作用，不能用来评定官员职位的高低，那时候得看排班。所谓排班，就是官员上朝觐见皇帝的时候站在什么位置，站在前面的肯定就比站在后面的官要大。排定班次的这个过程，就是叙班了。这是一套很复杂的系统，它不但涉及既有官职的大小，还涉及皇帝对某些官员的特殊恩宠。比如，我以前在《寇准传》里面提到过的，澶渊之盟后，王钦若在中书跟宰相寇准处不来，于是主动请求辞去参知政事的职务。宋真宗为了优待他，给他弄了个资政殿学士的贴职。可寇准故意使坏，说资政殿学士属于杂学士，按照规定，杂学士排在翰林学士之后。可王钦若在当参知政事之前就已经是翰林学士了，这样一来，相当于给他贬官了。寇准有他的理由，因为资政殿学士在宋朝是第一次出现的贴职，之前从来没有过，所以按照杂学士来排也是理所当然的。可王钦若不干了，他后来跑到真宗那里哭诉，真宗于是下旨，把他提为资政殿大学士，排在翰林学士之上。这件事也可以看出，排班对官员来说是非常重要的事情。

那此时王曾跟曹利用又是怎么回事呢？原来当时首相王钦若病逝，王曾被提拔为首相，他之前是排在枢密使兼侍中曹利用后面的，此时升官了，当然要排在最前面，因为宰相排在班首，乃是宋朝开国以来的规矩。根据《宋史》里面记载的《建隆以后合班之制》，排在最前面的依次是中书令、侍中、同中书门下平章事，这三个都是宰相的头衔。曹利用倚老卖老，一直都排在王曾之前，故此时还是想一如既往。但他没想过的是，他的正职不是宰相，而是枢密使，宋朝就没有过让枢密使排在班首的先例。甚至说，此前王曾作为次相，也应该排在他前面，只不过当时以宫观官为重，王曾领会灵观使，曹利用领景灵宫使，所以才让他排在前面而已。此时王曾拜首相，领玉清昭应宫使，从宫观官的角度来说也在曹利用之前。此刻，曹利用纠缠不休，阁门官员又不敢定夺。仁宗跟太后坐在承明殿等待大臣觐见，等了很久都不见大臣们进来，于是派内侍江德明催促阁门官员，让他带大臣们入宫，可阁门官员真不知该如何是好。此时，王曾大声喊道："就请上奏，宰相王曾等告谢。"就这样，才把班次定下来。据说曹利用为此郁郁不平，仁宗和太后不得不让枢密副使张士逊劝慰他。几天之后，两宫诏令，宰相、枢密使按照祖制叙班，但曹利用还是仗着自己老资格，班位排在次相张知白之上。

　　大臣排班次序，所体现的实际上是权力的大小与地位的高低。乾兴以后的叙班次序，其实是刘太后对中书与枢密院的一种平衡手段。当初让曹利用叙班于王曾之上，是因为王曾当时是次相；首相冯拯已经居首，若序列第二者还是中书的宰相，则不符合"异论相搅"的权力平衡原则，所以刘太后找了个"宫观使为重"的理由，让曹利用居于次席，但这已经是有违祖制了。冯拯死后，继任首相的是王钦若，他在天禧年间就当过宰相，论资排辈也在曹利用之上，所以曹利用也不敢说什么。那时王曾还是次相，所以曹利用仍可位居王曾之上。但到了天圣三年（1025）末，王曾已经升任首相，若曹利用再位居王曾之上，就是以枢相为班首，这一来不符合刘太后权力平衡的原则，二来更是完全破坏了宋朝开国以来的制度。故此，曹利用的要求是根本不可能实现的，而王曾在这件事上也是据理力争而已。其实班次排序并没有改变原来的权力格局，王曾以次相升首相，权力与地位的确比之前有所提升，但就宰执结构而言，中书与枢密院的权力依然平衡，中书依旧是两位宰相、两位参知政事；而枢密院还是曹利用一人独大，枢密副使加上新任的晏殊，也还是两位；曹利用的班次依然位居新任次相张知白之上。这次事件，其实是曹利用不明事体的意气之争，但此事也让刘太后感觉到曹利用的骄横，为日后她铲除曹利用埋下了伏笔。

除了中书与枢密院两大宰执势力权力相互制衡外，这两个机构内部也有权力制衡，以避免一人独大，形成不可遏制的政治势力。在这两个机构的内部制衡中，"异论相搅"的政治理念得到充分发挥，几乎每位宰执，尤其是宰相与枢密使，都会受到另一名宰执的制约。正是这种制约，使得宰执的权力不至于过大，从而侵害皇权，尤其是皇权的代理人刘太后本身的既得权力。

首先是中书方面，王曾虽然帮助刘太后推倒丁谓，并得到她的提拔成为宰相，但论资排辈，冯拯本来是次相，丁谓下台后便升为首相。冯拯乃太宗太平兴国二年（977）的进士，可以说是太宗朝的"黄埔一期"，而且他当年只有二十岁，可谓新晋少年，年轻有为。但此后，他被寇准打压，一直到真宗朝末期才位居二府。丁谓罢相后，冯拯就想效法丁谓独揽朝政，而王曾曾单独跟他说明个中祸福，而且经常逆其意行事，冯拯也不敢放肆。何冠环先生认为，冯拯是一种"随波逐流"的性格，并非独当大事之人。故此，他是能被王曾镇住的；而王曾位列冯拯之下，自然受冯拯领导，这种相互制约的权力格局，正是刘太后所希望看到的。

天圣元年（1023）九月，冯拯以疾求罢，没多久就去世了。按道理，王曾应该升为首相，但刘太后估计看到中书势力已经形成，并以王曾为首，所以想压制王曾，并没有以他为首相。就在冯拯罢相当天，回朝不久的王钦若立即被擢升为首相。刘太后这一任命并非临时决定的，而是准备多时。王钦若本来是宋真宗的宠臣，他乃太宗淳化三年（992）进士，真宗朝的"天书封祀"运动，他是始作俑者，且担任过枢密使；后来在王旦去世后，他更被提拔为首相，后来因被揭发贪污而被罢相。但真宗还是很优待他，让他出判杭州。天禧四年（1020）寇准罢相后，真宗把他召回东京，当时就想让他重新拜相，却被丁谓篡改圣旨，让他分司西京洛阳，成为使相。其后，丁谓又再用计，使王钦若落得个擅离职守之罪，被贬分司南京（治今河南商丘古城）。至天圣元年（1023）时，王钦若已经累迁至刑部尚书知江宁府（治今江苏南京）。当时刘太后见冯拯病重，就想把他召回京城。仁宗练飞白书的时候，写过"王钦若"三个字，刚好此时王钦若有奏章送到朝廷，于是太后就让人把仁宗的字拿来，放到汤药盒里，派宦官拿去赐给他，并且宣口谕把他秘密召回京城，就算是宰执大臣也不知道这件事。不久后，王钦若到达开封的城门外，太后才命中书让润州（今江苏镇江）知州、光禄卿王随去江宁府替代王钦若。其实刘太后深知冯拯病重，迟早是要辞官的，这样一来，中书权力就会失衡。她知道王曾不会攀附于她，所以不想过早提拔他；但要找人位居其上，此人的资历必须高于王曾方可。当时资历比王曾高且还在世的只有四个：寇准、李迪、丁谓和王钦若，前三位可以说是刘太后亲手打倒的，此时肯定不能起用，所以只有王钦若可以选择。再者，王钦若作为真宗的宠臣，刘太后此时重用他，未必没有追念先帝的意思。后来王钦若死后，刘太后给他家人的恩赏，是大宋开国以来给宰相的恩恤中前所未有的。王钦若的资历比王曾高出很多，以他制衡王曾，实为上选。但王钦若在真宗时首倡封禅泰山之事，为官名声不是很好，而且与当时中书里王曾等大臣不和，他与丁谓等人被合称为"五鬼"，更出自王曾之口。故此，刘太后才秘密召王钦若入朝，以免她的谋划被其他大臣阻挠。

王钦若拜相之后，日子很不好过，同列大臣往往对他横加批评，使他苦不堪言，甚至愤愤不平地说："当初王旦主持政府事务，都不至于这样。"参知政事鲁宗道反驳说："王文正公可是先朝的道德典范，哪是其他人可比的。你要是执政公平适当，我鲁宗道怎么敢不服你呢。"由此可见，最为反对王钦若的，是王曾一方的鲁宗道。天圣三年（1025）七月，知邵武军（今福建邵武）、职方员外郎吴植行贿案发，事情牵连王钦若，宰执大臣又把矛头对准他。当时宰执在待漏院等待早朝，鲁宗道看见王钦若，一声不吭，摆出很生气的样子。天亮的时候，大家上马准备入朝，忽然有只老鼠窜了出来，惊扰了众人。鲁宗道大喝一声："你还敢出头！"王钦若听到后，甚为惭愧。刘太后出于中书权力制衡，并没追究他的责任，但王钦若却是因为此事，至本年末郁郁而终。王钦若跟王曾在历史上是有过过节的，天禧元年（1017）王曾罢参知政事，就是受到当时宰相王钦若的排挤。正史中没有记载王曾在这两年跟王钦若有正面冲突，但二人之间的摩擦，却也在一些笔记小说中出现。赵善璙在《自警编》中记载，王钦若再次当上宰相后，屡次上言，说真宗时的宫观供奉比以前减省了很多，希望朝廷恢复以前的规模，而太后对此事总是拿不定主意，这主要是因为当时的朝廷已经没有多少经费了。有一天，王曾在帘前上奏说："天道还是离人道很远啊。天禧年间，有灵文从上天下降，说先帝圣寿能活三万天。当时王钦若率先祝贺说：'三万天，那就是八十三岁了。'太后您肯定也记得此事，后来一点都不灵验。所以，今天供奉的礼数就不需要太过了。"王钦若听到王曾的话后，赧然而退，从此之后就再也不敢提及此事了。这是赤裸裸的打脸，而由此也可见，当时中书两位宰相是不和的。而刘太后"异论相搅"的宰执任免思路，也能得到充分体现：王曾在首相王钦若与枢密院势力的制约下，权力受到限制；而首相王钦若也并没有因为自己的地位而获得过大的权力，反而处处受制于人。李焘认为，王钦若此次拜相已经不能像在真宗时那样能干大事了，但平心而论，他这次拜相也没有做出真宗朝时种种阴险奸邪之事。相反，他对仁宗朝初期的朝廷政事是有所贡献的，而这在实际上也有利于刘太后统治时期的稳定与发展。比如在用人方面，他先后推荐张逸、陈从易、蔡齐、章得象等人，这些大臣都是宋代历史上有名的贤臣。

王钦若死后,王曾一度短时期独相,但刘太后显然不想就此结束这种权力制衡的格局,起码她目前还没有足够的势力能驾驭只有一人独相的中书,故此,她必须再任命一名宰相,以制衡王曾。此时王曾已经在中书担任宰相三年,并且经历过两任首相,若再找一人担任首相,从而驾驭王曾,似乎于理不通,而且也找不到人。故此,王曾被升为首相,而新任次相则是从枢密院擢升的张知白。这一任命显然是想以枢密院制衡中书,其后张士逊的任命也有这种意思。但我在前面提到过,张知白与王曾等人都被誉为正直之臣,而史料上也没有看见他跟曹利用有密切的关系,勾结就更说不上了,他此前虽然是枢密副使,但应该不属于曹利用势力之内。张知白与王曾虽同为贤臣,但他们之间却发生过矛盾,而矛盾的焦点依旧在叙班问题上。话说大中祥符九年(1016)王曾与张知白一同拜参知政事,当时王曾的本官是左谏议大夫,张知白的本官是给事中,刚好比王高一位。可是辅臣的排位却是按照宣旨排名先后的,当时宣旨的顺序是陈彭年第一,王曾第二,而张知白第三,所以张知白排在王曾后面。后来在例行升职时,张知白为工部侍郎,王曾为给事中,道理上张知白应该排在前面,但王曾还是在真宗的安排下排在张知白之上,所以张知白对此是心里不平的。李焘在记载这件事的时候辩称,排班著位是有定制的,张知白有什么不平的呢?定制虽然如此,但人心未必服,就王曾与张知白并相时期的事实看,二人的确是有矛盾的。据《长编》记载,当时张知白跟虞部员外郎杨俦关系不错,后者从西川任满回朝后,张知白想让审官院先给他授官,可王曾不同意,他说:"凡事都有个先来后到,杨俦怎么可以插队呢。"这话说得也对，如果这件事到此为止，那也就是官场中一件意见不合的事情罢了。可没多久，王曾请了病假，参知政事鲁宗道故意迎合张知白的意思，先给杨偕授官，张知白也欣然承了这个人情。可转头鲁宗道却对皇帝告发了此事，让张知白惊惧不已，心中若有所失。退朝之后，他主动引咎，向王曾谢罪。几个月之后，他也因为此事郁郁而终了。

鲁宗道此举是非常阴损的，似乎与他的性格不符，故李焘在此条的注释中也认为："张知白一向号称贤相，鲁宗道也有正直的名声，这件事恐怕不是真的。要进一步考证。"但细细分析此中文字，就可以发现这里面的权谋术数与王曾隐忍的性格甚为相符，他在推倒丁谓的时候，也曾经使用过这样的智谋。再者，张知白被鲁宗道揭发进官不按次序之事，应该向宋仁宗或刘太后谢罪才对，而文中只提及他"退而引咎，谢曾"，可见他深知此事乃王曾授意鲁宗道所为。张知白是不敢公开批评王曾的，毕竟此事他没有出面，而且人家处置此事也有足够的理由，但他对鲁宗道可是恨之入骨，经常跟人说："在铨选中找一个最没本事的选人，或者在军巡狱中找一个道德品行最差的人，都比这个人好。"

张知白号称贤相，是后人对他的评价，而在同为贤相的王曾看来，他只是政敌，对付政敌的办法，就如当初对待冯拯与王钦若一样"逆折之"，鲁宗道既然认同王曾的为人与为政理念，当然也就不在乎用各种手段"逆折"王曾的政敌了。在张知白死后，朝廷为他初议的谥号为"文节"，太宗朝名臣王禹偁之子王嘉言认为，张知白公私分明，恪守信仰，当官不屈不挠，可以说是"正"，于是请求朝廷给他"文正"的谥号。在中国古代，文正这个谥号，乃是文官的最高评价。但王曾却说了一句："文节，已经是很好的谥号了。"就此否决了这一提议。由此可见，王曾对张知白其实芥蒂甚深。史料虽然没有明载张知白在政治上有明显反对王曾之意，但也可以窥见其中一二。有一次，身为玉清昭应宫使的王曾请求三馆校正《道藏经》，皇帝虽然同意了，但还是说："这部书大多数都是记载那些炼制金石药方的事，哪比得上老子的《道德经》，五千个字，言简意赅。"张知白立即说道："陛下能够留意到这点，那真是治国清静无为之道啊。"张知白明显反对王曾提出校《道藏经》的建议，只是碍于其首相地位，不便明言罢了。从王曾处心积虑对付张知白看，张知白平日反对王曾的情况应该甚多，只不过两人均号称当时贤相，史家或择善而载，或如李焘虽然记载下来了，但又竭力为两人辩解，故难于现在寻找相关材料罢了。其实平心而论，谁说贤相之间就没有矛盾的呢？二人之争，本身也无损其贤相的称誉，王曾虽善于权谋之术，但也是为朝廷之事筹谋；张知白虽然与王曾政见不同，但他性格清纯，生活简朴，后人对他的评价是："常常以水满则盈为戒，就算后来位高权重，成为显贵，但他还是像贫穷百姓一样节俭。"在抑制刘太后方面，张知白与王曾应该是没有异议的，《长编》曾记载他请罢各种土木工程，而这些工程建设，其实是刘太后主张的。刘太后也曾示意张知白夫人为他购买侍婢，但被他断然拒绝。事实上，刘太后对于张知白，所能利用的，并不是他对自己的忠心，而是他与王曾之间的矛盾，使他们互相制衡，以实践"异论相搅"的政治思路。

天圣六年（1028）二月，张知白在任上去世，王曾又再独相，但不久，刘后又重新任命一位新宰相，以制衡王曾的权力，他与张知白一样，乃从枢密副使擢升到中书任相，所不同的是，他乃曹利用的同盟张士逊，而他得以拜相，也是出于曹利用的推荐。根据《长编》记载，在选择宰相的时候，除曹利用推荐张士逊外，王曾也推荐了他的属下吕夷简，刘太后想用张士逊，但王曾极力劝阻，太后不得已答应了，但由于吕夷简辞让，最终还是让张士逊为相。其实刘太后欲相张士逊的思路是很清楚的，还是想让枢密院出身的大臣制衡王曾，以免他的势力独主中书；王曾当然想发展自己在中书的势力，所以推荐吕夷简，从记载看，他在与刘太后的辩论中已经获胜。吕夷简是一个聪明人，他应该看到刘太后同意让他拜相并非自愿，于是主动向太后示好。事实证明，吕夷简的好意刘太后是接受了，这为他日后得到太后的信任，从而在中书独相埋下伏笔。

刘太后欲相张士逊，其实还有一个原因在此必须探讨一下，那就是这几年枢密院结构的变化。在天圣三年（1025）以前，枢密院以曹利用单独任枢密使，而佐以两名枢密副使。天圣三年（1025）张知白虽然升为宰相，但此前不久晏殊被委任为枢密副使，所以原来的结构并没有变化。然而，曹利用与王曾争班次之事，让刘太后逐渐觉得曹利用桀骜不驯，枢密院让他一人独大似乎并不安稳，故此，就在张知白拜相不久，太后就召张耆回朝，与曹利用并任枢密使。张耆何许人也？他是真宗的藩邸旧臣，也是刘太后的媒人与恩人张旻，他是在这次拜枢密使之后，才改名张耆的。当初刘氏能够入真宗藩邸，全仗张耆牵线；而刘氏被逐出王府之后，也曾长期受到张耆的照顾，所以二人交情深厚。可以说，张耆是刘太后真正的心腹，把他安插在枢密院当枢密使，一来可以制衡曹利用，使他不能在枢府一人独大，二来也是刘太后开始着手在宰执集团中安插自己的势力。天圣五年（1027）晏殊被罢枢密副使，根据史书记载，其根本原因乃是他曾经反对张耆任枢密使。但我认为，从张耆拜枢密使到晏殊罢枢副，时隔一年左右，刘太后想因此事罢免晏殊，大可以在张耆拜枢密使的时候进行。以我估计，应该是晏殊不但反对张耆拜枢密使，而且在枢府中与他不和，刘太后才会有此决定。在朝廷上，刘太后对张耆是最为优待的，王曾曾对她说："太后不想拜吕夷简为相，以臣下我揣度圣意，只不过是不想他排班在枢密使张耆上面罢了。张耆一个赤脚大兵，岂能容许他如此妨碍贤能的进用！"刘太后对此虽然加以否认，但王曾所言何尝不是实情，吕夷简既然是王曾势力内的人，如果以他为相，排班在张耆之上，实在不利于太后在枢密院培养的势力。

在枢密院除张耆外，自晏殊被罢掉枢密副使后，刘太后先后任用了夏竦、姜遵、范雍三人为枢密副使，夏竦与范雍均于明道二年（1033）仁宗亲政后被罢，原因是他们都为太后所用，都是太后的人。而姜遵的进用，实际上也是逢迎刘太后的结果。至天圣七年（1029）以前，刘太后的势力虽然没能占据中书，但在张士逊升任宰相之后，枢密院已然架空曹利用，她的势力已经成熟，只需一场政治风潮进行权力洗牌，现有权力格局就将会改变，她也不需再以"异论相搅"的办法来控制宰执。而这场权力洗牌的政治风潮，就发生在天圣七年（1029）。

天圣七年（1029）正月十四，就在上元佳节的前一天，朝廷突然颁发了一道诏旨，曹利用被罢免了枢密使之职，以保平节度使、守司空、检校太师兼侍中的身份判邓州（今河南邓州）。所谓判，实际上就是到邓州当知州，只不过按照宋人的规矩，宰相被罢免后出任地方长官，一般用"判"，表示以高级职位兼任低级职位之意。曹利用本身有侍中的头衔，所以也用判字。在《曹利用罢枢密制》中，皇帝还表彰了他的功绩，并且说他是自己提出辞呈的；而且，曹利用罢枢密使后，被封为节度使兼侍中，实质上有了使相的身份。这种种迹象似乎都在说明，皇帝和太后对这位前枢密使依然非常友好。但熟悉真宗末年、仁宗初年政治的人都知道，这只是表面文章，目的是先解除曹利用在枢密院的权力，真正的清算马上就会到来。

但无论如何，这件事都来得太突然了，它发生的原因是什么呢？原来，在不久之前，赵州（今河北赵县）平民赵德崇来到开封敲登闻鼓，告发赵州兵马监押曹汭喝醉酒后，穿上了黄色的衣服，并让军民王旻、王元亨等八人喊他万岁。这种事情，往轻里说，那就是这位监押大人喝醉了发酒疯；但往重里说，这也是谋反大罪。而这位曹汭曹监押，恰恰就是曹利用的侄子。于是，这件事上奏之后，朝廷派内侍罗崇勋，与龙图阁待制王博文、监察御史崔暨三人，一起到赵州办理这桩案子，而曹利用也因此被罢免枢密使一职。据说，他接受任命后，还想见皇上和太后辩白两句，但却没被允许。不久之后，罗崇勋等人在赵州穷治此案，不但坐实了曹汭的不法行为，而且还利用曹汭的证供，指正这一切都是曹利用教他的。随后，曹利用又被贬为左千牛卫上将军，知随州（今湖北随州），他的侄子曹汭被处死。至二月，曹利用又被揭发私自借了景灵宫的运营经费，至今未还，于是他又再被贬为崇信节度副使，房州（今湖北房县）安置。所谓安置，是宋代对犯案大臣的一种惩罚，相当于把他软禁在某一个地方。朝廷还命内侍杨怀敏把曹利用护送到房州，又另外选官担任房州知州、监押、巡检等，可见朝廷对他是严密布控的。而与他有关的人，如他的儿子、弟弟、女婿、舅子等，以及其他与其亲厚友善的官员，都被贬官、削夺官爵，甚至勒令停职，皇帝赏赐他的府邸也被没收。当年闰二月，曹利用在去房州途中，行经襄阳驿，被杨怀敏逼迫，最终"自挂东南枝"。

从曹利用被贬，到他被逼自杀，前后不到两个月，这场政治风潮似乎来得很突然，而且迅猛异常。其实，这是刘太后精心策划的一次政治事件，目的就是要把曹利用以及他在朝中的势力彻底铲除。天圣六年（1028）张知白死在宰相的位置上，张士逊从枢密副使升任宰相，枢密院除曹利用外，还有张耆、夏竦、姜遵与范雍，但这几位都可以说是刘太后的心腹大臣，实际上，曹利用在枢密院的权力已经被架空了。曹汭之案发生后，王博文与罗崇勋一同调查此事，而王博文为了迎合太后的旨意，纵容罗崇勋把这件案子往死里整。按照宋朝案例，穿黄衣、被人山呼，乃可严办可不办之事，如寇准在真宗时为庆祝自己生日，也曾经穿上过黄色道袍，这件事一度引起真宗的愤怒，但终究是被宰相王旦劝住了，没有追究寇准。退一万步，哪怕子弟有不臣之举，宋代的宰执也不见得会被牵连。后来在宋仁宗庆历年间，张耆的儿子张得一谋反被诛，但张耆依旧安然无恙。由此可见，关于宰执是否参与谋反或越礼之事，只要没有确实证据，皇帝是可问可不问的。太后穷治此狱之目的，就是要借机铲除曹利用，王博文能迎合太后的旨意，说明他早就知道太后的意图，可见刘太后对此事其实早有准备。

那么，刘太后为何要以如此迅猛之势铲除曹利用呢？那是因为曹利用的一些作为不但让太后讨厌，而且还有可能危及太后的统治。天圣三年（1025）以前，曹利用一直独主枢密院，曾巩在《隆平集》中，说曹利用因为澶渊之盟中谈判的功劳而居功自大，所以才有各种骄肆的行为。澶渊之功当然可以让曹利用自大，但当年在枢密院当枢密副使的时候，他被枢密使寇准压得死死的，而寇准正是当初主导澶渊之盟的宰相，在真正功大的人面前，曹利用那点功劳就显得微不足道了。而且，澶渊之功也并非刘太后赏识重用他的原因，他之所以能独主枢府，其实是因天禧末年及乾兴元年（1022）刘太后先后铲除寇准与丁谓时，他都站对了队。在此之后，刘太后自然视他如心腹。本来刘太后也是想把枢密院当作自家后院经营的，此时让他独当大任，是对他的信任。然而他既恃功，又恃宠，越发骄纵。天圣三年（1025）他与王曾在朝堂叙班之事上发生争执，他自以为资格比首相王曾要老，应由他排在班首，但却忘记了宋朝开国以来从未有以枢密使为班首的先例。刘太后也因此认为不能让他独掌枢密，于是把真正的心腹张耆召回，与之一同主持枢密院。但曹利用未知收敛，各种越权僭礼之事层出不穷，比如在排班问题上，两宫有旨，复按祖制排班，但他依旧排在次相张知白之上，虽然太后有心纵容，以平衡二府，但这本身就是越礼之举。翰林学士彭乘感叹说："曹公有这么大的权力，如此高的地位，却不知道功高震主的道理，不懂韬晦之道以避嫌疑，反而安于僭越礼数，恐怕是难以长久了。"或者说，曹利用乃武官出身，胸无文墨，不懂人情世故，但他身为枢相，位居政府，理应知道朝廷礼制，而种种越礼行为，不但是其权盛的反映，更是对皇权的侵犯。

除有越礼的表现外，曹利用的气焰也令刘太后讨厌。有记载说，刘太后很忌惮曹利用，每次曹利用入宫朝见，太后都只称侍中，而不直接称呼他的名字。曹利用在帘前奏事，经常用手指把自己的皮腰带敲得啪啪响，太后身边的内侍对太后说："先帝在世的时候，曹利用哪敢这样啊！"太后也默然点头。此外，他甚至把矛头对准了刘太后身边的宦官。刘太后当政期间，先后任用一些宦官监察官员，也有外戚与士大夫相制衡，这也属于她"异论相搅"的政治布局之一。故此，当时的宦官与外戚都能在太后面前褒贬朝中官员，从而操纵他们的命运祸福。但曹利用不吃这一套，他以功臣自居，对这些宦官跟外戚从来不加恩恤。尤其是宦官，他们的升迁是归枢密院管的，太后经常用"内降"来提拔这些宦官，但往往就卡在曹利用那里，所以这些宦官都非常怨恨曹利用。有一次，太后身边宠信的宦官罗崇勋获罪，太后让曹利用警戒他，曹利用一手把罗崇勋的头巾打掉，责骂了很久，让罗崇勋既感到羞耻，又心怀怨恨。正是因为曹利用平日自恃功臣的身份和枢相的地位，经常折辱宦官，宦官才会对他怀恨在心，曹讷之狱罗崇勋穷究极治，襄阳驿杨怀敏对他苦苦相逼，都是宦官们心中积怨的结果。平心而论，曹利用抑制宦官，对当时的政治是大有裨益的；而且刘太后心中也不想宦官权力过大，所以才有让曹利用警戒罗崇勋的事情发生。如"凡内降恩，力持不予"之事，若他本身为人正直，言行一致，也不至于落人口实。

　　然而，他一方面抵制"内降恩"，另一方面却想恩从己出，这才是最招刘太后反感之处。有记载说，曹利用总是在抵制太后的"内降恩"，但有人发现，他抵制多了，总有一两次会勉强通过。久而久之，大家就发现了其中的门道。于是有人跑去跟太后说："我承蒙太后您的大恩，请得您的内降，虽然屡次被枢密院拒绝，但现在曹利用家里有个老太太已经给臣许诺，这次肯定能行了。"于是太后又给这个佞臣下内降，这次果然通过了。在此之后，太后就开始怀疑曹利用假公济私，并因此感到十分愤怒。所谓"内降"，就是宫中绕开二府大臣的商讨，直接下旨决定政事，而"内降恩"则是刘太后直接进行人事任免和加恩。这种做法虽为非法，但刘太后既然行使最高权力，这也可算是皇恩的一种。若曹利用出于抑制内降，从而抑制刘太后滥用皇权，这是合情合理的，刘太后本身也自觉理亏，从而忌惮曹利用。但他表面上抑制内降，实际上却恩从己出，这不但侵害了皇权，还有架空太后权力之嫌。进一步讲，曹利用此举一方面是挑战刘太后行使最高权力的合法性，而另一方面又不断利用自己手中的权力来扩大势力。当时朝廷上很多官员的任免，都跟曹利用有关，如天圣六年（1028）陈执中罢右正言就是如此。陈执中在真宗时就与曹利用的女婿卢士伦有龃龉，此时曹利用就利用自己手中的权力对他进行打击。但他似乎忘了，陈执中乃太后任免的言官，也是她监督朝廷官员的耳目。曹利用如此弄权的行为，在刘太后看来乃是权臣所为，而对于权臣，刘太后从不留情，即如当初的丁谓。

　　当然，如果单单是弄权，还不足以让太后对曹利用进行严厉的打击，真正威胁皇权与太后自身安危的，恐怕还是他的势力。曹利用长期担任枢密使，曾经举荐过很多人才，朝中大臣与之有旧者不在少数。如刚刚当上宰相的张士逊，就是他推荐的。他的岳父则是前三司使李士衡；而李士衡的孙子，又跟开国大将曹彬的孙女定有姻亲。其他如王礶、韩琚和司马池等，都曾受过他的推荐。朝廷文臣如此，戍守边疆的武将也大多出自曹氏之门，如孙继邺其实乃曹利用故旧，早年曾随他出征宜州（今广西宜州），他虽拒绝了曹利用的好意，但曹利用擢升故人以扩充势力的意图可见一斑。曹利用被贬后，朝廷想把当初他推荐领兵守边的人都罢免掉，而朝中也有人准备了一份"文武四十余人"的名单，从中可以窥见，他势力之大，非其他大臣可比。势力如此之大，且有弄权之心，无怪刘太后为之寝食不安，偏偏曹利用又不懂韬晦之道，最终招致败亡。

曹利用罢政后，他一些亲属的不法之事也被逐步揭发，如其弟曹利涉在赵州强买商铺，并役使军人为他打理房子。他的舅舅韩君素仗着他的威势，在地方放高利贷，侵害老百姓的利益，而且又在家中私自酿酒，等等。这些事情可能是刘太后等人罗织的罪名，也有可能是他的党羽畏罪，想通过诬蔑他来脱罪。但在中国古代，高官家族利用权力寻租而胡作非为，也不是什么奇怪的事情，之前我们就说过，刘太后家在真宗朝也曾干过类似的事情，而朝廷对此也不可能不知道。曹利用被贬，他的这些亲友故吏，无论是守法之人，还是仗权横行者，也随之遭殃，当中包括宰相张士逊与曾任三司使的李士衡。李士衡作为曹利用的岳父，被贬是理所当然之事；张士逊乃当时宰相，其被贬谪的原因，乃因他是曹利用的党羽。他有一个外号叫做"和鼓"，意思就是无论曹利用说什么，他都坚决表示赞同。而曹利用获罪之后，张士逊也很够意思，出面为他辩解，说"这都是曹汭那不肖子的所作所为，曹利用是大臣，应该是不知道这件事的"。除张士逊外，当时为曹利用辩解的还有首相王曾。这一点连太后都觉得很奇怪，她问王曾道："你平时不总是说曹利用骄横放纵吗？今天为什么又为他辩解呢？"王曾回答说："曹利用平时仗着太后您的恩典，行事骄横，臣总是用道理来批评他。但现在说他有大恶之罪，那就不是臣所知道的了。"张士逊之罢，其实体现出刘太后彻底铲除曹利用势力的决心，她已不容许与曹利用亲厚的人留在朝廷，更何况位居政府。王曾一向是曹利用的政敌，所以虽然为他辩解，却未因此受到处罚。

李焘对曹利用的盖棺定论是："其在朝廷，忠荩有首，始终不为屈柔，死非其罪，天下冤之。"当时早已卧病在床的鲁宗道听到曹利用获罪后，也是唏嘘叹息，尽管他一向跟曹利用不和，但也认为曹利用罪不至此。他认为"曹利用在枢密院，对朝廷尽忠职守，只不过不学无术，为人倔强，不识好歹，除此之外并没有什么大过错"。据说就在当晚，鲁宗道也在唏嘘中去世了。何冠环先生也认为曹利用是冤死的，因为他开罪了"狡黠权诈、翻脸不认人"的刘太后。他在朝中抑制佞幸，实质是抑制刘太后滥用皇权，但同样有此主张的王曾虽于同年罢政，却只是贬判外郡，下场并没有曹利用悲惨。我个人认为，刘太后当然不希望王曾在政事上抑制自己，但士大夫们抑制她，是因为要维护仁宗的皇权与法统，她本身并无篡位的心力，对此虽有芥蒂，但也没必要置人于死地。曹利用之死，实乃恃宠弄权所致，他本身未必有独揽朝政之心，也未必有架空太后权力之意，但这些都是我们今天通过历史记载对过去已经发生的事情复盘所能得出的结论。可在当事人刘太后眼中，他种种弄权之举，及其不断扩充自己势力的行为，已经足以引起自己的警觉。当初丁谓被贬，也是"未必真有祸心"，但刘太后作为女主，其统治合法性一直受到质疑，当有权臣崛起，挟年少之天子以自为政事，自己能否应付，面对挟天子之权的权臣，士大夫是否会站在自己一边，这一切都是很难预料的。故此，把权臣扼杀在摇篮之中，是她保护皇权，而又保护自己的举措。丁谓一案已经如此，曹利用未能吸取教训，反而恃宠生骄，横行专恣，这才是他招败的原因。

曹利用当然是死非其罪，他的罪名都是刘太后为除掉他而罗织起来的。真定府曹汭一案，诚如张士逊所言，乃"不肖子为之"。而即便是曹汭案本身，也存在很大疑问，据说曹汭乃因与告密者赵德崇之妻通奸，才招致赵德崇的报复。但另一方面，曹利用也不能算是冤枉，他在枢密使的位置上，肯定利用手中权力做过一些违法的事情。如真定府狱，若真如《长编》注释及《默记》所言，曹汭即便没有大不敬之心，但起码也是仗势欺民，平民赵德崇对通奸之罪无可奈何，才想出诬陷其穿黄衣并接受山呼的大不敬之罪。至于曹利用自己借景灵宫钱不还、曹利涉"强市邸店"、韩君素"放息侵民"等事，未必就不存在。在事发之前，就有士大夫对曹利用的行为非常不满，如御史孔道辅曾向太后上言说："曹利用及上御药罗崇勋玩弄权术，应该早早赶出京城，以让朝廷政治清明。"由此可见，他的一些作为早就被御史盯上了，而台谏集团本身也是刘太后扶植起来制衡宰执权力的一股新势力。值得注意的是，曹汭案让曹利用得到的最大惩罚，也就是贬为左千牛卫上将军、知随州而已。真正让他房州安置的，还是私贷景灵宫钱一案，在此事上，"大理寺定曹利用为首"，但这只是涉及官员贪污问题，在刘太后统治时期，也是可问可不问的罪名。曹利用之前有宰相王钦若，之后有三司使胡则，他们都曾涉嫌贪污受贿，但刘太后并未追究他们，反而予以重用。其实所谓贪赃枉法，并非其获罪的原因，而只是公诸天下的理由罢了，毕竟以贪腐的名义惩治大臣，不但不会有太大的阻力，还会赢得吏治的名声。刘太后借此击倒曹利用，可以说既铲除了心腹大患，也顺应了朝野士心，一举两得。至于他是否冤枉，恐怕已非政治斗争所需考虑的事情了。

在曹利用一案审理期间，中书另一位执政逝世，此即"鱼头参政"鲁宗道，作为王曾集团的干将，他的死让王曾势力大打折扣。其后，由于张士逊罢相，参知政事吕夷简拜相，中书没有参知政事，于是刘太后对宰执结构作了一次重大调整：枢密副使夏竦调职中书任参知政事，其职位由权知开封府陈尧佐补上，而权三司使事薛奎也拜参知政事。至此，乾兴元年（1022）所任用的宰执大臣，就只剩下王曾与吕夷简二人。但同年六月，王曾罢相，这标志着他的势力也随之瓦解。

王曾罢相，是因为玉清昭应宫的大火。玉清昭应宫乃真宗"天书封祀"的遗物，修建于大中祥符二年（1009），而毕功于大中祥符七年（1014），"凡东西三百一十步，南北四百三十步"，其落成之时，"宫宇总二千六百一十区"。步是中国古代的计量单位，有周制八尺为一步，秦制六

尺为一步，后来也有以五尺为一步的，历代标准不一样。若以最小的五尺
为一步，而一尺大概是今天的0.31米，如此推算，玉清昭应宫的面积大概
是3200公亩，也就是480市亩。一个国际标准的足球场大概是10.7亩，换
言之，玉清昭应宫大概有45个足球场那么大。当然，这只是一个估算，但
也可见，其规模之大，世所罕见。天圣七年（1029）六月，由于雷雨，导
致玉清昭应宫大火，2610间宫室，烧得只剩下长生崇寿殿。第二天，太后
哭着对辅臣说："先帝花了很大的力气才建成此宫，一夜之间就焚毁殆尽了，
所幸还剩下一两间小殿。"枢密副使范雍以为太后有意重修此宫，于是极力
劝谏，宰相王曾与吕夷简也赞同范雍之言，太后就不说话了。说实话，此
宫乃真宗耗尽宋初三朝的积储修成的，至仁宗时，宋朝已经没有如此的国
力再行修建，刘太后作为大宋的当家人，肯定知道当时的实际情况，所以
我认为，太后之语未必就是想重修此宫，而只是对真宗的追思罢了。后来
仁宗下诏，明确表明不会再修复玉清昭应宫，并改烧剩的长生崇寿殿为万
寿观。这封诏书，不但是仁宗的意思，也是太后的意思。

就在宫灾同月，同时兼任玉清昭应宫使的王曾因使领不严，于是连番
上表请罪，主动承担领导责任，刘太后随即让其罢相。李焘认为，王曾罢
相，乃因得罪刘太后：当初太后受封尊号的时候，本来是想到天安殿受册
的，可王曾极力反对。到了太后生日的长宁节，太后再次想在天安殿接受
百官祝贺（上寿），王曾还是不同意，于是太后只能在其他宫殿完成仪式。
太后左右的宦官，以及姻亲外戚稍有请求，王曾都会驳回，于是太后就更
加不高兴了。这些事情当然都是存在的，但我认为王曾此时被罢相，并不

全是因为这些。王曾坚持不让刘太后于天安殿受册之事，发生在天圣二年（1024），而此举的目的，是要抑制刘太后，从而维护赵宋王朝的制度与法统。天安殿乃大宋皇城内正南门的正殿，是北宋皇城的第一大殿，只有大朝会、皇帝受册尊号、明堂礼拜谢天地，才会在天安殿行礼，哪怕是南郊大祭，皇帝也只是在此殿的后阁宿斋。由此可见，天安殿属于外朝正殿，只有皇帝在特殊的礼仪事件中才可以使用。后来刘太后是在文德殿受册的，这是外朝第二大殿，太后在此行礼，已经突破了内外的界限，属于越礼之举，若再进一步在天安殿受册，那就是与皇帝的礼仪规格相同，如此一来，太后与皇帝无异，这是士大夫最不愿意看到的事情。因此，王曾作为宰相，无论如何都要刘太后受册之礼比仁宗略低一等。

至于长宁节上寿事，未见详细记载，但天圣四年（1025）末，朝廷却因另一次上寿发生过争论。当时仁宗对辅臣说："朕想在大年初一正旦那一天，先率领文武百官给皇太后祝贺，然后再到天安殿接受朝贺，现在让太常礼院草拟当天的仪式吧。"太后在旁边听到了，说："哪能够因为我的缘故而推迟正旦大朝会之礼呢？"太后本来也就是谦虚推迟几句，等着大臣们附和，仁宗坚持，让这件事办成，可王曾是揣着明白装糊涂，他趁机说："陛下以孝道来侍奉太后，太后则是以谦让来成全国体啊，那就请听太后的安排吧。"话说到这份上，眼看这件事就要黄了，可仁宗还是坚持先率领百官给太后上寿，于是退朝后，出墨诏发给中书。太后表面上是谦让的，可实际回到宫中，究竟是仁宗孝心的坚持，还是太后在背后怂恿，就不得而知了。但仁宗此举在几年后遭到了范仲淹的质疑，他认为："从道理上说，天子当然也是要侍奉双亲的，但不能用臣下的礼仪；有面向南方接受大臣朝拜的位置，却没有自己向北面朝拜别人的仪式。如果是侍奉双亲，那在内宫行家人之礼就可以了；现在与百官一起朝拜太后，有亏国君的体面，有损主上的威严，不能成为后世效法的举措啊。"王曾当时也考虑到这一事实，只是碍于仁宗坚持，且以尽孝为理由，又用墨诏付中书，以坚持己见，所以无可奈何而已。从上文"长宁节上寿，曾执不可如前，皆供张别殿"的史料看，刘太后在什么地方接受仁宗上寿，当时也有争议，估计她又想把上寿之仪设在天安或文德殿，但王曾坚持不可，结果是仁宗"率百官上皇太后寿于会庆殿"。会庆殿位于后宫，属于内殿，其主要作用是赐宴，这就符合"别殿"的要求了。

最后"太后左右姻家稍通请谒，曾多所裁正"，最明显的是马季良之事。马季良为刘美女婿，属于刘太后外戚，刘太后想擢升他为龙图阁待制，王曾反对。恰好有一天，王曾请了病假，刘太后于是谕令中书，要求马上执行任命，中书的其他执政都迎合太后的旨意，而且行事仓促，最终除授的命令才得以执行。王曾此举属于抑制外戚，从而抑制刘太后在朝中的势力，故当此事公布之后，朝野舆论哗然，更加看重王曾的守正之举。

以上种种，都是王曾得罪刘太后的事实，其目的都是要裁损并抑制太后的权力，从礼制上凸显仁宗的地位。刘太后肯定对王曾这些举措感到不快，但是否会因此将他罢相呢？王曾与鲁宗道、吕夷简和张知白都是乾兴元年（1022）丁谓罢政后被她提拔上来的，他们都号称当时的贤臣能吏，是她赖以处理朝政的宰执班子。就王曾本人而言，他更是帮助刘太后推倒丁谓的主力干将。刘太后对王曾的想法应该十分清楚，所以一直以枢密院制衡他所领导的中书，并且在中书以与他不和的人为另一宰相，以分散他的权力。但与此同时，刘太后在政事上又多倚重王曾，在史料上经常可以找到她向王曾问政的记载，在这些记载中，太后对王曾的信任之情，可谓流露其间。就时间上说，上述王曾得罪刘太后之事，最早发生在天圣二年（1024），若刘太后果真介怀王曾这些举措，则不必等到天圣七年（1029）才让他罢相，她完全可以像对付丁谓与曹利用一样对付王曾。天圣四年（1026）时，王曾因暴雨成灾而上表求罢，如果刘太后已对他生厌，也可顺势让他罢相。王曾不同于丁谓与曹利用，他虽然处处抑制刘太后权力，但确实只是从维护赵宋皇室法统以及仁宗利益的角度出发，起码从表面上看他并没有为自己谋取私利，更没有僭越制度，或侵害皇权，故刘太后虽然对他处处防备，但也在人前对他加以赞许。

那么，刘太后何以至天圣七年（1029）时要将王曾罢相呢？我认为有三个方面的原因。首先，是因为曹利用罢枢密使之事。前文已经提到过，中书的王曾与枢密院的曹利用，实际是当时宰执集团中相互制衡的两股势力。而至天圣七年（1029），曹利用已然贬死，枢密院由刘太后亲信张耆独主，其下枢密副使都是刘太后安插之人，所以枢密院实际已成为刘太后的势力，再无需王曾制衡。其二，乃吕夷简拜相。张士逊罢相后，吕夷简得以拜相，尽管他应该已经向太后表达了某种忠心，但他毕竟是王曾极力推荐之人，再加上与王曾政见相似的薛奎此时也成为参知政事，这使得中书再没有别的宰相可以制衡王曾的权力，虽然夏竦被从枢密院安排到中书，但也不能改变中书由王曾势力独主的局面。换言之，中书集团已经失衡，这不符合刘太后一贯的主政理念。从更深远的角度看，也许王曾的罢免，早在曹利用事件之前已经布置好，太后只是在等待一个合适的时机和理由罢了。

上述两条理由都是从政治角度考虑的，但也未能完全解释刘太后此时让王曾罢相的原因，因为即便中书由王曾势力独主，其权力依然有刘太后势力占据的枢密院制衡，而且新任宰相吕夷简的为政理念未必与王曾相同，他并不像王曾那样敢于得罪刘太后，反而更多时候是为刘太后设想。让王曾离开中书，固然能使太后少一分掣肘，但让他留在中书，于太后也无害处。其实，政治事件的发生，未必完全由于政治的原因，毕竟事件的发生是由人的行为引起的，而就算是政治人物，本身首先是人，也有自己的私人感情。所以，有时一些偶然的因素，也会引发一些政治事件。我认为，玉清昭应宫的火灾，无论从政治上还是感情上，都是王曾罢政最好的理由。如前所述，玉清昭应宫乃是真宗为"天书封祀"运动修建的道教宫殿，其规模浩大，耗费了真宗朝大部分的国用，因此在政治家与史学家看来，此宫之建实属劳民伤财之举，是真宗毕生的污点。但作为真宗妻子的刘太后看法却会有所不同。刘太后与真宗的爱情基础深厚，此宫乃其心爱的丈夫一生心血所在，从其建造到完成，刚好也是刘太后从修仪一直进位至皇后的过程。此宫完成之后，真宗每年皆参拜游幸，而刘太后是"帝每巡幸，必以从"，此宫实际上见证了真宗与刘氏之间的爱情，也记载了他们的美好回忆。此时，真宗已逝，刘太后只能睹物凭吊，而玉清昭应宫也是她的凭吊之所。然而，一场大火，几乎把玉清昭应宫夷为平地，刘太后盛怒难过，必然要有人负责，而王曾作为玉清昭应宫使，乃此宫消防安全的第一责任人，刘太后由此迁怒于他，也在情理之中。事实上，受罚者并非只有王曾一人，领玉清昭应宫判官宋绶被落学士之职，知宫李知损被编管陈州，其余内侍为都监、承受者有的被停职，有的被降职，也有人被罚款，而宫中道士被杖脊者四人，决杖者五人。刘太后一度想诛杀宫中守卫，只因一众大臣强烈反对方且作罢。值得注意的是，王曾是"以使领不严，累表请罪，乃罢相出守"，换言之，王曾乃是主动承担责任，上表求罢的，而刘太后一则出于愤怒，二则综合考虑各种因素，也同意让王曾罢相。

王曾罢相，标志着天圣七年（1029）政治风潮的结束，同时也标志着乾兴元年（1022）以来宰执集团中两大政治势力的瓦解，新的宰执集团正在形成，并又重新趋于稳定，同时也更有利于刘太后的统治。天圣七年（1029）除曹利用事件以及王曾罢政两件事外，还有一点值得注意：天禧末政争中遭贬黜的官员陆续得到提拔和任用。最明显的是李迪与王曙。李迪因极力反对皇后预政，于天禧四年（1020）被罢相出朝，其后被一再贬官，而传旨使者甚至有诛杀之意，可知当时刘太后对他是欲杀之而后快。但到了天圣七年（1029），李迪早已迁知青州（今山东青州），而此时又徙知河南府。按照惯例，他要入朝领取任命，并接受皇帝的训导。见面之时，刘太后问他说："卿当初不想我干预国事，恐怕是错了吧。今天我保养天子到这样，卿认为我做得怎样呢？"李迪回答说："臣受先帝厚恩，今日见天子圣明，当初真不知道太后的圣德能如此啊。"刘太后听了十分高兴，因为这是她过去的政敌对她的肯定。君臣对答，显示二人过去的恩怨已泯，刘太后不再追究李迪，而李迪对刘太后也是心悦诚服。王曙乃寇准的女婿，所以寇准罢政后，他也随即被贬出朝。天圣七年（1029）初，他被召回京任御史中丞；王曾罢政后，刘太后对宰执集团又作了调整，王曙也在此次调整中被任命为参知政事。

刘太后肯升迁李迪与重用王曙，是因为天禧末年的政争已过去一段时间，她是否预政的问题也不再是朝廷争论的焦点。此时，太后的势力已经成熟，她的权力已经经过并能够继续经受考验，故此，她对天禧末年被贬的大臣也不再顾忌。同时，从李迪的话语中，可看出他认可刘太后的施政，之所以如此，是因为刘太后在过去七年中，确实没有取赵氏而代的意图和举动，相反，她对仁宗本人的教育与培养，更为后世所称道。显然，刘太后只想以女主预政、辅助仁宗的心态得到李迪等大臣的认同，因而才会受到他们的赞许，而得到曾经政敌的认同与赞许，这肯定是一件让太后心里快慰的事。当然，李迪等大臣的升迁，可能与逐渐成长起来的仁宗有关，因为李迪、王曙以及于明道元年（1032）再度拜相的张士逊和同年再入政府的晏殊，都曾经是仁宗门下的宾客。尤其是张士逊与晏殊，当初他们被罢职的时候，仁宗是有点微词的。但大臣升迁，以及任免宰执均是大宋朝廷的军国大事，这些任免决定如果没有刘太后的最终首肯，断然不能成事。

综上，天圣七年（1029）以前，刘太后沿用真宗"异论相搅"的思维任免宰执，从而让他们的权力达到一种相互制衡的状态，免得某一位大臣的权力能膨胀到威胁皇权及太后自身。然而，宰执集团中各大臣虽因意见相左而分成不同势力，但除后来刘太后安插的心腹大臣外，其余宰执对于抑制刘太后权力并没有多大异议，特别是以曹利用和王曾为首的两大势力，都时常在政事上违忤太后之意。故此，刘太后在这段时期只能利用各种势力之间的矛盾，寻求朝廷权力的平衡，使之不至干扰自己行使终极权力。"异论相搅"，当然会导致行政效率的下降，而行政效率也一直是北宋政治饱受诟病的地方。但"异论相搅"理论的实践，也有其值得称道之处。大臣们互相牵制，就不会出现权臣当道胡作非为的景象。《国老谈苑》认为："天圣初年，朝廷清明，赏罚必信。当时王钦若、王曾、张知白、鲁宗道都以忠义的精神为国效力，所以他们的风采让人感动，就算是姚崇、宋璟之辅佐唐朝，萧何、曹参之辅佐汉朝，都不能跟这几位君子相比。"把王钦若归结为"忠义""君子"，显然与事实不符，但这段论述，无疑把刘太后统治时期的政治环境总结出来：无论王钦若抑或王曾等人，都"各不敢为非"，在权力制衡之下，他们都只能安分守己，做好本职工作，从而营造出仁宗初期相对清明的政治环境。同时，由于宰执大臣政见各异，台谏官员风闻言事，于是在朝堂上大臣们各抒己见，从而营造出相对宽松的政治环境，而这一环境，一直持续到宋神宗"熙丰变法"之前，成为北宋中期政治的重要特色。天圣七年（1029），刘太后在朝中的政治势力已经成熟，枢密院更是其心腹大臣集结的机构，就在这一年，宋朝廷发生了一次政治风潮，刘太后把宰执中两大势力同时瓦解，并让朝廷权力重新洗牌，从而使自己的统治更加稳固和顺利。可以说，天圣七年（1029）乃刘太后统治时期政治格局前后阶段的分水岭。

天圣七年（1029）八月宰执集团的调整，基本确立了此后一段时期内的宰执结构：中书仍由吕夷简独相，原参知政事薛奎继续留任，王曙拜参知政事，原参知政事夏竦因与吕夷简不和，被调回枢密院，而枢密副使陈尧佐则调职中书出任参政；枢密院方面，张耆独掌枢府，夏竦、姜遵、范雍分别为枢密副使。这种格局一直维持至明道元年（1032），中间除姜遵逝世，赵稹入补枢副外，并无其他变化。至明道元年（1032），宰执集团结构才再有变化，但并不是很大：当年二月，张士逊再度拜相；七月，王曙以生病为理由，要求辞去参知政事的职务；八月，晏殊拜枢密副使，随即改参知政事；杨崇勋拜枢密副使，十二月除枢密使。此后，直至刘太后驾崩后，宰执集团才会再有变化。

从上述的宰执结构可以看出，天圣七年（1029）以后，大宋宰执集团趋于稳定，刘太后任免宰执的思路也不再以权力制衡为主，而是亲贤参用，也就是既任用亲信，又任用贤臣，其中以亲信为主，贤臣为辅。所谓亲信者，中书的宰相吕夷简、枢密院的枢密使张耆，都已经成为刘太后信任的人，所以他们一直主持二府事务，直至刘太后去世。至于其他执政，姜遵乃是迎合刘太后旨意而上位的，而陈尧佐、夏竦、范雍等都是太后所倚信之人。姜遵去世后，入补枢密副使的赵稹是通过刘美家的婢女请托上位的，所以也算是太后的亲信。

晏殊比较特殊，前面我提到过，他曾经于天圣五年（1027）与枢密使张耆不和而被罢枢副，但至刘太后逝世后，他又因为曾经为太后所用被仁宗再次罢政。其实，晏殊为人应该算是正直的，但性格懦弱且易于妥协。

他在天禧政争中，虽心中有愧，但依然为丁谓起草复相制书。其实，刘太后对晏殊一向不错，丁谓罢政后，刘太后马上加命他为给事中，后来又提拔他任职枢密副使，这里可能有仁宗的原因，毕竟如电视剧《清平乐》中所说的，晏殊也算是仁宗的老师。他之所以与张耆不和，估计还是不愿以文人身份屈居武人之下。后来他又重新回朝担任御史中丞，虽然《长编》记载此乃出于仁宗之意，但也必定得到了刘太后的首肯。晏殊对刘太后也显示出妥协的迹象，最明显的就是天圣七年（1029）他在范仲淹上书后的表现。前面提到，范仲淹上书请求仁宗不要在正旦日率领百官参拜刘太后，而应该在内宫行家人之礼。当时范仲淹的职位是秘阁校理，属于馆职，官虽不大，但可以时常接近皇帝和宰相。这一类职位的人选往往是需要有高官推荐的，而推荐范仲淹的正是晏殊。在宋代，官员一旦犯错，不但自己要受罚，同时也会连累当初推荐他的人。范仲淹那封奏章显然是会得罪太后的，所以晏殊知道后非常害怕，他立即把范仲淹找来，斥责他狂妄轻率，为了博取自己的好名声而连累推荐他的人。范仲淹立即神态严肃地反驳说："我范仲淹承蒙您的错爱，得到您的举荐，总是担心自己不称职，给您这位伯乐蒙羞。没想到我今天反而因为忠直的言行得罪您了。"后来范仲淹又写信给晏殊，重申自己的想法，一点都不屈服，晏殊最终感到惭愧，向他道歉。这其实很符合晏殊的性格，他虽然自知愧疚，但又懦弱怕事，不敢得罪刘太后。平心而论，晏殊为人尚算正直，而且既有吏干，又有文学才华，是能办实事的人。他回朝之后对朝廷政事也有很多贡献，而他能推荐范仲淹这样正直的人，也足见他有知人之明。故此，晏殊虽然对刘太后有所妥协，并为她所用，但也算是贤臣。刘太后并不糊涂，她也需要这样的贤臣干吏来为她办事，在叙班之时，太后让晏殊排在赵稹之上，也足见对他的重视了。

与晏殊几乎同时入政府的是杨崇勋，他在天禧末年的政争中曾帮助刘太后挫败周怀政的阴谋。刘太后待他也不薄，仁宗即位后，他历迁殿前都虞候、马军副都指挥使、殿前都指挥使、振武军节度使，成为禁军第一人。杨崇勋与张耆一样，同是真宗藩邸旧臣，王称在《东都事略》中认为，张耆和杨崇勋都是材质庸碌低下的人，能够位至将相，那是出于太后的宠信。我认为，这种评价，多多少少是出于北宋文人对武将的鄙视。事实上，刘太后用杨崇勋的其中一个原因，是因为真宗曾经对她说过，杨崇勋质朴而忠诚，是一个可以托付大事的人。实际上，真宗对大臣的评价，是刘太后用人的参考依据之一。例如当初的鲁宗道，尽管经常与太后冲突，但依然为太后所用，其原因之一，乃是真宗曾经跟她说过鲁宗道"忠实可大用"。杨崇勋后来没有与吕夷简、张耆等人同时被仁宗罢免，可知仁宗并不认为他是刘太后的亲信。或者说，杨崇勋拜枢密使的时候，刘太后已经时日无多了，所以他对刘太后的亲信作用并未能表现出来。

在宰执集团中，能称得上贤臣而又不是刘太后亲信的，除王曙外，还有薛奎。薛奎是在曹利用被贬后进入中书任参知政事的，而刘太后能任用薛奎，也是来自真宗的推荐。当他得到任命，照例入内殿拜谢时，太后对他说："先帝曾经认为卿可用，今天用你为参知政事，也是先帝的意思。"薛奎虽然得到太后的提拔，但其性格跟鲁宗道一样刚强不屈，在其任政期间，虽未见他与太后有过多冲突，但在大事上，他也敢于直谏太后的僭越之举。因此，仁宗亲政后，哪怕吕夷简等人都被罢免到地方任职，薛奎还是留任中书。本来仁宗是想拜他为相的，可惜他身患重病，在太后驾崩的第二年也去世了。

其实刘太后任用薛奎与任用鲁宗道一样，看重的是他们的才华与吏干，而并不介意他们的质直。天圣七年（1029）以前，太后坚持"异论相搅"的理念，制衡宰执集团的权力；天圣七年（1029）以后，宰执中大部分是太后的亲信，或愿为其所用者，所以无论是鲁宗道还是薛奎，他们刚直敢言的性格，正能随时指出太后身边各大臣的缺点、错误，甚至掣肘他们，让他们不敢造次。鲁宗道死后，刘太后随即任用与之性格相似的薛奎，正好说明她的确需要这种质直大臣为她指出时政缺失。他们经常反驳太后的旨意，所以太后一直只让他们为执政，而不赋予更大的权力。天圣七年（1029）以来，刘太后正是通过这种以亲者为主、贤者为辅的宰执任免思路，让宰执大臣基本围绕在她身边，以她的意见为主，这样就减少了宰执大臣之间的争执与不和。在王曾罢政以后，的确很少见到史料上有宰执大臣如此前互相攻讦的记载，这实际有利于朝政的稳定，而政出一门，也有利于刘太后的专制统治。另一方面，宰执中不乏贤臣能吏、可办大事之人，这又使得此时期的政治不至于佞人任事，荒唐可笑，同时也可以建立刘太后敢于用人、善于用人的正面形象。

在刘太后统治后期，有一个人物是不得不提的，那就是吕夷简。天圣七年（1029）以后，他在中书独相两年多，可知太后对他的信任。但如前文所述，他应该是属于王曾一派的，他能拜相，也是出于王曾的推荐。那刘太后何以对他如此信任呢？在刘太后的亲信与贤臣当中，他又处于什么位置呢？其实，在刘太后心目中，吕夷简首先是一个贤臣，此前讲过，刘太后在转运使刘绰面前提及的四位贤臣，当中就有吕夷简的名字。天圣七年（1029）以前，从劝谕刘太后埋葬真宗天书，到茶法改革失败后主动承担责任，吕夷简都是以贤臣的形象出现的。然而，刘太后时期的宰执大臣，并不缺乏贤臣干吏，如鲁宗道、薛奎者，都只能位居参政，何以吕夷简能独掌中书呢？这正如后来郭皇后对宋仁宗所说的："难道吕夷简就不依附太后了吗？只不过他比较聪明机巧，善于应变而已。"郭皇后之语正中关键，吕夷简能够在中书独相，是他在表面上依附、顺从刘太后的结果。

其实吕夷简刚刚当上执政那会儿，就已经深懂韬晦之道了。宰执大臣加官的时候，他会自我裁损；当王曾举荐他任宰相时，他能谦让太后所意属的张士逊，这种隐忍谦逊的性格，让太后十分赞许，故在张士逊罢相后，她立即拜他为相。吕夷简在中书基本没有过多的权力掣肘，在王曾罢相后，他不但独相，而且太后还故意调走与他不和的夏竦，而代以与其友善的陈尧佐。我认为，吕夷简与太后之间应该达成某种协议或共识，使得太后对他完全信任，视他如亲信。事实上，吕夷简独相期间，宰执集团对于刘太后各种政治举措几乎语默，处于认同状态，即使在明道元年（1032）末，太后想穿衮冕朝谒太庙时，也只有刚直的薛奎敢直言劝谏，而其他辅臣都是抱着观望的态度，踌躇不决。宰执集团对刘太后行为的集体失语，作为首脑的吕夷简实在不无责任。

刘太后跟吕夷简达成什么协议，今天已经很难在史料中找到真相了。事实上，吕夷简似乎并不反对女主预政，刘太后逝世后，仁宗过度纵欲，导致身体羸弱，吕夷简即就太后预政问题对御史中丞蔡齐说："蔡中丞你不知道啊，我哪是乐于支持太后垂帘听政呢！只不过皇上年纪尚小，血气方刚，恐怕在宫中没有能作主的人啊。"这里所谓支持垂帘听政，其实是支持刘太后遗诏，让杨太妃继续垂帘。由此可见，吕夷简是认同太后预政的，但只能限于辅助、约束皇帝，使其能成为儒家理想中的仁君。乾兴元年（1022）真宗刚驾崩的时候，刘太后曾经想把灵堂布置得像真宗生前的寝宫一样，并用银罩子覆盖神主牌位，当时还是参知政事的吕夷简就曾经劝说道："这是不足以报答先帝的。现在天下政治大事都由两宫决策，唯有太后您远离奸邪之人，奖励忠直大臣，辅导皇帝，成就他的圣德，报答先帝的方法，莫过于此了。"此时他位居宰相，虽然对刘太后恭默顺承，但若太后做出危及仁宗帝统之事，他不会置之不理。朱熹在《五朝名臣言行录》里记载了这么一个故事：

太后曾经想把荆王元俨（也就是《清平乐》里的八大王）立为皇太叔，吕夷简极力反对，这件事就不了了之。后来又把荆王的儿子养在宫里，年纪渐长了还不让他出宫。吕夷简在奏事的时候谈到此事，认为不能这样下去。太后说："我不就是想让他跟皇帝一起读书吗？"吕夷简说："皇帝正当盛年，应该亲自接触儒学大臣，每天学习经典里的训示。现在让他跟小孩子相处，一点益处都没有，还是请您让那孩子早点回家吧。"过了几天，他又再次跟太后说这件事，太后说："你这至于吗？"吕夷简说："前代母后大多数是因为皇帝年幼而得利的，既然有这种嫌疑，太后您不能不谨慎啊。臣今天就待在中书听候您的旨意。"太后醒悟，于是立即让那小王子出宫。

我很怀疑这个故事的真实性，因为当时太后垂帘听政，很多人会把刘太后跟武则天作对比，所以各种谣传满天飞。实际上，八大王赵元俨是一个很懂得韬光养晦的人，他应该不会蹚这趟浑水。不过谣传本身也是人心的反映，刘太后未必有以宗室幼子代仁宗而立的野心，但士大夫们鉴于前代经验，只要有些许嫌疑，就要把它扼杀，以防止事情真的发生。明道元年（1032）皇宫大火，燔及仁宗与刘太后的寝宫，第二天晨朝时，百官朝拜仁宗于拱宸门楼下，只有吕夷简不拜，仁宗使人问其故，他说："宫廷有变，群臣愿一望清光。"仁宗举帘相见，他才下拜。"一望清光"，让人想起当初真宗即位时，宰相吕端的做法。事实上，吕夷简此举，也是效法吕端的办法，以防止刘太后趁乱调包。他对仁宗的忠心，确实是应该肯定的。

郭皇后说吕夷简"多机巧，善应变"，其实是指他游移在两宫之间，同时讨得太后与仁宗的欢心。除了对刘太后顺承恭默外，他也能做到事事为太后设想，为太后分忧。有一次，契丹来大宋借兵讨伐高丽，太后已经答应了，但吕夷简坚决不同意。太后说："可我刚才已经答应了他们的使者了，如果不给他们借兵的话，恐怕他们会心生怨恨啊，怎么办呢？"吕夷简说："您就说臣不同意，从而拒绝他就行了。"于是太后对契丹使者说："不是我不肯答应你们，是吕相公坚决不同意啊。"契丹使者什么都没说，就离开了。这只是一件小事，对刘太后而言，最能体现吕夷简设身处地为她着想的，乃仁宗生母李宸妃葬礼一事。在此事中，吕夷简可谓处事圆滑、两边讨好，同时亦消弭了太后逝世后的一场政治危机，此乃后话，我后面会专门来讲。刘太后去世后，仁宗起用因请太后还政而被贬的刘涣，并对吕夷简说："当初枢密院急着想把他流放到边远的地方去，是因为卿的缘故，才让他免除这一场大难啊。"吕夷简回答说："刘涣不是亲信大臣，而且敢言，但如果是大臣谈及还政之事，那么太后一定会怀疑是陛下在背后教唆的，这就会让陛下母子不相安了。"仁宗大喜，认为吕夷简是忠臣。母子相安，正是当初王曾对刘太后提出的要求，而此时这也成了吕夷简的政治理念，因为这对母子并非普通人家的母子，而是天子之家的太后与皇帝，若这对母子不相安，大宋就会面临重大危机，甚至有颠覆的可能，所以吕夷简在这一点上，确实可以被称为忠心。而通过在两宫之间圆滑斡旋，他也博得了皇帝和太后的一致好感，从而稳固了自己的地位。

综上所述，天圣七年（1029）以后，刘太后势力壮大，她对于宰执任免乃以亲者为主，贤者为辅，以致她的统治后期，宰执对于她种种越礼的行为几乎集体语默。无论天圣七年（1029）之前的权力制衡之术，还是之后的亲贤参用之法，刘太后均能成功驾驭两府宰执集团，这也是她能够顺利实施统治的必要因素。然而，除宰执集团外，宋代官僚群体十分庞大，宰执虽然可以帮太后分忧，但同时也会分去太后的部分权力，如何使大权掌握在自己手中，同时又能应付朝廷官僚，乃是她思量之所在。刘太后并非大宋的真实统治者，其权力一直受到官僚士大夫的限制，要有效控制官僚集团，从而顺利统治如此庞大的王朝，宰执以外的政治势力对女主来说，恐怕在所难免。

二、台谏势力的崛起

天圣、明道年间（1023—1033），被刘太后扶持起来的势力之一乃是台谏。所谓台谏，包括御史台和谏院，在御史台工作的叫御史，也叫台官；在谏院供职的叫谏官，他们都被合称为台谏官。这些官员都是言官，主要是给皇帝上奏各种各样的建议与批评，当中以批评为主。而他们批评的对象，上至皇帝太后，下至文武百官，都被包括在其中。北宋的台谏官是非常厉害的，他们有所谓的"风闻言事权"。所谓"风闻"，就是听说的，换言之，身为台谏官员，他们可以根据空穴来风的消息提出批评，而且就算最后查无此事，他们也不必为此担当责任，因为这本身就是他们的责任。这种批评的好处在于，他们可以随时纠察朝廷的得失，让朝廷有机会对现有的政策以及用人进行纠错。以往人们对宋代台谏的了解，往往集中在仁宗亲政后台谏各种繁荣发展的景象，以及神宗以后言路闭塞，台谏成为党争工具的现象。但事实上，北宋台谏的发展与刘太后有非常大的关系：太后想提拔台谏来监察朝中百官，尤其是宰执官员；而台谏官员也想掣肘太后的权力。这种利用与反利用、掣肘与反掣肘的关系，正是仁宗朝初年台谏制度发展的动力所在。而太后驾崩之后，台谏势力的空前提高，也跟她有十分重要的间接关系。

台谏集团于天圣、明道间的发展，不能不说是刘太后的功劳，但其滥觞，乃始于真宗晚年。大中祥符九年（1016）的时候，大宋发生了一场规模很大的蝗灾，真宗甚至因此而一病不起。第二年，蝗灾刚过，朝廷上下议论纷纷，说皇帝及他的宰执们都不愿意采纳谏诤之言——这是宋朝的一种传统，士大夫们就喜欢利用各种天灾来规劝皇帝。真宗于是下诏书，设置谏官、御史各六员，增加他们每个月的俸禄，并且不让他们兼任其他职位，而是专职当言官。每个月让他们其中一人到皇帝面前奏事，如果有紧急的事情，那也不必等时间到了才能入见，三年（也就是一任）之后，如果发现某个言官不胜任，那就罢免。真宗这一道诏令，对宋代台谏制度是具有划时代意义的，因为大宋建国以来，谏院里的左右谏议大夫、司谏、正言等都只是品官而已，只是拿俸禄的一个依据，并没有言官的实际职责；而御史台里的御史尽管有言官的职责，却往往被派到别的部门去兼职。真宗这道诏令，实际是让台谏机构拥有定员的专职言官，以开言路。

然而，我们看古代的政治，不能只看诏令，毕竟诏令是需要人去执行的。真实的情况往往是，诏令下来，执行起来确实困难重重，最终不了了之。真宗的这道诏令的执行，也一样是不如人意的。真宗驾崩后，天圣元年（1023）四月，有臣僚上奏云：

先帝忧劳庶政、思闻谠言，特下诏书、举旧典，置谏官、御史更互言事，深有裨益。一二年间，执政之臣，潜所畏忌，优加任使，因使罢之。累曾上言，复乞差除，中书终不复差，盖臣僚不务公忠，惧其绛举。是致频年已来，贵近之臣多违宪法，比至彰败，已损纪纲。伏望陛下常振朝纲，广开言路，深防回邪，或生蒙茫，复置谏官、御史三五员，令其察臣下之非，连言时政之得失，防微杜渐，无出于兹。

这份奏章我在这里有所删减，但没有翻译，因为我觉得译成现代文就失去了它原来的神韵。不过我可以给各位读者提取一下奏章当中的重要信息。从奏章中可以看到，真宗的诏令执行了一两年就歇菜了，至天圣元年（1023），台谏官员的数量不要说各六名，连"复置谏官、御史三五员"都成了这位大臣卑微的请求，至于每个月都能有奏事之人，那就更不可能了。从这份奏章还可看出，台谏官员缺失的原因，其实是中书宰执大臣不愿接受监察纠举，故不愿任命，以至于台谏的员额不能补足。从另一角度看，天圣元年（1023）以前，台谏官员是由中书任命的，换言之，台谏是由中书掌握着的。事实也是如此。真宗时，寇准当宰相，喜欢起用出身寒微的士人，每当御史台缺员，他就让敢言直谏的人来补上。这跟寇准的性格有关，但同时也说明御史的任命权在宰相手上。大中祥符三年（1010）四月，真宗更是下诏明确了这一点："今后御史台委任台官勘查案件，如果缺人的话就到中书申报。"按常理推断，身为宰相，一般情况下不会任命一个跟自己不对付的人来给自己找不痛快。那么，此前有没有宰相因为台谏的举报而被罢相呢？有！如真宗朝早期的宰相张齐贤，就因为在朝会时酒后失言，被御史中丞赵昌言弹劾罢相的。但这只是个别情况，而且弹劾张齐贤的赵昌言乃是御史中丞，是御史台长官；至于酒后失言，更是微不足道的小事，这更像是一次皇帝授意下的政治行动。然而，在大多数情况下，仁宗朝以前的台谏官员很少直接针对中书，特别是经历"天书封祀"的闹剧后，台谏集团甚至集体失语，对宰执大臣违法之事视而不见。

正由于上述臣僚上疏论奏，朝廷于天圣元年（1023）诏翰林学士至三司副使、知杂御史，各举荐太常博士以上一员能够充当谏官、御史的官员。随即，太常博士鞠詠、王轸、曹修古被任命为监察御史，孔延鲁（即孔道辅）、刘随被任命为左正言。这次选任台谏官员，虽然是大臣推荐，但与以前不同的是，举荐者并非宰执大臣，而是翰林学士、三司副使、知杂御史等一些与宰执不相统属的官员，这种举荐方式，有利于台谏官员对大臣的监督。明道二年（1033）仁宗亲政后，重申宰相不能任命御史官员，认为祖宗之法不可以破坏，宰相亲自任命御史官员，则宰相的过失就没人敢说了。如前所述，这里所谓宰相不得任命御史官员的祖宗之法，其实在天圣元年（1023）以前并未得到很好的实施，甚至在天禧以前，连专职的台官也很少有，因此，由宰执以外官员举荐台谏，乃始盛行于天圣以后。刘太后此举其实是追述真宗先志，但对宋代台谏制度的发展与台谏势力的壮大却有不可磨灭的功劳。

当然，台谏制度在天圣、明道间的发展并未就此驻足。早在乾兴元年（1022）仁宗即位之初，当时新任御史中丞刘筠就对御史台官员奏事的制度实施改革：在此之前，三院御史（根据唐代制度，御史台下设台院、殿院与察院，台院设侍御史，殿院设殿中侍御史，察院设监察御史，宋初御史台与此相同）要奏事，必须先把奏章交予台长御史中丞或副台长侍御史知杂事，然后由两位台属长官评议认为可奏者，方代为上奏，此举乃"循唐旧制"，但明显不利于御史言事。刘筠的改革，实际上使御史台除长官外，其他御史官员均获得独立的言事权。也正由于此，南宋历史学家吕中认为，一直到仁宗即位，刘筠让各个御史自己行使纠察弹劾的职权，台谏的职权才开始振兴。与刘筠的改革相配合，刘太后也在天圣元年（1023）下诏，在承明殿垂帘听政的当天，允许三司、开封府和御史台派属下官员一人一同奏事。这其实是参照真宗天禧元年（1017）的诏书而行的，不同的是真宗诏书乃令台谏官员每月一奏事，而刘太后的诏令，是在承明殿垂帘日让御史台属官一员奏事。刘太后与仁宗于承明殿垂帘听政，乃五日一次，如此可知，当时台官奏事的频率，高于真宗诏书所定。再者，这道诏令距离鞠詠、王轸等被任命为监察御史仅数日而已，可见刘太后重用台谏官员的决心。

天圣七年（1029），刘太后重置理检使，以御史中丞王曙兼任，此后以御史中丞兼任理检使成为定制。理检使是干什么的？实际上他是宋代的信访专员。北宋在京城开封设有登闻院，以前我在《寇准传》里谈过，这是老百姓跑到京城信访的机构。可是后来由于来信访的老百姓太多了，甚至一些家长里短的事情老百姓都去敲登闻鼓，而只要敲了登闻鼓，又得上报给皇帝，皇帝总不能一天到晚处理这些俗事。于是渐渐地，有些不重要的事情就不必呈报了。但如此一来，也会让一些真有冤情的百姓无法把情况上达天听。于是到景德四年（1007），真宗把原来的登闻院拆分为登闻鼓院和登闻检院，只要鼓院不受理的信访，都要呈报检院再审查一次，看有没有值得上奏而又没有上奏的漏网之鱼。而理检使，实际上就是鼓院跟检院的长官，老百姓到鼓院和检院诉冤都不被受理的，那就可以直接到理检使那里，要求再次审查，并上报给皇帝。理检使的设置是刘太后时期的一种制度创新，其目的是为了让民情能够顺利上达到皇帝与太后那里去；而让台长御史中丞兼任理检使，则是加强御史台的监察功能。

同年，三院御史的任用资格又得到进一步确定。如前所述，天圣元年（1023）举荐台谏官员诏书中，对御史的要求是官在太常博士以上而已，对资历并未作具体规定。而到天圣七年（1029），有一位大臣上言说，此前的御史大多是知县出身，资历较浅；而一旦当过御史，很快就会飞黄腾达，晋升速度比其他官员快得多。所以他建议，此后能出任御史的官员，必须有知州或同判的经历。朝廷接受了这个建议。这种御史资序法可谓对御史的资格作了更加严格的要求，同时，地方长官的履历也会让他更能体察民情。但另一方面，这种严格的资格要求，实际上缩小了御史官员的擢用范围，从而导致御史任命难以找到适当的人选——我甚至怀疑，这是其他大臣抑制台谏官员的一种办法。

宋代御史台有参与司法审判的职能，其中很大部分是"承诏治狱"，而御史台诏狱通常都是严重的冤假错案或涉及朝廷重要官员的枉法案件，或者是涉及谋反等重大罪名的案件。如牵涉枢密使曹利用的曹汭之狱，朝廷虽然派遣宦官罗崇勋参与审讯，但主审官员仍然是龙图阁待制王博文与监察御史崔暨。然而，在仁宗以前，御史台并没有独立审判权，真宗朝时期，京城里的冤案大多交给纠察司，而御史台诏狱也要向纠察司申报。这种情况至天圣八年（1030）才有改变，因为当时的御史上言说这不得体，所以朝廷下诏，今后御史台诏狱不再需要报告纠察司。从此以后，御史台才获得独立的审判权。

以上论述的制度变化，大多只涉及台官，而谏官甚少，其原因如刁忠民先生所言，乃是因为谏官"建员既少，缺员更少，又谏官事务远不及御史繁重，不必急于一时，故史籍中少见命官荐举的记载"。这的确是事实，据张方平记载，真宗在天禧年间就下诏成立谏院，谏官定员六人，但因为难以找到合适的人选，所以常常人员不足，于是在御史台三院里选择两人来充当言事御史，这是由御史兼任谏官。至刘太后统治时期，谏官制度也有了一定的发展，天圣元年（1023）刘太后即以孔延鲁、刘随为左正言，此后，正言、司谏之任虽仍未能满员，但总算有人担任。在刘太后主政时期，谏官制度变化最为瞩目的当数明道元年（1032）谏院的设立，《长编》记载，当时朝廷把门下省搬到了右掖门西面，而以原来门下省的位置来设立谏院。在此之前，宋朝只有谏官却没有谏院，此时陈执中当谏官，屡次请求，所以就在这里设立了谏院。实际上，张方平的记载说明，真宗朝的时候就已经有了谏院这个机构，所以我认为，明道元年（1032）朝廷是让谏院有了自己挂牌办公的地方。

台谏制度的发展与变化，为台谏集团的崛起带来契机，但再好的制度，都必须用人得当，才能与之配合。天圣、明道间台谏集团能够充分发挥言事者的作用，与刘太后能适当用人有关。在台官方面，以御史中丞为例，此时期刘太后所任命的台长，大多是正直敢言之人。如刘筠"性不苟合，临事明达，而其治尚简严"；薛奎"性刚不苟合，遇事敢言"；王臻"刚严善决事，所至有风迹"；李及"资清介，所治简严"；晏殊"性刚简，奉养清俭"；王曙"方严简重，有大臣体，居官深自损益"；蔡齐"方重有风采，性谦退，不妄言"，等等。以上诸人，皆宋之名臣，而且如薛奎、晏殊、王曙、蔡齐者，后来更位居二府。即使是名声有亏的程琳，也是"为人敏厉深严，长于政事"，王随"外若方严"，他们在御史中丞任上，都作出了自己的贡献。台长如此，其属下御史官员也有很多敢言直谏之人，如当时御史鞫詠、曹修古、杨偕、郭劝、段少连、张存、陈琰等，均是一时以质直闻名之臣。谏官在此时期人数并不多，主要有刘随、孔道辅、范讽以及陈执中等数人。这几个人当中，刘随"以清直闻"，孔道辅更是"性鲠挺特达，遇事弹劾无所避，出入风采肃然"。范讽乃因宦官进拜，但据田况记载，刘太后临朝听政，听说他长得一表人才，于是把他拜为谏官。他言事之时，喜欢纵横捭阖，对当时的时政也有补益，而当权者对他也是有所畏惧的。至于陈执中，他后来在相位上不被称道，乃是因他无所作为。但他之前因得罪曹利用而被贬外出，可见他在谏官的位置上，也是切直之人。

台谏制度有所发展，台谏官员任用得当，难怪罗家祥先生认为："对台谏而言，天圣、明道间的活动可以说是台谏势力崛起的一个十分重要的里程碑。"但我认为，以上两个条件虽然也是台谏崛起的契机，但并不完整，刘太后以女主身份垂帘听政，也是组成这一契机的重要部分，因为在该时期台谏最为突出的表现，正是从各方面规谏刘太后，并限制她的权力，甚至后来直接质疑她的合法性，且要求她还政。如外戚钱惟演罢枢密使，知河阳（今河南孟州西），请求朝廷赐镇兵特支钱，刘太后已经答应了，知杂御史蔡齐立即弹劾曰："赏罚这事情，乃是皇上所操控的，不是臣下所应当请求的。而且天子刚刚即位，钱惟演与太后家联姻，于是私自请求赏赐，然后转赏给镇兵，以当作是自己对他们的恩德，这样一来，必然会动摇军心，不可答应他啊！"其后至天圣元年（1023），钱惟演图谋入相，监察御史鞠詠当即上奏谏阻说："钱惟演为人奸险，曾经与丁谓结亲家，因此获得丁谓的提拔。后来知道丁谓为非作歹的事情要暴露了，害怕连累自己，于是极力攻击丁谓。如果现在拜他为相，一定会大失天下所望啊！"在私下，鞠詠也对左正言刘随说："如果钱惟演拜相，我就当廷抢过他的拜相诏书撕掉！"后来在天圣九年（1031）钱惟演再度觊觎相位，殿中侍御史郭劝立即督促钱惟演到地方上任，并且上言说："钱惟演不应当为他的弟弟求升官，而且还求兵权，请停止这一切。"最为瞩目的是天圣九年（1031）十一月，刘太后因其侄刘从德去世而大封亲属，御史曹修古、杨偕、郭劝、段少连不畏仕途受阻，交章论列，虽然太后因此大怒，把他们降官外贬，但御史官员联合上奏抵制女主滥用皇权，在宋代实属首次。

天圣、明道间，台谏集团的声音远比北宋前三朝强大，尤其在抑制太后方面，他们都是理直气壮、不畏权威、敢言直说。之所以如此，是因刘太后以女主身份操控皇权。仁宗即位之初年纪尚幼，以女主行使皇权，乃是不得已的事情，但士大夫总想将女主的权力限制在一定范围，故对刘太后与其外戚诸多抑制，防止她滥用皇权，也从中保护仁宗的利益。随着仁宗渐长，刘太后继续听政的合法性也逐渐变弱，且受到质疑，反对的声音也越来越多。台谏集团在这个时期能大胆直言，对抑制、甚至反对太后垂帘听政的态度无所避讳，乃因他们认为自己身在言职，是正统合法皇权的维护者，只有敢言直谏，尽力抑制女主，才能够尽到保护皇权法统的责任。也正因为这样，富弼后来上奏仁宗，认为刘太后之所以不敢像武则天那样自己当皇帝，"都是依靠那一两个忠臣救济并保护陛下，使得太后不能够为所欲为，陛下才可以保住皇位"。这其实是有一定道理的，至少从臣僚的角度看，他们的确尽了自己的责任。正是因为有了天圣、明道间敢言直谏的经验，台谏集团才能摆脱国初三朝集体语默的境况，并且开创了仁宗时期"许以风闻，而无官长，风采所系，不问尊卑"的言风，这正如吕中所言："以太后亲政之时，晏殊、范仲淹、曹修古等人敢于忤旨，这说明直言之风虽是在庆历年间发展起来的，但实际上天圣之初已经诞生孕育了。"

尽管台谏官员对刘太后作出了各种各样的抑制，但不得不说，台谏集团在这个时期能有崛起之势，与当时身为最高统治者的刘太后有莫大关系，上述种种台谏制度的发展，以及台谏官员的选择任命，大多出自太后的手笔。试想一下，若太后对台谏官员力行禁遏，或其听政之初就根本不想发展这种势力，那台谏集团依然会停留在真宗逝世时的状态。然而，台谏并没有想方设法去讨好太后，从而巩固自身的势力，反而处处抑制，这一切对刘太后的统治似乎都是有害无益的。既然如此，刘太后为什么非要发展台谏制度，重用台谏官员，从而给自己找不痛快呢？我认为原因有三，其一，她是想用台谏来掣肘宰执集团。宋人有这么一种说法："把天下的责任交给大臣，把天下的公平交给台谏，把天下的舆论交给士大夫，这样一来，皇上的权力就重了。"说白了，皇帝要掌握最高权力，就得精熟这种平衡之道。台谏的责任就在于说话，对违法乱纪的事情提出批评，对不合理的制度提出建议，他们所论之事并非单单指向刘太后，朝中官僚，尤其是宰执大臣的缺失过错，都在他们的议论范围之内。天圣五年（1027）晏殊被罢枢密副使，其根本原因是他在枢密院与刘太后的亲信枢密使张耆不和，但刘太后是不能用这个借口来罢免他的。所以，据历史记载，晏殊被罢枢密副使的直接原因是一件小事：有一天他随驾去玉清昭应宫，但自己忘了带笏板——就是大臣上朝捧在手上的那一块白色的板子——他的随从把笏板送过去，结果送晚了，他一怒之下，用笏板抽崩了随从的牙齿。因为这件事，他遭到了监察御史曹修古、王沿上奏弹劾，说他"无大臣体"。这样，刘太后才有一个体面的借口罢免晏殊。再如枢密使曹利用被罢之前，左司谏孔道辅已经向刘太后上言，认为他"窃弄权威，宜早斥去"。由此可见，台谏集团其实是刘太后用来约束宰执集团的工具之一，而这也正符合她"异论相搅"的政治理论与手段。正是由于台谏官员能敢言直谏，使得宰执大臣不敢胡作非为，从而使刘太后稳操权柄。

其二，是用以规谏仁宗。仁宗即位之时，乃少年天子，孩童心性，如果未能好好教育，是有可能变成庸君、昏君的，这是宋代士大夫们最不想看到的。刘太后也想把仁宗培养成为合格的君主，在这一点上，她与士大夫们的想法是一致的。任用敢言的台谏官员，实际也可以从旁规谏仁宗，使他不至于误入歧途。如仁宗即位之初，就曾经下诏成都府，召伶人许朝天等人补充到教坊里，左正言刘随认为，用诏书来召唤这些低贱的伶人，乃是对皇权的一种侮辱。监察御史李纮直接说道："陛下刚刚即位，还没把藏在山林洞穴里的名士请出来，却首先召唤伶官，这不是把您的美德散布于天下的举动啊。"于是许朝天等人又被逐出朝廷了。仁宗召伶官入朝，未必有宠遇之心，而就算有，这也是小孩心性，人之常情。但皇帝可不是一般的小孩，一切都得防微杜渐，五代后唐庄宗的败亡，就是由于宠信伶人，可谓殷鉴不远，台谏大臣谏阻仁宗此举，也是防患于未然。

其三，乃以台谏为耳目，博采外朝及地方信息，并且派遣台谏审理地方狱讼。例如钟离瑾把地方的奇花异石送到宫中，并且贿赂权贵。殿中侍御史鞠詠、右司谏刘随都弹劾他，鞠詠甚至要求把钟离瑾送御史台诏狱。鞠詠、刘随既是弹劾，实际上也是把外朝的信息带入朝廷，使刘太后与仁宗知道外面的情况，并且下诏，要求各地发运使不得以地方土特产来贿赂亲近皇帝的官员。再如天圣九年（1031），殿中侍御史杨偕上言，说金耀门外有座沙庙，另外碧澜桥旁边也有个木神，很多人去这两个地方祭祀祈祷，但实际上这都是假托鬼神，妖言惑众。他请求禁止这些民间的祭祀行为，皇帝与太后也同意了。怪力乱神在古代是朝廷很忌讳的事情，因为这些妖言往往会引起社会的不稳与局势的动荡，甚至有人会利用妖言煽动人心，继而造反。从这个事例可以看到，御史的眼睛不但盯着朝廷官员，民间若有不利于大宋朝廷之事，他们也会上报。此外，以御史来处理地方狱讼，也是让朝廷意志传达到地方的一种手段，实际上是使刘太后的专制统治权力延伸至京师之外。真定府曹汭之狱，刘太后遣宦官与御史共同审理，即是一个典型的例子。再如稍前之天圣三年（1025），福州知州陈绛与福建路提点刑狱劝农使王耿互相举报对方有不法行为，朝廷派了很多官员来审理，都不能查个水落石出，刘太后最终派监察御史朱谏审理，才审出个实情来。

当然，刘太后主政时期对台谏，没有像苏轼所说"言及乘舆，则天子改容；事关廊庙，则宰相待罪"，她对于台谏之言，只是选择性接受，而并非言听计从。如孔道辅在弹劾曹利用时，也同时弹劾了宦官罗崇勋，但其后曹利用遭贬死，而刘太后宠信的罗崇勋却安然无恙。再如天圣八年（1030）刘太后以胡则权三司使，侍御史知杂事鞠詠认为胡则乃丁谓之党，且为人贪墨，但太后不听，仍然一意孤行。其后至天圣九年（1031），刘太后再以胡则为工部侍郎、集贤院学士，侍御史知杂事刘随上奏说："胡则的奸邪与贪婪是天下闻名的，从前任命他知池州他不肯去，当上三司使了，又因为获罪而罢官。这才没多久，又要授予他好的职位，这样的话，如何劝勉在位的官员呢？"殿中侍御史郭劝要求追回胡则升官的命令，但结果同样是不报。从上述史实可以看出，刘太后对于台谏们的建议，虽也能择善而从，但她自己所坚持的用人与决策，却很少受到台谏的影响。

另一方面，她对台谏的强势手腕，仍然表现出一位专制统治者的风范，当台谏提出的诤言可能危及她的统治地位时，她会毫不犹豫地把他们赶出朝廷。天圣九年（1031）曹修古等四位台属官员因反对大封刘从德家属门人而遭贬责，就是最好的例子；更早在天圣六年（1028）左司谏刘随即因奏请太后还政而被出知济州（治今山东巨野县）。但是，苏轼所言宋代祖宗对台谏"纵有薄责，旋即超升"的态度，也始盛于刘太后统治时期，一些被贬的台谏官员，在一段时间后又可见他重新回到台谏的位置上，如监察御史鞠詠于天圣元年（1023）被出同判信州（治今江西上饶），天圣四年（1026）又被重新任命为监察御史；天圣五年（1027），监察御史曹修古因言禁中服玩事被出知歙州（今安徽歙县），天圣九年（1031）他又以侍御史的身份论奏大封刘从德亲属门人之事；天圣六年（1028）左司谏刘随被出知济州，但至天圣九年（1031）即见他以侍御史知杂事（副台长）的身份上言。凡此种种，不一而足。刘太后如此任命台谏官员，一则是出于台谏资格过严，执行过程中难得人才；二则也是她知道台谏集团对于平衡朝廷权力的重要作用，虽然台谏的反对声音对她的统治有反向作用，但台谏的建议对她也不无裨益。对于前者，刘太后深信自己手操皇权的行使权，能够有效控制，使这些反对声音不至危害自己的统治。

天圣、明道年间，台谏制度迅速发展，为仁宗及整个宋朝的"敢言直谏"之风奠定了制度基础，而这一时期的台谏官员，也一振过往颓风，作为一股势力进入政治舞台。女主政治给了台谏官足够的发声理由，在限制女主权力方面，他们不遗余力，并以维护赵宋皇室根本利益为己任，这一风气在仁宗亲政后得以延续。另一方面，作为女主，刘太后不但积极发展台谏制度，并予以台谏官员足够的宽容，保证了他们的发声平台。究其原因，这其实也是她"异论相搅"政治手段的体现，她是想以台谏抑制宰执集团，并让他们起到下达意志、采集民风的作用。然而，根据"异论相搅"的原则，刘太后并没有完全倚重台谏集团，宰执、台谏、宦官等势力在她的操控下达到平衡，从而更有利于巩固她的统治。但不管如何，天圣、明道时期，是台谏从集体失语，到重新崛起、振兴言路的转折时期，也是这一制度发展的一个里程碑。当中女主政治与台谏势力之间的互动，起到了关键的作用。

三、特殊势力的利用

所谓特殊政治势力，是指通过非正常渠道得以参与甚至干预政治的群体，在中国古代历史上，通常包括外戚、宦官、伶人，等等。在以男权为中心的帝制中国，这些特殊群体并非政治的主流，但总能因为各种各样的原因左右当时的政治。女主作为女性，当然属于特殊政治势力之一，因为她们并不具备统治整个王朝的合法性。纵观中国古代历史，中原汉民族建立的政权若出现女主当政，多数会遭到朝中大臣的非议、质疑甚至反对，当中发生的流血冲突事件更不绝于书。正是由于后妃主政的合法性从一开始就潜伏着危机，故主政的后妃不能完全依赖一直质疑她们的大臣士大夫，她们必定会培植自己的势力来巩固自己的权力。女主最好利用的势力，当然是与她有血缘关系的外戚，这也是历朝女主赖以巩固统治的基础。然而，与前代不同的是，宋代女主在对待外戚问题上相比前代更能自我抑制，学界一般把这归结为士大夫的作用，但这何尝不是宋代女主对自己权力的最好调适呢？除外戚外，唐代一些女主也任用女性为自己的政治服务，如武则天、韦皇后等，她们身边有太平公主、安乐公主、上官婉儿等帮忙参议政事，这也可以说是唐代女主政治的特色之一。到了宋代，刘太后作为首位掌控皇权行使权的女主，与前代女主一样，也曾想重用外戚；而她对女性群体的任用虽不如唐代明显，但也有迹可循。前代女主主政时期，很少能看到宦官的身影，特别在东汉，宦官更与外戚处于对立面上。但在刘太后统治时期，宦官却得到重用，成为刘太后手下三种特殊政治势力之一，实在值得玩味。必须注意的是，在刘太后统治期间，外戚、宦官与一些上层女性没有如前代那样，造成当时的政治危机，而仅仅是太后制衡士大夫的一种手段而已。当然，士大夫对这些特殊政治势力也没有妥协，一些尊重儒家法统的朝中大臣，往往会主动抑制这些特殊人群，以达到限制太后权力的目的。

张邦炜先生认为："所谓外戚，通常是指皇帝的母族和妻族，也包括皇帝姐妹、女儿的夫族。"唐末五代的乱离，世家大族没落衰亡，直接导致后族势力难以形成。纵观前代，汉之吕氏、窦氏、王氏、邓氏等，都是以大族与皇族联姻，得以成为后族；在这些皇后成为女主控制朝政之际，外戚家族也就成了她们的后盾势力。唐代武则天的家族虽然没能够跻身甲族，但文水武氏依然是一方世族，故此，武则天当政时期也可以大封诸武，其势力影响一直延续到玄宗时代。但到了宋代，这种现象就被改变了，宋初皇帝选择皇后，虽然多以大臣名将之家为对象，但由于这些所谓的大臣名将，多是五代枭雄或布衣卿相，且其家族由于历史原因而未能形成势力，所以与唐代相比，这些所谓"后族"根本微不足道。可对刘太后来说，情况会更加糟糕：她基本无外戚可言，因为她本身就是一个孤儿，所谓外戚，只有她从前的监护人——后来改姓刘、成为她哥哥的龚美，也就是刘美，以及他的族人。与历代女主一样，她也曾想培植自己的外戚势力，故此，她对刘美及其家族一直眷顾甚浓，可以说，这是她营造外戚势力最基本、最可靠的力量。

仁宗即位、刘太后初政之时，刘美早就已经去世了，而他的孩子都还很小。真正受到重用的外戚只有钱惟演与马季良。钱惟演的妹妹是刘美的继室，他在真宗时已经是枢密副使，丁谓罢相远贬后他立即被刘太后提拔为枢密使，但没过多久，就因为被首相冯拯弹劾而遭罢免。刘太后统治时期，他多次图谋相位，但始终因大臣反对而未能如愿，终钱惟演之世，他再也不能进入二府成为执政，所以他曾经说："我生平最感到遗憾的事情，就是不能在黄纸末尾签下自己的大名啊！"宋代中书的命令（外制）都是用黄纸写的，所以在黄纸末尾签名，那是宰相的权力。换言之，钱惟演最大的遗憾，就是没能当上宰相。马季良出身于茶商之家，乃是刘美的女婿，他原来只是光禄寺丞，真宗去世后，刘太后立即让他去考馆职。馆职就是馆阁（京城各大图书馆）的职位，官不一定很大，但很容易接近皇帝和宰相，是士大夫们走向高层的一条捷径。而要成为馆阁官员，最基本的条件就是文才要好，要么能写漂亮的文章，要么深通各种儒家经典，并且能有自己独特的见解，否则是难以胜任的。马季良本来就是个庸才，他根本就没有通过科举考试，之所以能当官还是因为他刘美女婿的身份，现在让他来考馆职，那相当于是让一个学渣去考清华北大。但朝中有人好做官，他不会写不要紧，有太后在，一切都安排得妥妥的。考试当天，太后派内侍到考场赐食，催促考试早点完成，于是主考官们各自摊派任务，帮马季良完成试卷。其后，刘太后更先后让他成为龙图阁待制与龙图阁直学士，但可能是因为他的才能的确有限，直到刘太后去世，他的官职也不过如此而已。

其实，刘太后主政的十一年中，外戚干政十分有限，见记于史的只有寥寥几件事而已。首先是钱惟演，他在真宗时帮助刘太后与丁谓先后让寇准、李迪罢相，作为外戚预政可谓明显。但这只能说明真宗对他的眷顾与宠信。被罢枢密使后，他虽位居使相，但于朝政之事早已无从插手，当然也无所贡献。其次则是马季良，由于他一直在朝廷馆阁任职，所以参与政事的机会就多了，可遭到朝中大臣敲打的机会也多了，这一直令他郁郁不得志。如在龙图阁待制任上，马季良曾建言说："京师里的商人常常用很便宜的价格拿到茶引和盐引，请官府设置相关机构来收购。"有关部门虽然因为他是太后的外戚，不敢逆其意，但盐铁副使司封员外郎王鬷坚决反对，他说："这是跟老百姓争夺利益，怎么符合国家大体呢！"于是，马季良的提议也就没有实行了。此事说明他虽然参与朝政，但实际上根本说不上干预，他也无能力、无声望去干预。

真正有干预朝政嫌疑的，是刘美之子刘从德。父亲逝世时他只有十四岁，但随着刘太后主政日久，他也逐渐成长，虽还没得到重用，留在中央任职，但已经成为知州了。要知道，当年寇准十九岁中进士，到二十三岁的时候才混到一个通判之职（副州长），这也是因为他入仕早算升迁快的了。可刘从德去世的时候才二十四岁，在此之前已经是州长了，晋升如此之快，唯一的原因就是他乃太后的侄子。他对朝廷政事的干预，主要在推荐用人方面。向朝廷荐士，本来也是州府官员的责任，但刘从德所推荐的戴融、李熙辅、郑骧等人，都是庸碌无能之才、溜须拍马之辈，但太后总欣然赞赏，赐予他们京官，并嘉许刘从德"能荐士"。推荐一些小官也就算了，天圣八年（1030）赵积代替病逝的姜遵为枢密副使，其实是因为结交上了刘美的家婢，但这时刘美早就死了，没有刘从德的关系，只一家婢，何所作为？荐人位至二府，实际上已经将势力伸展到中央宰执机构。我们可以再进一步比较刘从德与马季良：马季良虽然在朝中任事，但他基本是提一条建议就被反驳一次，而刘太后本人也不是非要执行马季良的建议；但刘从德所荐之人，即便进入二府，刘太后未有不允，即使反对者众多，她也一力为之。刘从德卒于天圣九年（1031），太后悲痛异常，于是给他的姻亲、门人甚至是家中的家丁共八十人授予官职，其亲属如马季良、钱暖、王蒙正等，都因为刘从德的遗奏而各升官两级。前述之戴融，也升为度支判官。台官曹修古、郭劝、杨偕，推直官段少连等交相论列，太后非但不听，反而将他们贬出朝廷。由此可见，刘太后非常爱惜刘从德，这不是其他如马季良的外戚可比的。自从刘美死后，刘太后一直想培养刘从德，他虽因年少未能入职京师，但其影响却是很多京官所不及的。

在《宋史·外戚传序》里，元朝的编撰者提出了两个反问："仁、英、哲三朝，母后临朝听政，但最终没有外家干政的祸患，这难道不是宋朝法度之严，礼统之正，可以防范她们的过失吗？或者说，难道不是母后之贤，自己就可以抑制外戚吗？"这种反问，实际认为北宋此三朝无外戚之患，乃因法严礼正，且母后贤明。根据张邦炜先生的研究，宋代"待外戚之法"的两个基本点，乃"崇爵厚禄，不畀事权"。就"不畀事权"之具体而言，张先生认为宋代外戚"不得任文资""不任侍从""不得为监司、郡守""不令管军""不令预政""戚里应守法"等，正是这种种措施办法，使得宋代外戚不能干政。然则，在刘太后主政之时，朝廷及刘太后本人待外戚之法，是否也如《宋史》所言及张先生研究所得呢？

我认为，就张先生所总结的几点特征而言，刘太后时期的个别外戚似乎并不完全符合。如马季良，以尚书工部员外郎先后任龙图阁待制、直学士，其后又迁兵部郎中，显然既任文资，又为侍从。刘从德独知州府，显然与"不得为监司、郡守"不符。再往上看，刘美在真宗时任侍卫马军都虞候，统领禁军；钱惟演职在二府，是为宰执，由此看来，刘太后的一些外戚可谓既管军，又预政，以致司马光认为刘太后时"外亲鄙猥之人或忝污官职"。但看深一层，刘美虽统领禁军，但此乃真宗朝之事，而且他也并非一人独大；钱惟演虽为宰执，但毕竟时间不长，刘太后对此也没有坚持。事实上，刘太后在主政期间，对外戚虽是恩宠过盛，但却没有委以重任；外戚的确过于"崇爵厚禄"，如刘太后对祖上大肆追封，超越前代，甚至如南宋岳珂所记载，外戚追封一字王的制度是从刘太后开始的。此外，一些不当授予外戚的官职也由外戚担任，对刘美家的族人、门人，太后也是恩赏过滥。但对于"不畀事权"，刘太后可谓贯彻执行，在其主政期间，钱惟演、马季良虽曾参与政治，刘从德甚至对朝廷用人有所干预，但实在未到碍政、害政的地步。

其次，在"戚里应守法"方面，刘太后一些外戚确实罔顾法纪，他们的不法行为可谓不绝于书，当中最为典型的是刘从德的岳父王蒙正，他自恃太后外戚身份，多为不法之事，具体事例在《宋史》《长编》以及一些宋人文集中均有散见。除王蒙正外，其他一些外戚也有不法行为，如马季良，曾经伪造文书，庇护富民刘守谦免除户役。更有一些不法之徒，与刘太后外戚交结串通，恃势欺民，如《宋史》记载，有个所谓"海印国师"的和尚，经常跑到刘太后的外家，与外戚交结串通，仗势强占老百姓的田地，人们都不敢正视此事，只有陈希亮敢把这个和尚抓起来，依法处置，于是整个县都大为耸动。对于这些外戚的违法行为，刘太后不可能不知道，但她的态度是纵容与包庇，如王蒙正多行不义，虽然屡遭揭发，但他在刘太后垂帘听政期间，从来没有为这些事情负上任何责任；至于所谓海印国师之事，最终被捕论罪的只有海印国师一人，而不见有其他外戚牵连在内。最明显的乃是王蒙正之子王齐雄杀人一事。据《长编》记载：王齐雄把一个老兵打死了，老兵的妻子跟儿子都上报说是病死的，请求无需验尸。毫无疑问，他们是收了王家的封口费，同时也是惧怕太后的势力。但当时的开封知府程琳观察到老兵的家人脸色不对，于是命令有关部门验尸勘查，结果发现老兵是被打死的。王齐雄的妹妹嫁给了刘从德，所以他们王家跟太后是姻亲。于是，太后把程琳找来对他说："人不是齐雄这孩子杀的，是他家的奴才打死的。"程琳说："一个奴才哪敢自己打死人，肯定是王齐雄教唆的，教唆跟动手是同罪的。"太后无话可说，于是开封府就按照法律判决了。由此可见，刘太后是亲自出面维护王齐雄的。"遂论如法"是《长编》的记载，但根据晁补之后来的记载，没多久太后族人就因为特旨被赦免了，可见王齐雄最终并没有受到应有的惩罚。

综上所述，刘太后临朝，对待外戚的态度是恩宠、放任、包庇但又不十分倚重。刘太后不倚重外戚的原因有两个：其一，无可倚重之人。她的所谓"外戚"，只有刘美家族，但刘美本身是小手工业者出身，其子弟年少，姻家也大多是商人，均非循正途入仕，资质才能有限。像马季良这样的人，连考试都要找替考的，水平实在不行。钱惟演倒是可任之才，他乃吴越王钱俶的儿子，文采斐然，但可能是因为曾经目睹父亲国破家亡，他缺乏安全感，喜欢攀附权贵来维系自己的地位，为士论所鄙，即使刘太后想重用他，他也不容于朝廷。故冯拯虽以太后姻家为由要求将其罢免，但这更多是一个借口而已。从钱惟演拜、罢枢密使可知，刘太后一开始并非不想重用外戚，而其后的事实告诉她，实在是无人可用。其二，士大夫们对外戚抑制尤甚。刘太后垂帘听政不久，大臣丁度就献《王凤论》于太后。王凤是西汉元帝皇后王政君的哥哥，后来王政君成为太后，他也成为一代权臣。而后来篡汉自立的王莽，也是出自这个家族。丁度献《王凤论》的目的非常明确，就是警告刘太后不要重用外戚，以免导致赵宋皇室的倾覆。在上述讨论中其实也可以看到，虽然很多大臣对外戚是依违而行，但每当有外戚加官晋爵，或者胡作非为之时，总有一些大臣不畏权贵，或敢言直谏，或执法严明，不法外戚虽并未因此受到责罚，但这些大臣的努力，从某种程度上抑制了外戚势力的发展与膨胀。

刘太后非但没有依靠外戚势力，有时候她也有抑制外戚之举。有记载说，刘太后每次赐族人御食，一定会把装食物的器铭换成铅器，她说："尚方器勿使入吾家也。"天圣六年（1028）时，太后驾幸已故的刘美府邸，左司谏刘随上奏劝阻，太后接纳了谏言，从此不再去了。这些均是刘太后自谦自抑的具体表现，她或许已经认识到"自古外戚之家，鲜能以富贵自保"，所以这种所谓自我抑制，实际是一种保护。事实上，刘太后逝世后，外戚如王蒙正、马季良者虽遭贬谪，但刘姓族人均得以保存。如刘美次子刘从广后来娶荆王元俨之女为妻，官至真定府路马步军副都总管；刘从德之子刘永年，更为一代良将，镇守一方，官至步军副都指挥使。可以说，刘太后这种对待外戚的态度，给宋代其他后妃起了极好的示范作用。其后的宋代垂帘太后，自知在权力与地位上远远不如刘太后，若要保存自己家族，则必须效法刘太后，甚至比刘太后的态度严厉得多，从而形成了宋代后妃对外戚自我抑制的现象。

刘太后的所谓"外戚"，其实也就寥寥数人而已，即使她想加以利用，也是难以如愿。真正被刘太后利用的，应是宦官势力。宦官是历朝历代都比较头疼的问题，相较而言，宋朝的宦官问题并不算严重，但它依然是一个问题。关于宋朝的宦官，正如吕海所言"因循前弊尚多，久未更革"，之前提到的专门负责皇宫守卫和情报刺探的皇城司，其长官往往就是以宦官和皇帝亲信共同出任。此外还有负责监察地方事务的走马承受，一般也是由宦官担任，他们更是"官品至卑，一路已不胜其害"。宋初刘太后以前，已经有很多宦官参与政治，如窦神宝、李神福、李神祐、秦翰者，曾随军出征，并立有战功；如王继恩者，甚至统军平乱，除此之外，他还参与策划宋初两朝的帝位传承；再如真宗朝之刘承规，与丁谓、王钦若等并称"五鬼"，曾大力支持真宗"天书封祀"。由此可见，宋初之时，参与政治的宦官不在少数。

当然，宋初宦官远未达到干政、专政甚至害政的地步，但宦官参与政治的环境，对刘太后利用这一势力是十分有利的。首先，宦官制度在宋朝已经发展了几十年，其人数有一定规模，换言之，刘太后可利用的宦官，数量上远多于外戚。其次，宋代宦官参与政治，不是从刘太后开始的，宦官监军、统军已有先例，而朝廷某些低级官职以宦官担任，甚至形成制度或惯例。如此一来，刘太后在政治上利用宦官势力为其服务，在法理上比利用外戚更为合适，毕竟先例一大堆。

纵观刘太后主政时期，宦官职责主要有五方面。第一个是监督工程建设。天圣、明道间，刘太后曾进行过一些寺庙工程建设，另外如滑州等地，因河决而须修筑河堤，这些工程很多都是由宦官主持，或由宦官监督的。如刘太后修建景德寺，即"遣内侍罗崇勋主之"；天圣五年（1027）七月，"以马军副都指挥使彭睿为修河都部署，内侍押班岑保正为钤辖，礼宾副使阎文应、供备库副使张君平并为都监"；姜遵得以成为枢密副使，乃因为迎合太后旨意，营建佛寺，当时主持这项工程的，正是内侍曾继荤。第二个是刺探百官微细及民间百态。据魏泰记载，刘太后喜欢了解宫外之事，每次宦官出入皇宫，总是让他们去打探查询，追根究底，所以百官生活的细节，她没有不知道的。韩琦为魏泰的记载做了脚注，他在杜起的墓志铭里记载了这么一件事，说当年杜起通判宿州（治今安徽省宿州市），曾经与州长议事，因为意见相左而吵了起来，当时章献太后垂帘听政，有宦官路过宿州，打探到了这件事，于是就上奏太后，结果两人一同获罪，杜起被降职为海州（治今江苏连云港市海州区）监税官。此外，《长编》也记载说，西川的老百姓每年都结社，祭祀灌口的神灵，有个江湖骗子自称是水神李冰的儿子，在当地设置官属和吏卒，聚众一百多人。当时的益州（治今四川成都）知州程琳斩了为首之人，然后把参与结社的人刺配到内地。这些人途经各地，呼天抢地地喊冤。这件事就传到了刘太后的耳朵里了，我们都知道，太后就是益州本地人，故对此事十分关心，派内侍张怀德驰马按察此事。结果张怀德跑到西川，发现蜀中一切如常，于是回朝奏报，程琳才得以摆脱冤枉滥杀之罪。由此可见，无论是"百官微细"，抑或是民间俗事，刘太后都会派宦官打探明白。第三个是参与审问有罪的朝廷官员。如天圣四年（1026）茶法改革失败，内侍江德明就参与了审讯相关责任官员；至天圣七年（1029）初的真定府曹汭案，甚至后来审讯被牵连的枢密使曹利用，均有宦官在场。第四是领兵作战。最明显的乃是以内侍王怀信、周文质统兵西陲，防御少数民族入侵，可惜这两个人都不是将才，导致宋军败绩。第五是参与编修真宗朝国史。据《挥麈录》记载，当时的大宦官（巨珰）罗崇勋和江德明就曾经参与《三朝国史》的编修工作。

从上述五个方面，就可以知道刘太后把宦官用得恰到好处，使他们在各方面都有利于自己的施为。首先，建设营造等事，很多士大夫本来就反对，所以刘太后不能指望士大夫主动主持这些建设工程，因而只能派遣她比较信任的宦官主持。其次，以宦官刺探百官及民情，也是刘太后不得已之事，其实这也是专制制度本身形成的弊病。如张邦炜先生所言："由于宦官在通常情况下依附并服务于皇权，因而皇帝的看法与士大夫不同，他们把信用宦官作为振兴王纲的一个重要手段。"所以中国历代皇帝很多只信任身边最亲近的宦官。刘太后作为女主，又与真正的皇帝不同，太后的身份决定她不能超越皇帝，于外朝听政，而士大夫又一直对她行使最高权力多所限制，所以她不可能完全通过士大夫来了解下情；为了抵御士大夫们的反对，她必须利用另一种势力与之抗衡。这种势力本来应该是外戚，可外戚在宋朝很不好使，而且她自己的外戚也不多，并事事受到士大夫们的掣肘。宦官就不一样了，他们人数众多，拿着宫里头的旨意外出办事，本朝已有制度成例，名正言顺。而借办事之名，他们可以为刘太后打探到不少情报。第三，以宦官参与审理有罪官员的案件，其实可以使太后的旨意直接渗透给主审官员，从而使审理结果符合太后心意。就比如曹汭一案，虽说曹利用得罪宦官在先，因而遭到报复，但如果不是刘太后点头，单以宦官的权势，根本不能拉下堂堂一位枢相，故史料上说，主审官员王博文乃"希太后旨"而已，而不是迎合内侍之旨。第四，以宦官率兵镇边，乃因循前朝做法。第五，以宦官参与修史，其实也是刘太后控制史书编修。李焘在记载天禧三年（1019）因发乾祐天书而大赦天下之事时，用注释交代了这么一句，说真宗朝实录与国史都没有记载乾祐天书之事，他认为是因为周怀政、朱能等事败，所以史官将此事讳饰不提。真宗实录与国史乃修于天圣年间，故对乾祐天书一事讳饰者，应就是刘太后本人，因为此事不仅关乎真宗声誉，而且也牵连到她本人，所以她不愿再提。其实刘太后自太宗朝开始就是真宗的女伴，真宗朝发生的历史事件，有相当部分与她有关，特别是其身世之事，一直备受质疑，因此她也必须利用宦官，篡改国史与实录，以使自己的身世履历更加得体。

　　史料上关于刘太后时期的宦官，负面评论甚多，如司马光就认为当时宦官能够"荣枯大臣如反掌耳"，也就是随随便便就能掌握某个大臣的命运；《宋史·刘太后本传》更是认为由于她的重用，宦官"以此势倾天下"。这些史料所说的评论都是事实，宦官由于受刘太后利用，有一定权势，故常有不法横行之事，前文提及的雷允恭恃宠擅移皇堂之事，就是当中的典例。再如蔡齐、司马池、王冲等大臣，只因得罪宦官而遭外贬，甚至获罪。蔡齐是因为拒绝宦官罗崇勋向他索要《景德寺记》，他不是不愿意写，而是瞧不起罗崇勋宦官的身份。后来刘太后让宰相去要，他就写了。司马池是司马光的父亲，他当时任职群牧司，这是枢密院下面负责养马的机构。他为人正直，在群牧司里发现了宦官皇甫继明的不法之事，于是上奏，因而得罪宦官，遭到贬谪。王冲是三人中最惨的一个，他是陈留（今河南开封西南的陈留镇）知县，因为阻止宦官罗崇勋非法获得官田，于是被罗崇勋诬陷获罪，被远贬到雷州（治今广东海康）。相反，一些官员却因交结宦官而获得晋升，如姜遵，修建佛寺虽然是迎合太后的旨意，但同时也是尽力协助当时主持该项工程的曾继莘；范讽能拜右司谏，乃因内侍张怀德的推荐。虽然宦官有如此种种不法行为，其势力也大到足以进退一般朝廷大臣，但刘太后还不断提高宦官地位，天圣四年（1026）二月，置上御药供奉四人，"其品秩比内殿崇班，专用内侍。其后多至九人"，至明道元年（1032），"诏上御药院自今比内殿承制，上御药供奉比崇班，仍居本品之上"。刘太后的宠宦罗崇勋、张怀德等，都是供职于上御药院的。明道元年

（1032）宫中大火后，更是"自上御药而下至内品，凡迁擢十五人"。无怪乎张邦炜先生认为"北宋宦官用事始于宋真宗刘皇后垂帘听政时"，这确实是有一定道理的。

然而，值得注意的是，天圣、明道间宦官势力虽然大，而且已在很大程度上涉足朝廷政事，但并未酿成祸患，且无碍赵宋皇朝的政治发展。诸如谗害大臣等行为，是有一定影响，但比起太宗时王继恩参与两朝帝位传承的策划、真宗朝周怀政阴谋作乱，刘太后时的宦官连小打小闹都算不上了。另一方面，虽然刘太后可以提高亲信宦官的地位，对他们的所作所为也多有包庇，但没有一名宦官能如王继恩那样官至宣政使，或者像刘承规那样得真宗欢心，甚至为之求节度使；与北宋末年的童贯位至二府相比，更是遥不可及。再者，纵观刘太后时得宠的宦官如罗崇勋、江德明、张怀德、皇甫继明者，竟然没有一人能够进入《宋史·宦者传》。由此可见，当时宦官虽然专横不法，但也确实受到限制。

刘太后时宦官所受限制主要来自两个方面，其一，是朝廷大臣的抵制。虽然宦官外出办事，比外戚更加名正言顺，但一些大臣仍然鄙视宦官，对他们趾高气扬的气焰，有些大臣不卑不亢，对他们的不法之事，大臣们甚至严厉抵制。真宗刚去世时，丁谓与雷允恭勾结，想独掌朝政，当时王曾已经提出"两宫异处而柄归宦者，祸端兆矣"。丁谓罢相后，冯拯成为首相，对宦官也甚为鄙视，有记载说宦官到中书传圣旨，冯拯都懒得请他们坐下。曹利用之所以得罪宦官，也是因他屡屡折辱宦官。两府大臣如此，一般大臣中也有鄙视宦官者，如翰林学士章得象，每次太后派宦官到翰林院，他必定摆出一副严肃的神态来对待他们，有时候甚至一句话都不说；御史中丞李及，每次遇到太后重用的宦官到御史台，他都不会热情招待。至于抵制宦官不法之事，历史上的记载就很多了，前述司马池与王冲被外贬甚至被定罪，都是具体的例子。

然而，大臣士大夫仅仅能从外部对宦官进行抑制，换言之，他们是宦官势力不能迅速发展，权力不能迅速扩大的外因，真正从内部节制宦官者，应该是刘太后本人。纵观宋代历史，无论哪一种势力得以进拜任用，均是得君之专，也就是得到皇帝的完全信任与支持，这是君主专制的天然规则。北宋后期徽宗重用的童贯、梁师成、李彦三名宦官，与大臣蔡京、王黼、朱勔三人合称"六贼"，他们也曾遭到朝廷大臣甚至太学生的反对，但徽宗我行我素，众人亦无奈之何。刘太后对于宦官势力，实在说不上倚用，而只能说是利用，她本人也实在不愿宦官权力过大，进而危及自身。曹利用案中，曹利用曾折辱罗崇勋，因而与之结怨，但事实是罗崇勋犯错在先，刘太后吩咐曹利用对他批评教育。欧阳修对罗崇勋所犯过错有明确记载："罗崇勋当时是供奉官，监督皇宫后院的劳作，一年期满，按规定要进行考核，给他一年的辛劳发奖金。结果他要求的恩赏超过了太后的底线，并且唐突不已。太后很生气，于是在帘前吩咐曹利用，让他去批评罗崇勋。"由此可见，罗崇勋已经触犯了太后底线，激怒太后，才有被戒斥之事。再者，刘太后并不专信一名宦官，而是让他们互相掣肘，互相监督，不使一人独大，以致独揽大权。如内侍周文质、王怀信兵败西陲，另一内侍张怀德随即告发二人在大板寨拥兵自重，消极抗敌，使他们因此受罚。天圣六年（1028），内侍蔡齐卿被派往存问江、淮、两浙水灾州军，回朝后刘太后就问及当时在扬州的杜衍，蔡齐卿说杜衍干得很好，刘太后说："我其实早就知道了。"刘太后之所以"知之久矣"，显然除蔡齐卿外，又另派使者到当地巡察。天圣七年（1029）五月，刘太后又先后遣内侍杨怀敏与綦仲宣前往澶州（治今河南濮阳）勘探视察决河之事。

由此可见，刘太后所利用的是整个宦官集团的势力，以补充其外戚不足的先天缺陷，并以此监察并制衡士大夫。他们当中没有一人的权力可以大到左右朝政，也没有任何一人得到刘太后的完全信任。对于宦官的不法行为，刘太后虽然也有包庇纵容，但其目的是要保护整个宦官势力，乃至整个朝廷权力格局的平衡不被破坏，当其中有少数宦官企图突破这一界限而获取更大的权力，以致威胁到太后本身的统治时，她也会毫不犹豫地予以打压，这与她力求保护外戚中每一个人，有明显区别。还有一点值得注意的是，刘太后不但对单个外戚有保护之意，即使对于整个外戚集团，她也从来没有加以防范。但对于宦官集团的整体，她虽然加以利用，但也有防范之意。天圣元年（1023）时，宦官借营造之机，虚报费用以牟利，而且虚数之巨大，已经突破了刘太后所能容忍的界限，于是她下旨约束，从今以后营造屋宇所需要使用的物料，必须先申报到三司审核，通过之后，再直接下发府库里的物资。这道诏令所针对的是整个宦官集团，而非个别人。此时只是刘太后主政之初，而在此之后，她依然继续让宦官主持各种营建工程，由此可见，对宦官集团她是既利用又制约的。天圣七年（1029）玉清昭应宫大火，其后，朝廷"诏入内内侍省自今抽差亲从、亲事官，须凭皇城司文字抽差,不得令使臣直行勾取",也就是宦官不能随意抽调皇城司军兵。之所以有这道诏令,是因为内侍邓德用擅自抽调皇城司官兵救火。按道理说,事急从权,邓德用此举不但无过,反应有功。但显然,身为统治者的刘太后不是这样认为的,不相关的内侍能随便抽调官兵,今天说是救火,如果明天某个宦官以救火之名,调兵围攻皇帝跟太后寝宫,那怎么办?这极不利于皇宫治安,也有可能会危及仁宗及自己的安全,所以太后必须加以限制。

综上所述,刘太后时期对宦官的任用的确有所增强,并且造成一些不良影响,但并非毫无节制,若就此论定该时期宦官当道,阉人用事,从而否定刘太后时期的政绩,实在是不合适的。李焘认为刘太后时期"左右近习少所假借",其实也承认刘太后对宦官的利用有一个度的限制。此外,刘太后并不愿仁宗过分接近宦官,更不愿他为宦官所惑。她的女婿,驸马李遵勖曾问她何时还政,刘太后回答说:"不是我贪恋权力,只不过皇帝年少,内侍太多,恐怕不能制约他们啊。"这当然是太后拒绝还政的借口,但在制约内侍以防止他们诱惑仁宗这点上,她确实尽了保护并教育仁宗的责任。相反,某些大臣士大夫为了获得更大权力,不惜与宦官勾结,如刘太后前期之丁谓与雷允恭,就是例证;而在其统治后期,宰相吕夷简也曾经与宦官阎文应勾结,后来他们更合力促成亲政后的仁宗废黜郭皇后。可见对宦官的任用并不止于女主,这其实只是专制政治演化出来的怪胎而已,实际上,这种现象在男性独裁者统治下出现更多,且影响更大。

唐代女主主政时期,有大批女性参与政治,且造成很大影响,深通历史的刘太后对此当然也有所了解。在刘太后主政时期，女性参与政治并不如唐代武、韦时期那么广泛，但也可以在史料中看到一些痕迹。在此期间，除太后外，其他上层女性参与政治可以分为以下三种类型。

第一，宫廷女性参与政治。刘太后大部分时间都在内朝的承明殿与仁宗共同听政，也就是说她大部分时间僻处内宫，很少有机会与外人接触，且士大夫也极力抑制她踏足外朝。在这种情况下，她接触最多的只有三种人，即皇帝、宦官与宫廷女性，而她要顺利实行自己的统治，也要借助这三种人的力量。上一章我已经谈过太后对仁宗的控制，前文也已论述了她对宦官集团的利用；而宫廷女性，当然也是她须充分利用的对象。史料中对于该时期宫廷女性参与政治有比较明确说法的只有仁宗乳母林氏，《长编》提到，这位林氏是祥符初年被刘美推荐入宫的，换言之，她也是太后家的亲信。到了天禧末年，当时太后虽然还是皇后，但已经在宫内掌管政事，而据说这位林氏也"预掌机密云"。按照今天的话来说，这就是闺蜜干政。天圣六年（1028），林氏被晋封为蒋国夫人，直至刘太后去世后，有记载说李遵勖曾秘密上奏，指出林氏此前经常干预国事，朝廷内外对此极为不满，应该把她请出皇宫，另外找个院子安置她，并限制她入宫觐见，从而平息舆论。由此可见，终刘太后之世，林氏预政未曾间断。

除林氏外，后宫应还有另一女性参与政治，那就是太妃杨氏。贾志扬先生认为："虽然我们没有任何有关摄政期间她（杨太妃）的行为的记载，但是，刘氏在其遗诰中提出由杨氏继续摄政。……这一遗诰也说明了两个女人之间不同寻常的亲密关系和信任程度。"贾先生所言甚是，杨氏与刘太后关系亲密，她能成为太妃，乃因真宗遗命，而真宗遗命，乃出自刘太后之口。然而，贾先生虽然肯定了刘太后对杨氏的信任，但也不敢轻易认为杨氏在刘太后主政时期有参与政治，因为找不到史料能直接证明这一点。但以情理推测，杨氏当时应该有参与政治，因为林氏只是一个乳母而已，虽然有了封号，但归根到底还是在皇宫里做服务的，她也能"预掌机密"，而杨氏作为太妃，与刘太后关系亲密，又是未成年的仁宗的监护人之一，与她合作，实际上有利于刘太后监控仁宗，太后似乎没有理由把她拒于政治门外。再者，如果杨氏没有政治经验，刘太后何以会把垂帘听政的责任延续到她身上呢？其实，杨氏参与政治并非无迹可寻。前文提及，天圣六年（1028），京师富民陈子城打死了一个磨工，朝廷要追捕他，但太后却包庇他。参知政事鲁宗道在帘前据理力争，提到陈家把关节打到宫里去了。陈家如何打通宫里的关系，史料在这件事上没有进一步说，太后自己也不承认。但据《长编》记载，后来仁宗废郭皇后，想再立一位皇后时，陈子城再次粉墨登场。据说当时仁宗很迷恋一个陈姓女子，想把她立为皇后，这个女子是因为杨太后（刘太后驾崩后，杨氏被册封太后）才得以进宫的，而陈姓女子的父亲，正是这位陈子城。由此可见，陈子城应该就是跟当时尚为皇太妃的杨氏有交结，鲁宗道所言"关节至禁中"，应该就是杨太妃。虽然杨氏只是开脱罪人，但也足见其权力实际已延伸到当时主审此案的地方官府。鲁宗道身为参知政事，当然不会因此事而受到责罚，但根据《长编》记载，侍御史李应言就因议论此事而被派出知河阳。

第二，朝廷大臣的妻子。严格来说，这些官员的妻子只是被动地为刘太后所用。按照惯例，官员的妻子若被封为命妇，一般会不定时入宫参见皇后或太后。对她们而言，这种入参只是上层女性的社交活动，当然也是为丈夫牟取政治利益的机会。如宰相冯拯之女曾入宫为丈夫求知开封县，只不过刘太后非但没有应允，反而贬黜其夫。另一方面，在刘太后看来，这种命妇的参谒，正是她了解外朝士大夫的机会。如她在与张知白夫人交往时，得知其夫生性节俭。通过女眷垂询大臣家事，表面上看只是太后与命妇闲话家常，但实际上刘太后可从命妇的言谈中，了解大臣们的为人、作风以及日常交往，这样其实有利于她不出宫门，而又能掌控全局。此外，有些话刘太后不方便直接对大臣们说，也会通过这些命妇之口传达给他们的丈夫。有记载说，吕夷简、鲁宗道刚当上参知政事的时候，他们两人的妻子入宫谢恩，刘太后对她们说："你们回去告诉你们各自的丈夫，王旦在政府多年，始终如一，先帝因此非常器重他，让他们把王旦当作是自己政治上的老师。"

第三，刘美家的侍婢。这类女性比较特殊，她们严格说并不属于上层女性，但是由于身份特殊，她们能经常接触太后，史料记载她们的确参与了政治。前文提及的枢密副使赵稹，就是因刘美家侍婢请托而得到提拔的。除此之外，也有记载说有一个叫娄文成的人，曾经通过刘美家的侍婢到宫中搞关系。刘美家的侍婢为什么可以到宫中搞关系呢？原因是她们可跟随刘家命妇入内。虽然我没有看到有史料直接记载，但从其他材料看，侍婢的确可以跟随命妇进入内宫。例如张知白夫人入见时，就带着家婢，太后也因此见到张家侍婢年老色衰，责怪张知白太过节约，有失宰相的身份，并吩咐张夫人给他买两个年轻貌美的。我认为，刘家侍婢及其主人，对天圣明道间的政治应该有一定作用，至少她们是刘太后与宫外外戚联系的纽带。宋朝对宫禁管理甚严，即使是男性外戚，除一般朝请外，基本很难入宫见到太后。然而，外命妇却可以入宫参谒太后，当时刘美早已去世，其妻钱氏也在天圣元年（1023）五月逝世，故刘家可入宫参谒太后的命妇，只有刘美之女以及刘从德之妻。她们与刘太后内外连通，互通有无。如王蒙正及其家人行不法之事，刘太后竟能迅速得到消息，以行包庇，估计还是因为刘家这两位外命妇及时通报；而她们身边的侍婢，因贴身随行，也能见到刘太后，所以也能帮其他人打通宫中的关系，刘从德能影响二府大臣的任命，也应该是以她们为桥梁的。

其实，在天圣、明道间上层妇女参与政治规模很小，产生的影响也很有限。刘太后之所以要任用或利用这些妇女，一则是为了让她们在宫内辅助自己，以作为女主权力的补充；二则是为了从多角度审视考察朝中大臣，并且得到相关情报。再者，所有主动或被动参与政治的上层妇女，其场所一般只限于宫内，并没有走出外朝，更不能与朝廷大臣分庭抗礼。反过来说，也正因为大臣们极力限制刘太后走出外朝，她才致力于建立自己在宫内的政治班子，并广泛利用宫外的妇女获得消息。

综上所述，刘太后对特殊政治势力的利用，其实也是她权力的延展，其中的一个目的就是利用他们与士大夫抗衡，以达到一种平衡。但必须指出的是，刘太后对这三种特殊政治势力的利用是有限度的，外戚与上层妇女自不必多言，即使是她利用较多的宦官集团，虽然多凭借本身的身份与权力对各级官员颐指气使，甚至专横跋扈，为害一方，但刘太后始终把他们控制在一定范围，让他们难以像汉唐时期的宦官那样，危及皇权。而对于一些想突破这一范围的宦官，刘太后并不像对待外戚那样加以保护，而是予以斥责，甚至严厉打击。由此可见，这些特殊势力并非太后真正倚信的对象，他们只是为其所利用，借以平衡朝中权力格局，并作为自己权力的补充。太后能赖之以处理朝政的，仍然是士大夫集团。宋代第一位、也是权力最大的一位太后如此，后来的垂帘太后也纷纷效法，她们在权力定位中往往利用这些特殊政治势力，但又与他们保持相当距离，并以此换取士大夫们对她们的信任，从而更好地找到适合自己的政治位置。

第五章

◎

幼君渐长拒还政

从乾兴元年（1022）到明道二年（1033），刘太后一共统治了大宋十一年。如果说，仁宗即位之初只是一个十三岁的懵懂少年，根本不懂得如何有效有序地行使皇权，那至明道二年（1033）时，他已经二十四岁，妥妥的是一个成年人了。按道理说，在仁宗成年之时，太后就已经失去垂帘听政的理由，但她依然稳控大宋皇权，拒绝还政，一直到她驾崩。这当中的原因，固然与她能够熟练运用"异论相搅"的理论来控制大宋官场有关，但也跟她晚年的心态有很大关系。另一方面，大宋朝廷的士大夫也不是干吃饭的，纵然宰执被刘太后制约把控，但一些年轻官员却是初生之犊不畏虎，总是想方设法限制太后的权力，这是大臣与太后之间的博弈，而这种博弈的最高点，当然就是还政的问题了。

一、还政的博弈

　　仁宗成年后，刘太后继续以母亲身份垂帘听政，虽然受到了一定的限制，但仍然得到一部分士大夫的支持，因为他们想借此获得太后的提拔，从而爬上权力的高位。真宗在世时丁谓就是此中的典型，而丁谓失败被贬后，宰执大臣中也不乏以谄媚进位者，这在上一章讲过，这里就不再啰嗦了。除了宰执大臣外，官僚集团中也有一些人为求进取而谄媚太后的，如有个叫刘绰的转运使，从京西路返回开封，上言他所在的路分有余粮千余斛，请求交付三司。当然，这个举动遭到太后的批评，并且让刘绰学习王曾、张知白、吕夷简和鲁宗道。再如另一个小臣方仲弓曾经上书，请求按照唐朝武则天的故事，立刘氏七庙。立七庙是开国皇帝做的事，而方仲弓这封上奏，实际上就是劝太后自立为女皇。而据《宋史》记载，程琳此时也趁机献上《武后临朝图》，太后勃然大怒，把图扔在地上，说："我不会干这种有负大宋祖宗的事！"

　　对于程琳献图一事，我有自己的看法。程琳乃是举服勤辞学科入仕的，这不是常科，而是制科，属于特殊考试，专门录取有特定才能的人。在刘太后听政期间，他从太常博士，迁为右谏议大夫权御史中丞，其后出知益州，再迁给事中权知开封府。他献《武后临朝图》一事，应该发生在天圣五年（1027）左右，具体考证过太复杂，我就不详细说了。此事对程琳带来了一定的负面影响，如《宋史·程琳传》本来对他的评价是很好的，认为他"为人敏厉深严，长于政事，辨议一出，不肯下人"，但在评论最后，又说他"章献太后时，尝上《武后临朝图》，人以此薄之"。明朝人何乔新更认为程琳是想借此成为宰执，因此认为程琳不忠。显然，无论宋代抑或是后世士大夫，都认为程琳献图是为求得提拔而谄媚刘太后。然而，考察程琳在刘太后时期的为人，并不像是以上图来谋求进取的人。天圣九年（1031），他从右谏议大夫进为给事中，权知开封府，在此职任上，他做了两件抑制外戚，得罪太后的事。第一件就是上文提到的王蒙正之子王齐雄杀人一事。第二件事，乃外戚吴氏离开其丈夫李咸熙，并带走了他的侄女，李咸熙到开封府告妻子，程琳命吴氏归还李氏女，吴氏说："已经送到宫里面去了。"程琳立即请命于仁宗，并且说："臣如果不说的话，恐怕诤臣会议论陛下啊。"这里所谓外戚吴氏，未必就是太后的外戚，但仁宗也曾说过，太后临朝的时候，大臣外戚中有很多人把家中的女儿献入宫中。由此可见，李氏女应该也是被刘太后选中纳入宫中的，程琳请求仁宗归还此女，也是逆太后之意。

通过对上述史实的叙述分析，很容易得出一个矛盾的结论：既然程琳上《武后临朝图》来取媚刘太后，何以又做出一些逆太后意的事情呢？再细想一下，程琳上《武后临朝图》乃天圣五年（1027）左右的事，当时刘太后的势力尚未十分稳固，宰执尚未完全依附她，故程琳想用这幅图来谋求进取，进入二府，恐怕会遭遇一些阻力。但延至天圣九年（1031），刘太后的权力正如日中天，此时她想升黜大臣，只需要一道诏书就能处理，例如胡则，虽然被台谏三番四次弹劾，但刘太后仍然保他位居三司。程琳如果确实是一个谄媚小人，此时实在不应该忤逆太后之旨。据此，我不得不对程琳上《武后临朝图》一事重新审视。据我所能够涉猎的关于此事的史料看，大部分记载程琳所上的是《武后临朝图》，且献图后他没有任何表态。根据这些记载，我们可以认为程琳献图，乃是暗示刘太后效仿武则天，代赵氏而自立；但另一方面，我们一样可以把程琳献图，理解为一种试探，看刘太后是否有代立之意，然后再图举措。如果是这样的话，程琳这种引蛇出洞的试探办法，虽然并非正直士大夫光明磊落之举，但也不是如历代所传闻的那样，有劝篡之心，况且如鲁宗道之耿直，也曾经用引蛇出洞的办法来对付张知白，可见这只是当时朝中大臣惯用的政治手段而已。我本人更倾向于认为程琳的举动是一种试探，刘太后逝世后，程琳在仁宗朝可谓步步高升，他先是权御史中丞，后来任三司使、参知政事等，在其晚年，更出守大藩，成为使相。大多数记载都认为这是因为仁宗宽宏大量，不计较程琳曾经的不轨之心，但仁宗真的不计较吗？建议立刘氏七庙的方仲弓在太后驾崩后，就被仁宗远贬，从此在历史的记载中消失了。如果程琳真的有不臣之心，是绝不可能在后来位居宰执的。

程琳的事是题外话了，纵然程琳没有不臣之心，但谄媚太后的依然大有人在。然而，与这些谄媚的大臣相比较，一些士大夫仍然以维护赵宋法统为己任，极力抑制太后的权力，大臣如王曾、鲁宗道等，其他官员如司马池、王冲等，之前已经提过，就不再啰嗦了。除此之外，一些大臣在刘太后垂帘之初，便不承认她的权威，一心面向仁宗。如李若谷在天圣二年（1024）时被任命为契丹妻生辰使，按照惯例，使者出发之前都要接受皇帝和太后接见，面授机宜，但李若谷竟然没有等到太后垂帘时请对，而是直接跑到长春殿找仁宗奏事。这让太后非常不满，于是临时换人。即便是刘太后亲手提拔的官员，也有抑制刘太后，反其旨而行的，范讽就是当中典范。上一章讲过，范讽是通过巴结刘太后宠信的宦官张怀德，因而得到太后提拔为右司谏的，后来他又晋升为天章阁待制。但在钱惟演拜相的问题上，他却站在士大夫的立场上，上奏太后道："钱惟演曾经当过枢密使，就是因为是太后的姻亲才被罢免的，这是要向天下展示太后为政不偏私情，如今万万不可以再起用他了。"

随着仁宗逐渐成长，特别是刘太后统治后期，与宰执集团集体语默相比，朝廷内外官员反对太后的声音越来越多，如天圣七年（1029）三月刘太后令群臣转对，群牧判官庞籍上言，批评了好几件事，每一件都是直指刘太后的：枢密院借马于杨怀敏一事，杨怀敏乃刘太后宠信的宦官，自不必多言，而当时的枢密使，只有太后亲信的张耆一人；"传宣内降，寖多于旧"，更是指刘太后的内降恩太多，破坏了朝廷法度；作坊料物库主吏偷了东西逃跑，也因为他是宫掖之亲而免遭追究；祥符县令检吏太严格，导致胥吏逃跑一事，实际上是那些胥吏想联合做掉县令陈诂，此事后来得枢密副使陈尧佐化解，但其事发之始，"太后果怒"，差点要罢陈诂的官。庞籍议论此事，也是认为太后处置不当。

越到晚年，面对越来越多的官员挑战自己的执政权威，对此，刘太后有什么应对之策呢？其统治后期，她在力图稳定宰执集团结构的基础上，对于官员的任免，多凭自己的喜好，只要她有所决定，身边无论是谁都不能左右，前述三司使胡则就是这种典型的例子。当然，刘太后任用的官员并非只有胡则这样的被认为是德行有亏的大臣，一些正直大臣也能得到她的重用，天圣八年（1030）任命唐肃为龙图阁待制就可以证明这一点。唐肃清廉正直，且生活俭朴，对于升官与否他看得很淡。他任三司度支副使的时候，刚好官府在京师筹办放入仓库的小麦，数量已经够了，有一个富豪拿着几十万石小麦想交给官府，从而换取某些利益。富豪通过太后身边的幸臣买通了宫中的关系，太后甚至亲自跟唐肃吩咐这件事，但唐肃回复道："小麦存在仓库里不能超过两年，放久了就会烂，不能吃了。况且这样做是扰乱法纪的行为。"可见，唐肃又是一位能当面忤逆太后之意的人，但太后对他也照样任用。然则，刘太后如何能够在任用贤臣的同时，保持其权威不败呢？其实，早在天圣六年（1028）朝廷命大臣荐才的一道诏令上，就能体现刘太后任用官员的原则，这道诏令明确规定："未历亲民及两府亲戚、走马承受、阁门祗候者，毋得举。"未历亲民，就是没有担任过地方官，其他包括两府官员（也就是宰执）的亲戚、走马承受以及阁门祗候都不能受到举荐。这道诏令，容易令人联想到《默记》中一段关于刘太后的著名史料：

　　章献太后聪明过人。她垂帘听政时，有一天哭着对大臣说："国家现在多灾多难啊，如果不是宰执同心协力，我哪能维持到现在呢。现在先帝的葬礼已经结束了，皇亲外戚都已经推恩升官，就只有宰执大臣的亲属没有享受皇恩了。你们可以把子孙内外亲族的姓名全部呈交上来，我应当在法例之外，一一尽数推恩。"宰执大臣不知道这是太后挖的坑，于是把三族以内亲戚的姓名都上奏了。这下好了，太后得到名单之后，画成一个关系图，贴在寝宫的墙壁上。每次提拔人才的时候，必定先看看这幅图，姓名不在两府宰执的亲戚中，才能提拔。

这样一来，普通官僚集团与宰执集团就不能轻易结成一致，换言之，这两大集团间也无太多一致的利益关系。只要刘太后能成功控制宰执集团，让他们在某些事情上集体失语，无论其他官员反对之声如何强大，都不会真正触及她权力的根本。再者，无论太后还是仁宗的旨意，只要经过中书门下发出，便为合法，太后能成功控制宰执集团，就能随时根据自己的旨意升降官员，以镇压他们的反对声音。

总体来说，宋朝的士大夫政治已经形成，刘太后要维护自己的统治，就必须维持有足够数量的士大夫集团，以为她所用。在当时成百上千的朝廷官员中，献媚以谋求晋升的固然属于少数，但不畏权威，敢直言抗疏的，被记录在史册上的也就那么十几个人而已。也就是说，士大夫中的大部分人，其实走的是中间路线，他们既不赞成，也不公开反对刘太后垂帘听政，而只是在自己的仕途上默默耕耘。刘太后所赖以构成统治的，正是这些士大夫中的多数群体。而对于一些虽然逆她的旨意而行，却又没有真正挑战其统治权力根本的官员，她也往往拉拢任用，以在其他士大夫中树立榜样，这样也能为她招来善于用人的美好名声，宰执中王曾、鲁宗道、吕夷简、张知白、薛奎、王曙等，以及台谏中刘随、孔道辅、鞠詠等都是如此。然而，随着仁宗逐渐成长，刘太后主政的合法性越来越弱，对她进行挑战，要求她还政的声音越来越多，也越来越强，面对这些敢于挑战其合法性的士大夫，刘太后对手中的权力从未放松。

其实，刘太后早在仁宗即位之初，就曾经说过"等皇帝长大了，我就还政"的话；而在一份手诏中，她也流露出要含饴弄孙，享受天伦之乐的想法。但从其日后的行为看，这应该是敷衍，而不是出于真心。直到逝世以前，她一直掌控着朝中大权，仁宗在政治上一般只能听其摆布。下文会讲到吕夷简劝刘太后厚葬李宸妃之事，在史料的描述中，刘太后"引帝偕起。有顷，独出"，也就是刘太后听到吕夷简的提议后，直接把仁宗带回宫里，过了一会儿才自己走出来。仁宗此时已经二十三岁，竟然还像小孩子一样被刘太后导之出入，他对太后的恭顺可见一斑。而刘太后得以垂帘听政，其合法性之根本乃源于她与仁宗的母子关系。按照中国古代的传统，男子二十岁成年，但这指的是一般男子，换了是皇子，甚至是皇帝，十五岁就可以算成年了，可以亲政。也就是说，刘太后本该在天圣二年（1024）之时还政于仁宗。但事实证明，作为仁宗成年的礼物，她只是在他身边安排了一位皇后，而从来没有提及过还政。或许她认为，十五岁的仁宗尚处于懵懂少年之期，还不能独立处理政事——事实上也是如此。

到了天圣六年（1028），仁宗已经十九岁，按照传统观念，他无论在生理或心理上都算成年了。也就在这一年，一些士大夫终于忍不住，左司谏刘随喊出了要求刘太后还政的第一声。《长编》记载："皇帝既然已经熟悉天下之事了，但太后还没有把亲政的权力还给他，刘随于是请求军国常务专禀皇帝，听候他的旨意。"什么叫"专禀"？那就是只对皇帝禀报，而不需要告知太后了。刘随其实并没有要求太后交出所有的权力，他只要求军国常务专禀皇帝，但军国大事应该还是皇帝和太后共同决议的。但无论如何，这是刘太后垂帘听政以来第一次有人挑战她的权威，并要求她交出部分权力。她本人当然很不高兴，刘随也知道这件事不是他一个人可以促成的，他呈交这份奏疏，只是想表明士大夫的态度，并且想开天下之先，期待其他大臣轮番上书请求还政。他自以为奏章上呈之后，必定不容于太后，于是立即请求到地方去当官，而刘太后也顺水推舟，命他出守济州。

但是，刘随的一石之音，并没有立即激起士大夫的千层之浪，他出朝之后一年多的时间里，并未再有士大夫提出让刘太后还政的要求。一直到天圣七年（1029）末，才再有士大夫要求太后还政，这次上书的是素以天下为己任，有"先天下之忧而忧，后天下之乐而乐"之志的范仲淹。前文提到过，当年冬至，仁宗如每年正旦那样，先率众大臣在会庆殿向太后祝贺，然后再到天安殿受朝。秘阁校理范仲淹上奏批评此举，可这份奏章呈交上去之后，就像石沉大海一样，没有得到任何回应。其后，他又再上书，请求皇太后把政权归还给皇帝。这份奏章同样得不到任何回应。于是范仲淹像刘随一样，要求到地方当官。没多久，他就被任命为河中府（治今山西永济西之蒲州镇）同判。

值得注意的是，对于范仲淹两封冒犯太后的奏疏，后宫的反应都是不予理睬。而且，无论刘太后对刘随或范仲淹如何不满，他们离开京城到地方任职，都不是她主动贬谪，而是他们自求出朝。换言之，太后在天圣七年（1029）以前，并未对要求她还政的士大夫大加打击。此后将近两年的时间里，朝廷重新回归平静，士大夫也没有了要求还政的言论。直到天圣九年（1031），翰林学士宋绶才重新发出这一呼声。当年十月，宋绶上言说：

唐朝先天年间，睿宗皇帝是太上皇，五天出席一次朝会，处理军国重务，任命三品以上的官员，判决重刑；唐明皇每天上朝，任免三品以下的官员，判决徒刑。现在应该按照先天年间的制度，让群臣到前殿奏对，不是军国大事及除拜大臣，都在前殿领取圣旨。

之前讲过，前殿一般来说指的就是外殿，而此时刘太后垂帘听政的承明殿则是属于内殿。让群臣在前殿奏对，并且领取圣旨，这实际上就是请求刘太后像唐睿宗当太上皇那样，五日一听朝，并只处理军国重务，而把其他次要的政务归还仁宗亲自处理。严格来说，宋绶并非要求刘太后一次放弃全部权力，而只是一种循序渐进的办法，这一点跟刘随相似，但他引用了唐朝的先例，这又比刘随更有理有据了；而与范仲淹直接要求太后还政相比，宋绶的语气和态度都谨慎得多。但这份奏章一交上去，即"忤太后意"，刘太后立即把宋绶降为龙图阁学士（杂学士排班低于翰林学士），出知应天府（治今河南商丘睢阳区）。显然，这次与以往不同，宋绶并非自求外出，而是太后因愤怒将他赶出朝廷。当时已回朝任御史知杂的刘随，与殿中侍御史郭劝都说宋绶的文章写得好，应该留在朝廷上，不应该让他到地方去当官，但太后不接受劝谏，这足见她对此事的固执。

　　在此之后，士大夫们要求刘太后还政的呼声越来越频密，天圣十年（1032，当年十一月方改元明道）五月，进士林献可"抗言请皇太后还政"；八月，滕宗谅与刘越因应皇宫大火一事，认为"我大宋是以火德成为天下之主的，现在连火都失去了它的本性，烧毁皇宫，这是由于政权失去了它的根本啊"，随后他们也要求太后还政；其他大臣如孙祖德、刘涣、石延年等也纷纷奏请太后还政。其实大臣在此时上书请求太后还政，也是可以理解的。唐代武则天易姓称帝，也是在长久垂帘听政之后，且她称帝之时，年龄是六十六岁。天圣十年（1032）时，刘太后已经六十四岁了，虽然她没有像武则天那样，大肆诛杀皇族宗室，在她垂帘听政的过程中也没有重大的政权改革，然而她在仁宗成年后，久久不归还政权，士大夫们实在猜不透她内心的真实想法。此外，天圣九年（1031）她因侄子刘从德之死而大封其宗族门人，并为此一连罢免四名御史，第二年，林献可因奏请还政而被远贬岭南，这些举动，已使得"人心惶惑，中外莫测"。站在我们今天的角度，当然知道刘太后并没有篡位之心以及篡位的能力，但我们是用上帝的视角来对历史进行复盘，身处其中的宋朝士大夫却未必能够如此清醒地看到这一点。太后最近的种种行为，确实不得不引起士大夫们的担忧，让他们将太后与武则天放在一起进行比较。既然无法探知太后的真实想法，又要维护仁宗以及赵宋皇室的正常法统，士大夫们唯有轮番上奏，要求太后还政。

　　然则刘太后的真实想法是什么呢？根据《宋史·李遵勖传》记载，天圣年间，章献太后曾经把身边的人都支开，然后问李遵勖说："外面的人说什么了吗？"李遵勖最开始不回答，太后坚持问了几遍，李遵勖才回答说："臣没有听到其他，就是人们都说，天子都已经行过冠礼了（也就是成年了），太后应该在这时把政权归还给他。"太后说："不是我贪恋权力，只不过皇帝年少，内侍太多，恐怕不能制约他们啊。"刘太后此言未必不是出于真心，当时宦官若非受太后禁遏，早已蛊惑仁宗；而后来的事实也证明，仁宗亲政后一段时期，的确沉迷酒色，自我放纵，甚至年纪轻轻就病得昏迷不醒（不豫）。但我认为，刘太后虽然没有废赵宋而代立的野心，但她不肯还政，更主要还是因为她对权力的偏执以及她对失去权力后的恐惧，这一点在她晚年表现尤为明显。宋绶只是提议把部分权力归还给仁宗，便立即遭到贬责；其后，虽然史书上没有记载腾宗谅、刘越、石延年等因请求还政之事而被责；但林献可却因此被"窜于岭南"；刘涣差点被"黥面配白州"。黥面，也就是在脸上刺字，读过《水浒传》的朋友都知道，这种屈辱是一辈子都洗不掉的。另外还有一个孙祖德，也是趁刘太后病重，才敢奏请还政，但没多久太后的病好转了，"祖德大恐"。孙祖德之所以"大恐"，正是因为有样板在前，他生怕刘太后会因此重重责罚他，由此亦可知，在天圣九年（1031）之后，刘太后责罚要求还政的官员，并不是个案特例。

二、女主的心态

历史事实已经证明，刘太后并没有效法武则天称帝，所以现代学者认为刘太后并非武则天第二。前人的观点，大多逐点批驳历来认为刘太后有武氏之心的依据，或从制度、大臣防范、外戚势力薄弱等角度出发，论述刘太后不敢效法武氏自立的原因。这些观点都很有道理。然而我认为，刘氏本人的心态，对解释她何以不效仿武则天的原因至关重要。

刘太后之所以在掌控朝廷大权的同时，能一心保护仁宗以及保存赵氏家族，跟她与真宗的感情不无关系，她参与政治的能力，以及行使皇权的野心，都是来自真宗的。刘氏与武则天的出身在当时来说都相对较低，但两者却大不一样。武氏家族只是未能跻身甲族，但毕竟是官宦之家。武则天很小的时候父亲就去世了，她跟她的母亲寄居在舅舅家里，饱受欺凌。她十四岁入宫，与母亲道别时曾有"见天子庸知非福"之语，可见她入宫是想改变命运的，而从她的话语中，也可以窥见她的野心。但刘氏的出身是真的低下，她本来是贫家孤女，若非年轻的真宗认为"蜀妇人多才慧"，把她招入王府，她很可能以开封街头一卖艺妇人而终老一生，根本不能涉足政治。所以她在进入王府以前，不可能有任何政治野心——她当时的眼界是远远不及武则天的；即便她被真宗招入王府，但当时真宗尚未成为太子，他上面还有两位兄长，而刘氏本人是贱妾身份，后来又被太宗下令逐出王府，两人前途祸福尚未可知，何谈政治远见。不过，真宗坎坷的皇帝之路，让他们共同面对了太宗朝的各种风风雨雨，两人的感情也不断加深，这一点，她与武则天是很不一样的。真宗即位后，立即把刘氏接入皇宫，郭皇后死后，他更不顾朝中大臣反对，立她为后。刘氏被立为皇后时已经四十四岁，容貌不复当年，可见她与真宗之间是一种长期而真挚的爱情，而非流于庸俗的情色关系。

正是在爱情的基础上，真宗逐步培养出刘氏参与政治的能力与野心。

宋代从太祖开始，即向集权独裁政权发展，太祖、太宗已然创立的各种制度，迫使真宗本人必须实行独裁统治，但前文已经讲过，真宗的能力实在有限，他需要让渡出一部分皇权，以减轻他自身的压力。他选择了他深爱的女人——刘氏。于是，"帝每巡幸，必以从。……帝退朝，阅天下封奏，多至中夜，后皆预闻之"，这些描述都说明，他与刘氏二人当真是形影不离。真宗对刘氏有知遇之恩，刘氏的知识、才能以及政治能力、政治地位，无一不是来自真宗。她与真宗的相遇是偶然的，却从此改变了她的命运。刘太后与真宗的感情基础十分深厚，在她垂帘听政期间，一些官员的任免以及一些政策的出台施行，均闪现出真宗的影子，这也反映了刘太后对真宗的思念之情。例如，鲁宗道、薛奎任参知政事，杨崇勋任枢密使，据说都是来自真宗生前的推荐；此外，台谏制度在天圣、明道间的改革，也是沿袭真宗的政策；前述刘太后曾通过女眷要求执政学习王旦，据说也是先帝的要求。既然真宗对刘氏有恩，刘氏对真宗独子的保护，对其家族的关怀，对其王朝的妥善经营，何尝不是一种报恩的心态呢？

当然，刘氏不是说不贪图权力，尽管她最初没有政治野心，但当上了皇后之后，她在真宗的纵容下，不断品尝到最高权力的快感，而且对之也越来越迷恋。因此，当朝中有大臣试图剥夺她的权力时，她会毫不犹豫地予以反击，寇准在政治争斗中惨败就是最好的例证，而仁宗继位后，宰相丁谓一度想架空太后独自掌权，也被她贬到天涯海角去了。既然如此，她如何在报答真宗之恩与继续掌控皇权之间作出平衡呢？无论是古人先哲学者，抑或现今学界同仁，大多把刘太后与武则天作比较，却很少有人将她与同时期的辽景宗皇后萧绰（小字燕燕）相比较。这位萧燕燕，就是《杨家将》里的那位辽国萧太后。其实，刘太后并没有效仿唐之武则天，她的行事举措，反而跟契丹的太后萧燕燕有很多相似的地方。事实上，三位皇后都有一个相似的经历，那就是她们都因夫皇在世时体弱多病而参与政治。唐高宗我们很熟悉，就不多说了。至于萧燕燕，她是辽景宗的皇后，而景宗从即位开始就患有风疾，很少上朝理政，所以从景宗开始，契丹的大小事务，基本都是萧燕燕作主的。就权力而言，萧燕燕与武则天其实更为相似：武则天在高宗时已与他并称"天皇""天后"，共决朝廷大政；萧燕燕以女主身份临朝，朝中的大诛罚、大征讨，都是蕃汉大臣共同商议，最后由皇后裁决，然后告诉皇帝就可以了。辽景宗也在保宁八年（即宋开宝九年，976）二月谕令史馆学士，以后记载皇后说的话，也可以用"朕"和"予"，从此成为规定。由此可见，在景宗生前，萧燕燕已经获得与武则天一样的权力，能以代理皇帝的身份在外朝听政。然而，武、萧二后在夫皇死后的表现却大不相同：武则天为获得最高权力，多番迫害李氏族人甚至是自己的亲生儿子，并最终自立为帝；而萧燕燕则是根据景宗遗诏垂帘听政。

据《契丹国志》记载，萧太后没有还政之前，辽圣宗已经成年了，侍奉母亲的时候总是拱手而立。如果他想从大辽府库中拿一样东西，太后必定会诘问他这是干吗用的，如果是赐予文武百官的，那就答应，否则是不会让他拿的。圣宗既然不能参与朝政，于是就醉心于打猎，他左右的一些猥琐小臣常常跟他玩笑打闹，太后知道了，必定会打这些小臣的板子，而圣宗也不免受到责备。圣宗的御服、御马都要由太后检查一番。如果有宫中嫔妃打皇帝的小报告，太后相信了，都会当庭辱骂圣宗。而圣宗每次都是乖乖地听着，不敢有半句怨言。从这个记载可以看出，萧燕燕垂帘听政后，一直掌握朝中大权，但她并没有代立之心，反而是一心一意培养自己的儿子辽圣宗，尽管手段有点极端，但事实证明，辽圣宗后来成为契丹优秀的君主。

史书上没有明载刘太后垂帘听政的心态是效仿萧燕燕的，且她作为中原大国的女主，从主观心态上也不可能主动效仿契丹女主的做法。但萧燕燕这种培养教育方式与刘太后教育仁宗的方法实在是太相似了，也就是说，两位皇后均以维护夫家利益为己任。刘太后的政治作为之所以与萧燕燕相仿，保扶并培养仁宗，其实也容易理解。宋、辽自签订澶渊之盟以来，双方停止战争，处于和平状态，每年双方君主寿辰与正旦节日，都会互派使节通好，故此，萧燕燕的事迹也会通过这样的渠道传播到中原。刘太后长期陪伴在真宗身边，并帮他处理政事，必然对契丹之事有所接触，所以她对这位"叔母"也是了解颇深。萧太后辅助圣宗，实际上也是掌控圣宗，以操掌契丹朝中大事。但她保护培育天子之举，使她死后令名长留青史，契丹臣民及圣宗本人对她也是感恩戴德。同样是要操掌国家最高权力，在刘太后看来，萧燕燕的做法显然比武则天高明，虽然萧氏没有迈出自立称帝的一步，但也没有像武则天那样在史书上留下骂名。《辽史》对萧绰的评价是，辽圣宗能成为辽国的一代明主，多得自萧太后对他的教训。刘太后明白宋朝的实际政治环境令她不能像武则天那样称帝自立，而她自己也不愿意辜负真宗对她的恩遇，在这一大前提下，她对自己的期许并不止步于对生前权力的掌握，同时也注重身后名声的保存，也就是要成为名留青史的一代女主。刘太后虽然不是主动效仿萧燕燕，但多年来萧氏的政治形象与政治行为在她心目中潜移默化，使她对萧氏的做法产生了认同与共鸣，从而在政治作为上与之相仿。理解这一点，才能解释刘太后问鲁宗道"唐武后何如主"，鲁宗道回答说"唐之罪人也，几危社稷"时的心态。据史书记载，当时刘太后听到此话后，态度"默然"。显然，她想获得武则天的辉煌成就，却不想像武则天那样，成为"宋之罪人"。再如程琳献《武后临朝图》试探，太后当即把图扔在地上，说："吾不作此负祖宗事。"因为她深知，如果做了有负大宋祖宗的事情，不但对不起真宗，自己也必然会受到后人的诟病，这是她极不愿意的。既想在听政期间有所作为，又想留下身后美好的名声，刘太后有了这种心态，在政治行为上，自然更靠近与她处于同一时代的萧燕燕，而不是唐代的武则天了。

此外，刘太后与萧太后能免去武则天朝激烈的政治斗争而顺利掌握朝廷大权，乃是因为当时的情况与武则天时不同。唐高宗逝世时，太子已经成年，所以武则天根本没有垂帘听政的借口，即便是高宗遗诏，也只要求"军国大事有不决者，兼取天后进止"，换言之，日常事务，可由皇帝自己处理，武则天要攫取最高权力，一番斗争在所难免。但辽圣宗即位之时只有十二岁，尚未成年，萧太后已经奉遗诏垂帘听政，大权在手，不必再作争斗。刘太后的境况与萧太后相仿，仁宗十三岁即位，刘太后已经稳操大权，也不必选择武则天的道路而自毁名声。因此，当时无论从哪方面的条件与角度考虑，保扶幼主从而掌控朝政的执政模式，对刘太后来说都是最为有利的，而这也正是当年萧燕燕在契丹的执政模式。

然而，相似的模式在文化背景不同的地方，产生的效果也肯定不会一样。中原宋朝的实际情况与契丹大不相同，因为双方文化背景差异较大。契丹向来是皇族耶律氏与后族萧氏同治天下的，无论哪一任皇帝在位，均可以看到其皇后预政的影子。但在儒家文化背景下的大宋王朝，女主专政一直不能得到士大夫们的认同，认为这是"牝鸡之晨，唯家之索"，所以在仁宗成年后，士大夫纷纷要求刘太后还政。她的名声虽不如武则天恶劣，并得到很多士大夫的认同，但在后世还是遭到一些中原汉族士大夫的诋毁，如王夫之在《宋论》中，即鞭挞刘太后曰："刘太后凭借一些小聪明而垂帘听政，最后甚至穿着衮冕去参拜太庙，乱了男女之别，而且侮辱了大宋的宗庙。"更有甚者，编造出"狸猫换太子"的民间故事，塑造刘太后刻毒的形象来诋毁她。

虽然刘太后对后世的言论始料不及，但她对于仁宗朝的还政呼声是早有心理准备的，在她执政的大部分时间里，她都能以平常心态对待这些反对的声音。既然如此，为什么天圣九年（1031）以后，她对于还政的声音会有如此大的反应呢？我认为，这是因为随着她逐渐步入晚年，老年人的一些心理在她身上也开始出现并发挥作用，再加上邻国发生的一些事情，让她晚年的统治心态发生了巨大的变化。现代心理学认为，随着年龄增长，记忆衰退，以及身边一些不幸之事的发生，老年人会有一定的心理困扰，如挫败感，甚至会出现抑郁、焦虑和愤怒等情绪。而在产生消极情绪方面，女性的比率高于男性。天圣九年（1031）刘太后已经六十三岁，与她相知相爱四十年的丈夫早已离她而去，尽管把持一国皇权，享尽人间荣华，但在寂寞深宫之中，也必然倍感孤独。而正在这一年，她一向疼爱的侄子刘从德又死了，这让她悲伤不已，负面情绪不断增加。

也是在这一年，契丹发生了一件大事，更是让刘太后感到惶恐。大宋的天圣九年，也就是契丹太平十一年（1031）六月，契丹国主耶律隆绪逝世，庙号是"圣宗"。圣宗死后，其子耶律宗真即位，是为兴宗。根据圣宗的遗诏，本来应该以其正妻齐天皇后萧菩萨哥为皇太后，以兴宗生母顺圣元妃萧耨斤为皇太妃。但元妃把这道遗诏藏了起来，自封为皇太后，并令人诬告齐天皇后谋反，将她用囚车押赴上京（今内蒙古巴林左旗东南）囚禁，又杀害了她身边的宗族亲信一百多人。不久之后，萧耨斤派人赴上京把萧菩萨哥勒死了。以上所述说的，是契丹历史上的一次宫廷政变，这段历史虽然引起了辽史研究学者的关注，却很少受到宋史研究学者的注意。我认为，这段历史其实与刘太后晚年一些行事施为很有关系。为什么我会有这样的结论呢？我们可以比较刘太后与齐天皇后萧菩萨哥的一些相似之处：其一，他们都是当时皇帝的正妻，根据真宗与圣宗订立的"澶渊之盟"，两位皇帝以兄弟相称，两位皇后也可谓妯娌关系。其二，刘太后没有亲生儿子，萧菩萨哥倒是曾经生过儿子，但都没有养活，换言之，当皇帝驾崩的时候，两位皇后都没有亲生的子嗣。其三，真宗的嗣子乃后宫李氏所生，李氏其实只是当初刘皇后的侍女而已，仁宗出生后，刘皇后就把他抱过来当作自己的儿子来养，并让杨淑妃一起照顾他；而在辽圣宗朝，萧褥斤本来也是一个宫女而已，她生了耶律宗真之后，萧菩萨哥也是抱过来当自己的儿子养。可见萧菩萨哥与刘太后在抚育皇子上，有相似的经历，而皇子的亲生母亲都是后宫宫婢。但是，萧菩萨哥并没有刘太后如此强势的手腕，且契丹皇族的婚姻制度也注定了她的悲剧。根据契丹的习俗，皇后长期采取宜子制度，也就是皇后的位置稳不稳，得看她能不能为契丹皇帝生出儿子来，对大多数契丹皇后来说，没有儿子就得面临被废掉的命运。可圣宗真的很爱萧菩萨哥，她没有儿子，他就把萧褥斤的儿子交给她抚养；萧燕燕驾崩后，他也让她跟自己的母亲一样，可以同自己一起参决国政，甚至让她建立自己的官僚机构（宫闱司）；当她与乐工传出绯闻，他完全不予理睬，并且认为这是萧褥斤在造谣，目的是觊觎后位，尽管按照契丹的习俗，这是萧褥斤应得的。可以说，圣宗一直在宠着萧菩萨哥，让她平顺地度过了大半生。

显然，辽圣宗并没有像宋真宗那样，为萧菩萨哥保守皇子并非亲生的秘密，相反，他除册封兴宗生母为元妃外，还大力扶持元妃家族，使其"三兄二弟皆封王"，故此，在圣宗逝世后，能真正掌控新皇帝的是元妃萧褥斤而非皇后萧菩萨哥。这不是圣宗不够爱萧菩萨哥，而依然是契丹的制度使然。为了嗣君以后能顺利登基，老皇帝必须大封其母家外戚，以让他们将来能够拱卫新君政权。况且，萧褥斤尽管是宫女出身，但她并非没有家世之人，她乃契丹开国皇帝的皇后述律平的后人，而萧菩萨哥则是萧燕燕的侄女，这更像是两个后族之间的权力斗争。据《辽史·兴宗本纪》记载，圣宗崩于太平十一年（1031）六月，就在当月二十五日，自立为皇太后的萧耨斤虽然没有立即把萧菩萨哥杀害，但也已把她的亲属萧锄不里与萧匹敌赐死，萧延留等七人弃市，并将萧菩萨哥本人迁到上京囚禁。据《长编》记载，契丹告哀使在七月初一来到开封宋廷，元妃自立为太后之事，也必连同圣宗逝世、兴宗即位的消息一起，正式通知宋朝。至于朝中那些破事，契丹使者肯定是不会正式告知大宋朝廷的，但双方在对方的国境内都有探子，关于萧菩萨哥的消息也会第一时间传到大宋朝廷，让皇帝和太后知道。

刘太后与萧菩萨哥虽然从来没有见过面，但已神交多年。早在乾兴元年（1022）仁宗即位之初，辽圣宗就对萧菩萨哥说："你可以写封信给大宋的皇太后，这也让你的名字传扬到南朝去。"从此以后，两位皇后在每年的正旦与双方寿辰，皆互通使节，此时萧菩萨哥被陷害致死，对刘太后而言实在是不小的震撼：她失去了长期以来的挚友，更重要的是，她依稀看到了自己的结局。刘太后作为当局者，并不会而且也没有足够时间去认真研究邻国皇族的婚姻制度，她要认真思考的是如何从这件事当中吸取教训，以防自己被清算，毕竟仁宗也不是她亲生的。所谓兔死狐悲，刘太后与萧菩萨哥可谓同病相怜，又岂会不为其事感到惊恐呢？宋绶上书请刘太后把部分权力归还给仁宗，立即就遭到刘太后贬官责备，这正是刘太后内心恐惧的反映。她深知自己远比萧菩萨哥幸运，因为真宗为她保守了仁宗并非亲生的秘密。她能够稳操皇权，处理大政，乃是因为仁宗一直以为她是自己的亲生母亲，所以受到亲情与孝道的束缚。那么，真宗驾崩之后，刘太后又是如何继续保守这一秘密的呢？李焘在《长编》里明确指出此中的原因，乃"人畏太后，亦无敢言"，人们何以"畏太后"，那是因太后手操实权。倘若刘太后真如宋绶所言，让出部分权力，那么她的专制权威从此打开缺口，她也未必能再有效控制仁宗。仁宗身边遭刘太后禁遏的内侍很多，如果他们为讨富贵，趁太后权力减弱，把这个重大秘密告知仁宗，甚至怂恿仁宗立李氏为太后而废刘氏，这样一来，刘太后与萧菩萨哥的下场也相去不远了。

我的这个推断是有一定根据的。事实上，在刘太后死后，仁宗曾一度听信谗言，派兵包围刘氏府邸。据《默记》记载，告诉仁宗真相的是杨太妃，但她只是见仁宗为太后之死伤心过度，才告诉他太后不是皇帝的亲生母亲，皇帝的亲生母亲是宸妃李氏，现在遗体供奉在奉先寺。然而仁宗一听，就立即派兵包围太后娘家府邸，并开棺验尸，这才知道李宸妃并非是被毒死的，于是才撤兵。仁宗知道李妃"非鸩死"，就说明有人在搬弄是非，对仁宗说李宸妃乃是被刘太后毒杀的，但那个人显然不是杨太妃。《宋史·李宸妃传》认为此语乃是燕王所言，燕王就是太宗幼子元俨。在历史上，元俨本身是一个很懂得韬光养晦的人，而且刘太后对他眷顾甚浓，他似乎并非说是非的人。再者，若刘太后毒杀李宸妃罪成，那么刘氏满门必定遭罪，然而四年之后，刘太后的侄子刘从广娶了赵元俨的女儿为妻，可见两家关系不错，他没有陷害刘家的动机。据《长编》记载："或言太后（李氏）死非正命"，这意味着李焘在编写《长编》时，也不确定是谁说李宸妃死于非命的。我认为，搬弄是非说李宸妃死于非命的，应该是仁宗左右曾受刘太后遏制的宦官。刘太后自己虽然重用宦官，但对仁宗身边的宦官却多有约束，所以他们在太后垂帘之时并不得志。这时候，太后已经驾崩，皇帝意外得知自己的亲生母亲另有其人，他们趁机诽谤太后，一来可以逢迎仁宗伸张权力之志，二来可以借机以图进取。不但宦官如此，朝中官员跟红顶白者很多，太后一旦失势，起而攻讦者大有人在。太后驾崩后，就有不少官员在仁宗面前诋毁她，后来还是范仲淹为她说了一句"掩其小故，存其大德"的公道话，才平息了这些争议。

从这个角度看，刘太后当初跟李遵勖说"我非恋此，但帝少，内侍多，恐未能制之也"，恐怕也是担心仁宗年少，容易受内侍蛊惑，利用此事对她这个养母进行打击，让其晚年不得善终。正是因为有了萧菩萨哥的前车之鉴，刘太后才会在天圣九年（1031）以后力保自己垂帘听政的地位不动摇，而对敢于请求她还政的大臣予以沉重打击。然而，在朝中大臣看来，太后是越来越恋栈权位了，为了不让唐代武氏代立之事再次出现，他们要求太后还政的呼声也就越来越高，甚至不惜利用天圣十年（1032）的皇宫大火，说"火失其性，由政失其本"，从而彻底否定太后的执政。刘太后方面，面对各种天灾以及朝廷内外反对她的声音，她的挫败感是非常强烈的，而作为老年人，负面情绪不断增加，人也开始变得固执，甚至偏执，于是她在明道二年（1033）上演了服衮冕祭祀太庙的大戏，目的是为了彰显女性的权力与地位。但在男性士大夫看来，这又是对传统皇权的一种挑战，他们对女主"专权"的恐惧又进一步加深，反对太后的力度也随之加大，双方进入了一个恶性循环。

三、皇帝的态度

刘太后垂帘听政，作为皇帝的仁宗，他的态度不容忽视，要探究这一点，我们不妨把刘太后逝世后的一幕提前展现：刘太后死于明道二年（1033）三月二十九日（甲午），第二天，仁宗在"皇仪殿之东楹，号恸见辅臣"，四月初二（丁酉），"群臣上表请听政，不允，五上，乃从之"，四月初七（壬寅），"追尊宸妃为皇太后"，四月初九（甲辰），"诏改葬（宸妃）于永定陵，大行皇太后山陵五使并兼追尊皇太后园陵使"。从刘太后之死到宸妃改葬，前后只有十二天，仁宗刚为死去的一位母亲"号恸"，没几天又为另外一位母亲"号恸累日不绝"。我们不必怀疑仁宗的痛哭是否缘于其真情实感，但这里有个疑问：对正常人来说，得知生母另有其人，实在不是一件容易接受的事情，何以仁宗能在短短几天之内，就能接受这一现实，并为从来没有相处过，可以说是毫无感情而言的李宸妃"号恸累日不绝"呢？还有，如前面所述，仁宗一听到生母另有其人，就立即派兵包围刘氏府邸，纵然他能迅速接受李宸妃是其亲生母亲的事实，也不至于一下子就听信谗言吧。故此，我认为，仁宗在刘太后驾崩后这一系列举动，其实是他长期受压抑的情绪的一次爆发。

仁宗何以会有这种长期压抑的情绪呢？其实还是缘于刘太后一直以来对他的教育与管理。我在第三章里就谈到过，刘太后对仁宗的教育是严格的，其目的一方面是要把他培养成大宋的优秀君主，另一方面则是要把他控制住，以维护太后本身的权力。在生活上，刘太后对仁宗管理甚严，"未尝假以颜色", 也就是从来不给他好脸色看; 在政治上, 出于独掌权力的需要, 她对仁宗更是处处压抑。在《长编》中, 从天圣元年 (1023) 开始, 李焘在很多事情上就以"上"为主语, 也就是把朝廷上大部分的军国大事记录为仁宗亲自施行, 这往往使人误会在天圣、明道年间仁宗实际上已经能亲自处理政事了, 或者至少让人们难以分清哪些事情是刘太后的施为, 哪些事情是仁宗的意见。其实李焘这样记载, 只是出于正统史书的需要, 很多在他的记录中以"上"为主语的事情, 在其他史料上均可找到刘太后的身影。例如上一章讲到台谏时, 我们提到了陈绛一案, 在《长编》的记载中这是仁宗亲自处理的, 而魏泰的《东轩笔录》则记载是刘太后最先过问此事; 再如天圣三年 (1025) 丁谓北迁雷州一事, 《长编》也是以"上"为主语, 而《东都事略》则认为是刘太后与仁宗共同决定的。这样的事例不胜枚举, 就不在这里一一列举了。其实上文宋绶要求太后归还部分权力给仁宗的奏疏也很能说明问题, 为了方便读者理解, 我在这里把奏疏的原文录入如下:

唐先天中, 睿宗为太上皇, 五日一受朝, 处分军国重务, 除三品以上官, 决重刑; 明皇日听朝, 除三品以下官, 决徒刑。今宜约先天制度, 令群臣对前殿, 非军国大事及除拜, 皆前殿取旨。

从宋绶的上言可以看出, 刘太后并没有像唐睿宗当太上皇时那样, 只处理军国大事, 而是事无大小, 包括除三品以下官、决徒刑这些并不十分重要之事，她都染指处理。宋绶上言的政治前提是"上未始独对群臣"，也就是说，当时已经二十二岁的仁宗还不能单独处事，更不用说在政治上能随便施行自己的意见了。再如明道元年（1032）吕夷简奏请厚葬李宸妃一事，当时刘太后能"引帝偕起。有顷，独出"，足见太后能完全控制仁宗，导之左右。由此可见，当时的刘太后诚如李涵先生所言，"成为事实上的皇帝"，而仁宗即使对朝政有任何意见，也必须得到刘太后同意。

现代心理学认为："由于青春期的青少年产生了一种强烈的成人感，进而产生了强烈的独立意识，他们对一切都不愿顺从，不愿听取父母、老师及其他成年人的意见。……常处于一种与成人相抵触的情绪状态中。""存在于青少年身上的反抗性还有复杂的性质。有时是想通过这种途径向外人表明，他已具有了独立人格；有时又是为了撑起个样子给自己看，以掩饰自己的软弱。""他们对于任何事件都喜欢自己进行分析与判断，不愿意接受现成的观念和规范。因此，他们对于以前一贯信奉的父母的许多观点都要重新审视，而审视的结果与父母的意见常常不一致。"这就是我们现在所说的青春期叛逆性格。仁宗以少年天子登位，刘太后的整个统治时期，也正是他的青春期，他当然也具有普通青少年的心理状态。他在刘太后时期的叛逆性格并不明显，但也有迹可循。如刘太后为仁宗立郭氏为后，但他本身喜欢的乃是张氏，当时只有十五岁的他当然不敢反对母亲的决定，但仍然把张氏纳于宫中，并先后在天圣四年（1026）与天圣六年（1028）晋封她为才人与美人。政治上，仁宗对刘太后一些人事任免其实也是不以为然的，如晏殊因为与张耆不和而被罢枢副，"上意初不谓然，欲复用之"；

再如张士逊，他虽因牵涉曹利用事件而被罢相，但作为东宫旧臣，他一直得到仁宗的眷顾，明道元年（1032）他再次拜相，而后来刘太后逝世后被罢免的宰执名单中并无其名，可见他这次拜相虽然得刘太后的同意，但其实应该是仁宗的意思。宰相王曾曾评论王钦若为"五鬼"，而开启这个话题的人其实是仁宗，他在天圣七年（1029）三月对辅臣们说："王钦若久在政府，察其所为，真奸邪也！"由此可见，他对刘太后当初重用王钦若一事，也是不太认同的。

然而，上述的事实在天圣、明道这十一年间只是凤毛麟角，仁宗对于刘太后大部分时间是非常恭顺的，并没有表现出逆反的行为。之所以如此，是因为在现代家庭环境相对民主宽松、父母习惯纵容孩子的社会大环境下，这种逆反心理才会使孩子反父母所期待之道而行。但在中国古代，社会提倡仁信孝悌、礼义廉耻等价值观，孩子们的逆反心理大多只能埋藏在心里，而不敢甚至不会发泄出来。更何况，宋代作为儒家复兴的朝代，士大夫对"孝"这一道德理念都非常提倡，无论皇帝还是平民百姓，他们的教育都会被约束在"孝"的规范之中。甚至，皇帝一旦不孝，就会有被废黜的风险，南宋的光宗就是如此。仁宗作为大宋的年轻君主，无论刘太后抑或朝廷大臣，都主张对他进行严格的教育，他从小便遍读儒家经典，并每日聆听儒学大臣讲学，而刘太后更特意选择《孝经》《论语》等宣扬儒家伦理道德的著作供他阅读，他在这种环境下耳濡目染、潜移默化，当然不敢做出反对母亲的不孝行为。

除孝道外，亲情也是束缚仁宗情绪的枷锁，这是人类最基本的感情所在，它跟孝道一样，使儿子不愿违背母亲的意愿，不过孝道出于道德的规范，而亲情是天性使然。儿子对母亲天然的感激与爱戴，无论平民还是皇帝都是一样的。仁宗一出生就以为刘氏是他的亲生母亲，而在仁宗从婴儿到青年的人生轨迹上，刘氏对他的关怀保护可谓无微不至，甚至他在大婚之前，都一直跟刘氏睡在同一个寝宫里。所以他对刘太后的感情，是长期以来潜移默化而成的。纵然他对刘太后在生活上的管束或政治上的压抑有所不满，他也不会表露出来，即便是他内心，也会将之认为是一种理所当然，而最多感到无奈，就如今天父母纵然对孩子有所责骂，但转过头孩子又会腻在父母身上，这道理是一样的。故此，在刘太后去世之前，虽然也偶见关于仁宗对她的管束有所不满的记载，但很少见到仁宗与她直接冲突。相反，在一些礼仪、制度上，仁宗出于孝道，甚至不顾朝廷大臣的反对，尽量满足刘太后的要求。如从天圣五年（1027）开始，每逢元旦，仁宗都会先率百官向刘太后祝贺，然后再到天安殿接受百官朝贺，前文已然提到，提出这一意见的是仁宗本人，虽宰相王曾极力反对，但他还是以墨诏促成此举。此后，刘太后每年的生日长宁节，仁宗都会率百官在会庆殿向她祝贺，到天圣八年（1030）末，刘太后不想明年再"御会庆"，于是仁宗下诏，"长宁节百官上寿于崇政殿"。上述事例，都是仁宗向刘太后尽孝的具体表现，天圣六年（1028）以后，要求刘太后还政的呼声越来越高，但无论如何，仁宗从来没有让母亲还政的意思。

当然，无论仁宗的行为如何符合"孝"的规范，但逆反心理始终存在。刘太后垂帘听政，的确对仁宗造成心理上的压抑，这种受压抑的情绪日积月累，总有爆发的一天。仁宗能迅速接受宸妃为生母的事实，正是他不满刘太后生前对他过分压制的反映，甚至在他内心深处，并不愿意有一位如此强势的母亲，只不过这种想法可能深埋在他的心底，连他自己也不能察觉。刘太后去世不久，仁宗在政治上清算太后垂帘时期的朝廷大臣，在生活中废黜皇后，并终日沉迷酒色，一度纵欲不止，导致自己"不豫"，这些正是长期受压抑的情绪爆发的表现。但必须注意的是，这些都发生在仁宗知道自己身世之后，在此之前，所有的压抑和管束都只是潜移默化的量变。刘太后在世时，仁宗一直受到孝道和亲情的规范，长期的教育和与母亲的相处会使他觉得，母亲所做的一切都是理所当然，就算自己再不满，也不应该违逆母亲的意思。从刘太后去世，到仁宗身世被揭发这短短几天时间里，仁宗的确深深陷入丧母之痛当中，为此，他"号泣过度"，可见，孝道与亲情在他心中的作用是非常巨大的。

四、宸妃的葬礼

其实，在刘太后与仁宗的关系中，最关键之人物，应该是仁宗的生母李氏，她在真宗朝，并未如萧耨斥那样，对皇后咄咄相逼，而是默然处于真宗的一众嫔妃之中。除了仁宗之外，她还为真宗生了一个女儿，可惜没有养大就夭折了。真宗驾崩，仁宗即位，刘太后让李氏去为真宗守陵，而李氏在仁宗朝，也是跟先朝嫔妃住在一起，默默无闻，并没有因为知道自己是今上生母而有所异动。由此可见，刘太后与李氏已形成一种默契，王曾曾经说过的"后厚于太子，则太子安，太子安，乃所以安刘氏"的道理，不仅刘氏明白，李氏也相当清楚，她深知自己的地位与实力根本无法与刘氏相比，而作为母亲，她的愿望是儿子能够健康成长，并成为一代明君；刘太后显然能够为她实现这一愿望，但作为交换条件，李氏必须默默处于先朝嫔御之中，更不能道出她与仁宗关系的秘密。李氏其实就是一个被借腹生子的人，她对于自己的定位非常清楚，也正因为这样，才免却大宋在真宗驾崩后可能出现的纷争。仁宗即位后，李氏被晋封为二品顺容，天圣十年（1032）二月，李氏被晋封为宸妃，当天她就逝世了，享年四十六岁。李氏逝世后，"三宫发哀，成服苑中。赠妃曾祖应已及祖金华主簿延嗣为光禄少卿，父左班殿直仁德为崇州防御使，母董氏为高平郡太君。攒涂于嘉庆院，葬于洪福院之西北隅"。如此风光大葬，乃宰相吕夷简力争的结果，《长编》记载：

最开始的时候，宫中是没打算发丧的，宰相吕夷简上朝奏事，于是说："听说有一位宫嫔去世了。"太后一听，"瞿然"说道："宰相还干预宫中的事吗？"于是立即带着皇帝站起来，回到内宫去。过了一会儿，太后自己走了出来，对吕夷简说："卿想离间我们母子吗？"吕夷简说："太后以后不想保全刘氏一族了？"太后的情绪这才平复了一些。有关部门想迎合太后的旨意，于是就说日子不对，发丧不利，吕夷简斥责了这种说法，请求发丧，并且让相关人等穿上丧服，准备宫中仪仗来下葬宸妃。当时有诏令想凿开宫城的墙垣以出丧，吕夷简知道后，立即请求奏对，太后猜到他的意思，于是派内侍罗崇勋来问为何要奏对，吕夷简说凿开宫城墙垣不是适当的礼仪，发丧队伍应该从西华门出宫。太后又派罗崇勋对吕夷简说："没想到卿家也是这样逆我意啊！"吕夷简说："臣身为宰相，朝廷大事，理当在廷上力争。如果太后不同意，臣终归是不会退让的。"罗崇勋来回跑了三趟，太后依然不同意，吕夷简神情严肃地跟罗崇勋说："宸妃生下了陛下，而如今丧不成礼，以后必然有人要为此受罪的，到时候不要怪我吕夷简今天没说了。"罗崇勋怕了，立马跑回去禀告太后，太后这才同意。

从史料中，可以看出刘太后本来是想低调处理李宸妃的丧事的，她对此事其实甚为谨慎，不想让仁宗太过关注这位先朝嫔御。这一点从她与吕夷简的对答中可以看出，当吕夷简问起宫嫔死亡之事，太后立即作瞿然之状，所谓"瞿然"者，就是惊视之态，太后之所以惊视吕夷简，是怕他引出仁宗身世的秘密。随即，她把仁宗带进内宫，然后独自出来面对吕夷简，并说他想离间他们母子之间的感情。这些言语举动，正流露出太后心中的惶恐与不安——这是她心头最大的秘密，而知道这个秘密的人却又不在少数。此后，刘太后在宸妃丧礼上力图从速从简，目的即想利用自己掌握的权力，让此事尽快过去，并更希望仁宗身世的秘密与李宸妃一起埋葬在黄土之下。但她最后还是听从了吕夷简的意见，从厚办理宸妃的丧事，因为吕夷简最后通过罗崇勋，向刘太后暗示出一个道理：太后手中现有的权力，当然可以保证皇帝身世的秘密不被泄露出去，但太后能控制自己身后的状况吗？显然是不行的，皇上总有一天会知道真相，到时必定会清算太后过往种种，而生母丧不成礼，正是一个很好的借口。刘太后乃聪明之人，深通历史的她也知道过往当权女主死后的种种下场，她并不能长生不老，可以永远控制大宋朝廷，所以她必须为自己身故之后刘氏家族的利益作一番打算，有感于此，她才会同意吕夷简的意见。

在天圣七年（1029）以后，吕夷简表面上依附、顺从刘太后，他也正因为这样才能在中书独相两年多。他力谏太后从厚办理宸妃丧事，太后派罗崇勋对他说"岂意卿亦如此也"，表明她想不到作为她心腹的吕夷简，竟然会做出一些对她不利的事情。那么吕夷简真的不能体会太后心意吗？显然不是。他之前说"太后他日不欲全刘氏乎"，正揭示出他乃是为刘氏一族日后的命运考虑。此外，根据《宋史》记载，他还让罗崇勋用皇后的礼服来殓葬宸妃，并"用水银实棺"，这些都是太后自己没有想到的。刘太后驾崩后，仁宗立即得知自己的身世，并派人查验李宸妃的梓宫，得见宸妃"容貌如生，服饰严具"，他才感叹说："人言哪可以轻易相信啊！"于是在刘太后的神御之前焚香，哭着说："从今以后，大娘娘的平生就清清白白了。"由此可见，一切都像吕夷简当初所预料的，而吕夷简在此事上如此作为，才是真正体会太后的心意，并为太后解忧。

然则吕夷简真的全心全意为刘太后服务吗？其实并不尽然。他之所以力请太后从厚办理宸妃丧事，更多是为自己将来打算。他很清楚，仁宗身世一定会随着刘太后去世而被揭开，若李宸妃真的丧不成礼，仁宗除会追究刘氏族人外，当时身为宰相的他估计也不能幸免。这并非是我的揣测，而是有例证的：宸妃死后，晏殊奉诏作墓志铭，当时刘太后尚且在世，所以他在志文中并未提及宸妃生育仁宗一事。后来他当上宰相，就是因为此事被揭发而被罢相的。由此可见，吕夷简确实有先见之明。再者，宸妃能成丧礼，按其身份，以一品之服殡葬，即便仁宗日后追究，也不能说刘太后未尽其礼。吕夷简瞒着太后，嘱咐罗崇勋以后服殓葬宸妃，这其实是讨好仁宗之举。邵伯温对此事作评论曰："使仁宗孝德、章献母道两全，文靖公先见之明也。"其实吕夷简只是摸准了仁宗与太后的心态，并周旋于两者之间，用其操术，为自己谋求最佳利益罢了。

保守秘密本来就是很痛苦的事情，更何况这是一个很多人都知道的秘密，再加上政治上的各种压力，刘太后其实已经心力交瘁。明道二年（1033）三月，刘太后驾崩，年六十五岁。正是因为吕夷简当初的部署，仁宗并没为人所惑，听信李宸妃"死非正命"的谣言而委罪太后。

第六章

◎

女主政绩亦斐然

　　以上五章，讲述了刘太后走上政治舞台的历程，以及她在垂帘听政期间如何安排朝廷的人事架构，如何运用朝廷中各种政治势力来稳定自己手中掌握的权力。然而，评价一位统治者成功与否，并不主要看他是否会用人，是否会运用政治手段来维护自己的利益；更重要的是在他统治期间，社会的政治、经济各方面是否向前发展，他对他所处的时代是否作出贡献，也就是说，他的统治效果如何。故此，本章着重要谈的，是刘太后对大宋朝廷的统治效果，当中包括内政、外交与经济等方面。

　　刘太后乃有宋一代较为强势的女主，并非此后垂帘的宋代太后所能相比。然而，太后垂帘听政并非男权社会所期待的政治现象，当时男性士大夫所期待的理想家庭伦理秩序，是如《周易·家人卦》所言："女正位乎内，男正位乎外。男女正，天地之大义也。"我们现在所说的男主外，女主内，多多少少就是来自《周易》所规定的这种家庭秩序。女后走出内闱处理天下大政，在士大夫们看来，乃是干预男性的政治权力，破坏男权社会的正常秩序。在《尚书·牧誓》中，有所谓"牝鸡无晨。牝鸡之晨，惟家之索"的语句。《牧誓》是周武王在著名的牧野之战前发布的战争动员令，而这里的"牝鸡之晨"，是指母鸡打鸣，这明明是公鸡干的事情，却让母鸡干了。周武王的这个说法，是要指控商纣王"惟妇言是用"，为他讨伐纣王提供合法依据。唐初的孔颖达在注释《尚书》时就特别指出，妇人不应该参与政治，这是为了区分内外。于是，在我们的汉语当中，就有了"牝鸡司晨"这个成语，指的是女性越过男性的权力，自作主张。

但如前章所述，刘太后垂帘听政在当时来说实在是无奈之举，幼主即位必须有人扶持，士大夫们曾经争取由大臣辅助幼主，但惨痛的失败使他们不得不妥协，让刘太后垂帘听政。不过，士大夫们一直对她处处提防警惕，以防她效法武后，废赵氏而自立。如宰相王曾在仁宗未立之时，通过钱惟演对刘太后说："汉之吕后、唐之武氏，都坐上了她们不应该坐上的位置，但在她们死后，子孙被杀戮，连脑袋都保不住。"再如辅臣吕夷简，曾有人劝他急流勇退，明哲保身，他说："先帝对我很优厚，我但愿大宋的宗庙安宁，那我就算死了也无愧于先帝。陈平、周勃不离开朝廷，所以汉朝安稳了；狄仁杰不离开，所以唐朝也安稳了。假如我为了自己的虚名离开了，那大宋治乱与否就很难说了。"以上两段史料都来自朱熹的《五朝名臣言行录》，这是朱熹读北宋诸家笔记小说后，把各名臣的言行举动搜集而来所编成的一本书，可信度十分有限，如王曾那一条，我此前引用过《长编》所记载的说法，根本没涉及吕后与武后。但对于这一类史料，我们可以不用理会它的真实性，只要注意这种记载所反映的态度和观念，尤其是，这是朱熹有意摘录下来的。这说明，到了南宋时期，理学家们对于太后垂帘听政一事，是持保留态度的。事实证明，刘太后并没有效法武则天，观其作为与施政，反而在很多方面遵循男性社会的规范，不过我们还是能从其中发现她的女性意识，这是女主统治与男性统治的明显区别。

一、对内政绩

《宋史·吕夷简传》记载："自从仁宗刚刚继位，太后临朝十几年，天下安定，能达到这个效果，吕夷简出力甚多。"《宋史》卷297的论述也提到："在天圣、明道年间，天子还很年轻，母后执政，但朝廷内外庄严肃穆，法度齐全，朝政没有大的缺失，奸佞之人不能肆意妄为，这都是因为言官选择得当的缘故啊。"这两条材料都揭示出，刘太后在天圣、明道间的统治，确实政绩斐然，《宋史》的编撰者认为这种政绩能得以实现，乃当时宰相、台谏的功劳，但其实作为统治者的刘太后不应该被忽视，我认为，这种成绩乃刘太后与其拣选的人事架构共同作用的结果。刘太后在此期间，政治方面的成绩是多方面的，如前面提及台谏制度的发展，以及对一些贪官污吏的惩治等，这里就不再一一细说了，在本节中，我将挑选三件与刘太后本人切身利益有关的政绩加以论述。

第一件，是各种法令的颁布。宋代的法律，除了宋初的《宋刑统》外，大多是以编敕的形式呈现的。"敕"是宋代皇帝发布命令的方式，而所谓编敕，就是每过一段时间，把前段时间皇帝颁布的敕令弄成一个汇编，让它们上升为法律条文，这实际上也是一个立法的过程。据郭东旭先生统计，刘太后垂帘期间以仁宗名义颁布的敕令共有九部之多，就北宋前期而言，其敕令颁布的数量仅次于真宗的十部；但就频率而言，真宗在位二十五年，而刘太后的统治只有十一年，所以她应该算是北宋前期颁布法令最为频密的统治者。当然，这里有一个时效问题，宋初三朝乃宋朝制度的草创期，当时面临内忧外患，各种法律制度还没来得及完善，这在情理之中。至刘太后垂帘之时，宋代各种制度都趋于完善，而国内外环境也相对平和，所以刘太后订立各种法律也是顺其自然，这也是当时社会、政治的大环境需求所致。

刘太后颁布的法律，涉及范围很广，包括继承、服纪、科举、敕书等。在天圣年间颁布的法令中，最为瞩目的当为《天圣编敕》与《天圣新修令》，而这两部法令的修订，可以说是同时进行的。天圣四年（1026），"命翰林学士夏竦、蔡齐、知制诰程琳等重修定编敕"，《天圣编敕》的修撰从此开始；当年十一月，"诏见行编敕，又续降宣敕，其未便者，听中外具利害以闻"。天圣七年（1029）五月，"诏以新令及附令颁天下，始命官删定编敕。议者以唐令与本朝事异者，亦命官修定，成三十卷"，这里所谓的三十卷，就是《天圣新修令》。九月，"编敕既成，合《农田敕》为一书，视祥符敕损百有余条"；至天圣十年（1032）三月，"始行《天圣编敕》"。由此可见，修撰编敕是一个漫长的过程，即使天圣七年（1029）编敕修撰完毕，一直到天圣十年（1032）方才施行，中间审核流程也应该是相当严格的。

　　刘太后何以如此致力于编修当时法律呢？我认为这是刘太后把她的统治意志与统治理念以法律形式固定下来的举措。下文将提到的《户绝条贯》的颁布，很好地证明了这一点。另外就编敕的删修而言，也同样体现刘太后的统治意志。在宋代，编敕既是最为重要的立法活动，也是调整法律的主要形式。刘太后作为女主，在其统治期间能主持编敕的修定，对她来说意义重大，这意味着她不但垄断了朝廷的军国、行政大权，即使是立法之权，也同样能掌握在她的手中，只有这样，才能实现她的专制统治。《天圣编敕》至今未能发现其文本，但十几年前发现的《明天一阁藏天圣令》，正是《天圣新修令》及其附令的残本，在这个残本中，其实可以窥见刘太后的统治意志，如她的父亲刘通的避讳、对于她生辰长宁节的各种具体规定，还有一些她之前发布的对当时妇女有利的政令等，均能在《天圣令》中得到体现。在其他史料中，也可以窥见刘太后的统治意志在《天圣编敕》中的体现。据《长编》记载，明道二年（1033）五月，仁宗下诏令曰："所谓的敕令，是治理国家的经典，如果总是改变的话，那老百姓就会困惑，这样如何教诲训导天下百姓呢？天圣年间所修订的敕令，既然已经颁布实行了，从今以后有关部门不得随便删改。有不便的地方，中书和枢密院详细上奏上来，听候裁决。"这道诏令虽对已故的刘太后未有明确指向，但从当中文字语气中便可以看出，有人认为《天圣编敕》不便施行而要求重新删改。但这显然是没有道理的，因为《天圣编敕》从开始下令删定到正式颁行使用，前后经历了六年时间，其间经过反复论证、审核。此时离编敕正式投入使用，只有一年两个月，出于法律稳定性的需要，一般情况下岂会有人在短时间内再次删改编敕。但联想到"及太后崩，言者多追斥垂帘时事"，便可知这是当时一些官员为奉承仁宗之意而攻击刘太后之举。但从另一角度看，若《天圣编敕》中丝毫没有体现刘太后的统治意志，朝中大臣又何以敢胡言乱语呢？范纯仁曾引述仁宗诏书曰："其垂帘日除改及所行诏命，不得辄有上言。"此语与上引仁宗之诏令其实都是一个意思，显然连仁宗也认为，《天圣编敕》乃刘太后所行之"除改与诏命"。故此可以认为，《天圣编敕》乃刘太后统治的法律标志。

第二件，是发展科举。在天圣年间，宋朝的科举考试制度有重大发展，单就开科考试而言，在天圣年间就有三次，即天圣二年（1024）宋郊（后改名宋庠）榜、天圣五年（1027）王尧臣榜与天圣八年（1030）王拱辰榜，这三榜的取士人数也呈上升之势。非但录取人数众多，天圣年间的进士也可谓人才济济，北宋众多名臣，如曾公亮、韩琦、文彦博、包拯、欧阳修等，都是在这期间中举的。然而，刘太后垂帘期间科举的发展并非只限于录取人数的增加，更重要的是，她恢复了前代已经弃置的一些制科，并创设了一些新的科考。所谓制科，就是皇帝临时开设的考试，目的是搜罗天下有特殊才能的人才。在唐朝，只要通过制科考试就可以立即任命官职，不需要像常科那样，还要跑到吏部再考一次。到了宋初，虽然依然存在制科，但开设的频率却非常低。天圣七年（1029）闰二月，朝廷下诏曰："朕想尽办法要尽数延揽天下有才能的人，唯独是制举已经很久没有开设了，想来我的豪杰也因此被遗忘了，还是应该重新设置此科。"于是，朝廷稍为增删了从前制科的一些名目，设立了贤良方正、能直言极谏科，博通坟典、明于教化科，才识兼茂、明于体用科，详明吏理、可使从政科，识洞韬略、运筹决胜科，军谋宏远、材任边寄科，一共六门，京朝官中被举荐的以及应选的官员可以参加。又设置书判拔萃科，选人（低级文官）可以参加。又置高蹈邱园科、沉沦草泽科、茂材异等科，老百姓中被举荐的人可以参加。又置武举，有谋略，智勇双全的人可以参加。考试的办法，都是先向有关部门展示自己的才艺，经过考较选拔之后，再到秘阁参加考试，考中之后，再由天子亲自考试。北宋名臣富弼就是通过"茂材异等科"进入仕途的。

在天圣七年（1029）新置科目之中，武举其实也是刘太后统治期间科举发展的特色。事实上，武举并非始设于天圣年间，巧合的是，它的始创者乃是唐朝的女皇帝武则天，但自此之后，武举时有时无。宋真宗咸平年间也曾经通过武举来选拔人才，但后来又被废置了，且当时也没有形成相关的制度。真正形成武举制度，的确应该在天圣七年（1029），《宋会要辑稿》记载了当年朝廷所下的一道诏书，这道诏书除了宣布设置武举外，还规定了参加武举的人选资格，以及考试内容、考试程序与考试方式。其后，通过朝廷大臣的讨论，各种规定又进一步细化落实。在一切准备停当之后，天圣八年（1030）五月二十五日开始，朝廷先命龙图阁待制唐肃、直集贤院胥偃在秘阁考试武举人——这主要是文科方面的策略考试。之后，再令内侍右班都知杨珍考试武举人的骑射技艺，最后由皇帝在崇政殿亲试武举人。经这三道考试，朝廷录取了张建等八人，而黜落陈异等六人。这是宋代首次正规的武举考试。次年，即天圣九年（1031），朝廷又开武举，录取李瞻等人。

无论制举的重置还是武举制度的确立，都是天圣年间科举发展的重要表现，但这些制度的重置或创设，是否与刘太后有关呢？之所以有这一问题，是因为众多关于这段时期科举的史料，都是以"帝"或"上"来做主语的。其实，从上一章的分析中我们可以知道，当时的宋仁宗实际上只是在朝堂上端坐而已，真正掌握、控制、处理宋朝廷军国大小事务的，是刘太后本人，故此，科举制度的发展，也应该是在刘太后的主持下进行的。再者，制举的重置，乃是因为夏竦成为执政后，为突出自己的政绩而提议的，其目的是尽数网罗遗留在朝廷之外的人才。夏竦乃是刘太后的心腹，他的建议，何尝又不是刘太后意志的体现呢？然则，刘太后又为什么致力于推动科举发展呢？其实夏竦已经说得很清楚，是"以收遗才"。从宋太宗开始，科举取士人数激增，其目的乃是扩大统治基础，以加强专制统治。刘太后作为女主垂帘听政，本身统治基础甚为薄弱，通过科举取士网罗天下有识之士，以加强自己对朝廷权力的控制，确实不失为一种计策，故此，她本人也对科举取士加以控制。天圣二年（1024）宋郊榜中，当时主考推叶清臣第一、郑戬第二、宋祁第三，但刘太后以"不欲弟先兄"为由，推宋郊第一，而宋祁第十，叶清臣与郑戬分别降为第二第三。这无异于推翻主考的决定而把自己的意志强加在科举考试之中。宋代在刘太后之前，只有皇帝才有这种排定等第的权力，而皇帝行使这种权力的目的，是他们想这些考生以己为师，成为"天子门生"，从而更加忠心于自己。刘太后的举动，何尝不是出于此意呢？

然而，刘太后未能预料的是，她亲自选择的科举进士，并不一定以她为师，忠心于她。在大臣士大夫看来，她始终是一介女流，并非真正有资格掌握朝廷大政的人，如她所提拔的富弼，在她死后，甚至上疏仁宗，当中说道："当初庄献太后临朝，陛下受到她的制约，处事权太弱，庄献太后不敢效仿唐朝武后的原因，是依赖那一两个忠臣救助并保护陛下，使庄献太后不能够随心所欲，陛下可以保住皇位，其实是忠臣的功劳啊。"从这份奏疏的语气可以看出，富弼对刘太后的统治其实是不以为然的。此外，恢复制举、创设新科、扩大科举取士范围，实际上也对宋代的官僚机构造成财政压力，甚至形成仁宗亲政后的所谓"冗官"现象。

第三件，是治理滑州决河。滑州在今天河南省滑县，宋朝时濒临黄河，五代时期曾经是兵家必争之地。但我们也都知道，黄河作为中原地区的母亲河，除了给当地带来农耕必需的水资源外，还经常因为河决而给周边地区带来灾难。滑州河决发生在真宗天禧三年（1019），据《长编》记载，当时黄河首先在滑州城西北的天台山旁冲开缺口，然后城西南的堤坝也被冲溃，堤岸被摧毁的长度达到七百步，约近一千一百米。大水冲入州城，老百姓被水冲走身亡的不计其数。此后，河水流经澶州、濮州、郓州、济州，注入梁山泊，又与清水河、古汴河合流，向东流入淮河，一路下来，遭遇水患的州邑达到三十二个，可见当时灾情严重。河决之后，真宗立即派人修堤治水，但治而复溃，反反复复，直至真宗逝世，也未见成效，这不能不说是真宗留在人世的一点遗憾。仁宗即位，朝廷政局稍为安定以后，天圣元年（1023）正月，刘太后诏令中书与枢密院一同讨论如何堵塞滑州的黄河缺口。此后，朝廷不断派大臣前往滑州修河，当中以张君平为修河工程的主要负责人，鲁宗道、彭睿、程琳等大臣武将也被不断派往滑州修河前线监督视察。此后修河工程并未间断，一直到天圣五年（1027），朝廷下大决心，下诏征发丁夫三万八千人、役卒二万一千人，给予经费缗钱五十万，以堵塞滑州决河。至当年十月，滑州地方官上言已经完全堵住黄河缺口。当日乃旬休，按道理是不用上朝的，但刘太后与仁宗特意前往承明殿，诏辅臣说：“黄河河决已经很多年了，今天恢复故道，都是卿们计划的功劳啊。”

很明显，从刘太后垂帘听政开始，她就立心处理好滑州河决的问题，其原因有两个：第一，这是真宗未竟的心愿，刘太后为真宗完成这个心愿，也算是对他的一种追思。第二，是要以实际的政绩，建立自己在朝廷上的威信。刘太后作为女主垂帘听政，很多大臣士大夫并不心悦诚服，她之所以能顺利掌握大宋朝廷的军国重权，实际上只是真宗的支持以及天禧末年政治争斗的结果。故此，刘太后必须以实际的行动向朝臣证明，她的统治未必比男性皇帝差，而治理滑州决河，正是刘太后表现自己能力的机会。再者，灾伤之事，历来都被看作上天对世人的警示，当年滑州河决之始，真宗即派人“祭决河”，并且命御史弹劾有罪官员，其目的正是为了应此灾变，而今刘太后若能成功治理真宗朝遗留下来的这一严重灾情，实际上也能向天下臣民证明她垂帘听政乃得到上天的许可与承认。从上述史料可以看到，天圣五年（1027）以前，朝廷虽大力整修滑州决河，但并未太过急进，直至天圣五年才大幅度加大投入，使其功毕。其实这正是刘太后欲借治河之机来证明天意的表现，《宋史·五行志》记载，天圣四年（1026）宋朝发生了严重的水灾，甚至危及京城开封，导致"压溺死者数百人"，仁宗要"避正殿，减常膳"，宰相王曾甚至上章引咎辞职。虽然史书并未提及刘太后有所动作，但作为朝廷权力的终极执行者，她也不能就此免责，所以她必须尽快完成一项大功绩，以抵消这次水灾对她的影响。以水利工程应对水灾的警示，实在是再合适不过了，而当时最为重要的水利工程，莫过于迅速治好滑州决河。天圣四年（1026），王沿两次上章请求治理河北漳水渠，而刘太后的答复是"等大河的工程完成后再开始治理"，而这件事最终也不了了之，可见当时刘太后乃是把滑州决河工程作为重中之重的任务。天圣五年（1027）十一月，朝廷就治河之事举行祭祀，并施行封赏，据《长编》记载，太后甚至派人告谢天地、社稷、宗庙与大宋历代先帝的陵墓，命翰林学士宋绶撰写《修河记》，并且免除秋税百分之三十，优恤因河决而受灾的老百姓。宋代此前的救灾工程不在少数，但事后如此普天同庆的景象，实属少见。朝廷如此大肆庆祝这项治水工程的完成，其实乃刘太后向天地、社稷、宗庙以及天下臣民宣扬自己的功绩，是想让众人知道，她虽为女子之身，但一样可以像男子一样有所作为，治河工程的完成就是最好的证明。

二、经济政策

众所周知，宋代是中国古代商业发展的高峰，这在北宋初年已经显露出一些迹象。用商业手段促进经济发展，甚至解决政治问题，似乎已经成为宋代统治者的共识。这种趋势，在仁宗朝以后的经济改革中愈见明显。在天圣、明道间，刘太后顺应历史发展的趋势，颁布了一系列有利于商业发展的政策，这些政策使民间百姓受惠，同时也使中央财政收入有所增加。更重要的是，她开启了仁宗朝的改革之门，为日后仁、神两朝的经济改革奠定了基础。刘太后统治时期的经济措施主要有以下四条：

第一，调整客户对主户的人身依附关系。所谓客户，其实就是佃客、佃户，而主户就是地主了。宋初因唐末五代之乱，均田制遭受破坏，因此自太祖起，宋代便一直田制不立，不抑兼并，并且鼓励百姓开垦荒地。当然，因这些垦荒政策而得以受惠，由客户升为自耕农的农民固然存在，但大部分的情况是豪强地主通过利用这些政策大量兼并土地，使得"天下的田地，有一半为形势户（即豪强地主）所占据"。土地兼并的现象大量存在，更使得农民流离失所，他们当中的大部分人，成为客户。在天圣五年（1027）以前，客户对地主有非常紧密的人身依附关系。按照以前的法律规定，客户要离开原来的佃主，必须得其同意，而佃主对于客户，却多有刁难，不肯放人。天圣五年（1027），刘太后颁布诏令，规定了客户只需完成与主户的租佃合约，便可与主人商量离开；主人不得随意阻拦，否则须到县官处论定。这意味着客户与主户之间只存在纯粹的经济关系，从而减弱了客户对主人的人身依附。这一政策实施效果如何呢？元祐年间，王岩叟说："富裕的农民为了找人来当佃户，每年没有收成前，又是给他们借贷，又是提供物资，无所不至，一旦没有安抚住他们，明年他们就跑到别人家去当佃户了。"苏东坡也曾说："客户是主户的根本，如果客户没有吃的，流离失所，主户的田地也就荒废了。"这些言论都能够说明，天圣五年（1027）诏令应该是得到较好执行的。客户与主户间的人身依附关系减弱，就意味着客户得到更多的人身自由，他们只需完成与地主的租佃合约，就可以自由迁徙，或者去租种其他田地，或者选择其他职业，这一来解放了生产力，二来也为商业发展提供了必要的自由劳动力，所以刘太后这项举措，虽然看上去是对农业租佃关系的改革，但实际对宋代商业发展极为有利。

第二，置益州交子务。众所周知，世界上最早的纸币是宋代的交子，却很少有人知道，交子的发行，其实也是在刘太后统治时期。宋初比较流行的货币是缗钱，就是用绳子把一个个铁钱穿成一串。一般来说，一缗钱就是一千个，但在市面上，往往七八百个铁钱就可以穿成一缗（也叫一贯、一吊）。有史料说，宋代的缗钱，小钱十贯六十五斤，折合大钱一贯，也得十二斤，这些铁钱在开封街头走一下买些小东西是没问题的，但大宗的商业贸易，这些铁钱携带就很不方便了。宋代商业高速发展，原有的货币制度已经不能与之适应。宋初四川一带商业发展尤为迅速，所以铁钱不便于使用的问题特别明显，四川人民为了解决这一问题，自发形成交子。但此时的交子还不能算是货币，而仅仅是一种交易凭证。由于交子使用方便，很快就在四川地区流行起来。然而，印制交子的是地方的豪商巨贾，他们也不能保证自己的产业能永远运转，有些商贾也不免有破产之虞，而一些不法之徒也借交子之便进行欺诈，这使得一些交子不能如常兑付，从而引发危机。所以到真宗时，成都知府寇瑊甚至一度禁绝交子。

寇瑊的做法显然是削足就履，太过草率。其实早在真宗祥符末年，转运使薛田就已经提出解决办法，就是设置交子务，把交子交给官府经营，只是当时未能施行。天圣元年（1023），薛田代寇瑊守蜀，刘太后即下诏让他与转运使张若谷考量交子的利害。薛田与张若谷认为："如果废弃交子不用，那么贸易就不方便，还是请官府设置交子务，禁止民间私自制造。"于是刘太后又命梓州路提点刑狱王继明与薛、张等人一同商议，结果是"今若废私交子，官中置造，甚为稳便"。于是在当年十一月，刘太后下诏置益州交子务，当时所发行的交子一共折钱1256340缗。官方置交子务，标志着纸币作为流通货币正式问世，刘太后这次货币改革，减轻了往来商贾的负担，进而促进宋代商业的发展，乃至整个宋代经济的发展。且以纸币代替实物货币，乃世界首次，所以刘太后的这次货币改革，也可谓是开历史之先河，给人类社会留下范例，在世界经济史上有重大意义。南宋人唐士耻就这项改革对刘太后有所评价，认为她的措施是仁智之举，没有辜负真宗的托孤之意。当然，这里受惠的只是四川地区的百姓，但当时交子只在四川通行而未遍及全国，其实是经济环境所决定的，而并非刘太后故意抑制。

第三，茶法改革。宋朝自太祖乾德年间开始置榷茶务，其后，为解决边境战争的粮食问题，便允许商人先把钱粮运输到边境，然后在京师或各地取交引，再到各茶场凭交引领茶贩卖，这就是所谓的入中法。为了更有效吸引商人为边界输送钱粮，官府往往虚估茶价，即商人往边境输送钱粮后，京师及各地官府给予商人价值数倍甚至十数倍的交引，从而致使"边籴才五十五万，而东南三百六十余万茶利尽归商贾"。再者，交引大量派发，导致茶叶生产无法跟上，致使交引不能兑现，其信用值大打折扣。景德年间，由丁谓主持、林特负责，对茶法进行改革，这次改革虽然使朝廷收入大大增加，但也只是在原有制度上小修小补，把虚估从原来的十几倍降为两倍，并未触及茶叶入中制度的根本。乾兴元年（1022），由于西北兵费不足，于是又再招募商人入中，但单纯茶叶已经不能偿付商人入中的钱粮，所以增加东南缗钱、香药、犀齿，谓之三说，从此入中法又有了三说法之名。然而，入中法的弊病并没有根除，而虚估又开始上升。

天圣元年（1023）正月，刘太后设置计置司，使枢密副使张士逊、参知政事吕夷简、鲁宗道负责其中事务，以考究茶法利害。经过一番讨论，计置司认为原来的三说法已经不合时宜，请求行使贴射法，具体操作是这样的：原来官府把本钱给种茶的园户，园户收成后把茶叶运输到十三茶场，商人再拿着交引到茶场取茶。现在官府不给本钱了，让商人跟园户自己交易。怎么交易呢？举个例子，比如舒州（治今安徽潜山县）的罗源茶场，原本每斤茶卖五十六钱，当中二十五钱是官府给园户的本钱，三十一钱是官府的收益。现在官府不给本钱，商人也不需要送物资到边疆去换交引，而是把三十一钱交给官府（贴纳），然后拿着凭证就可以去跟园户直接交易了。当然，茶叶的价格是官府定的，而且如果当年的贴射额不足，仍然由官府向园户收茶叶。按照以往三说法的规定，朝廷对茶叶园户实行的是统购统销政策。天圣元年（1023）的改革，实际上是改"统购统销"为"自负盈亏"。再者，茶商与园户直接交易，且可当场验证，购入好茶，而因为茶商得先向官府贴纳息钱，朝廷的收益也得到了保障，这是实行通商之法，以市场手段进行调节，使茶叶买卖更趋于合理，同时也有利于宋朝商品经济的发展。

新茶法实施后，二府官员认为："省下来的钱和增加的收入一共达到六百五十余万缗钱。从前边疆的储备不足一年的供给，而如今多则有四年的储备，少的也有两年。至于东南茶叶也再没有积滞的弊端，虽然有焚烧毁弃的茶叶，但都是放了很多年，已经腐烂不可用的。"由此可见，新茶法确实利大于弊，虽然有些官员上书认为新法侵害了老百姓的利益，但实际上受损的只是部分富商大贾而已。刘太后也听从李谘等人的意见，继续推行茶法改革。然而，这次改革所触碰的利益集团实在过于庞大，以致阻力不断。天圣三年（1025）八月，由于上言诉说茶法不便的人太多，于是刘太后令孙奭等人加以详定。十一月，孙奭上言提出三条弊端，其一，好茶都给商人了，留给官府的都是不好的茶叶；其二，有园户每年交税不足，让他们像商人一样入息贴纳，有损他们的利益；其三，有奸佞之徒以贴射为名，侵夺官府的利益。孙奭提出新茶法的三条弊端，第一条与第三条其实不算什么，因为在市场法则下，商人既然以实钱购买茶叶，而并非原来的虚估，当然挑选好的茶叶，况且积存的所谓六百多万斤茶叶，当中有很大部分是之前宰执所言的"累年坏败不可用者"。而第三条提到不法之徒"强市盗贩、侵夺官利"，其实在任何制度下都可能出现这些现象，不法者总能钻制度的空子，因此而否定新茶法，实在有削足就履之嫌。最为关键的是第二条，按孙奭所言，新茶法严重损害茶叶生产者的利益。这其实是中国古代义利观的交锋。新茶法对于茶叶生产的园户，乃由"统购统销"转变为"自负盈亏"，在这种条件下，肯定会有一些园户因经营管理不善，或生产技术落后，从而使茶叶生产的数量与质量比不上同行，因而遭到淘汰，这是市场规则下的正常现象。但在古代中国，朝廷此举乃"见利忘义"，或"与民争利"，不为儒家思想所容，孙奭乃当时著名的儒家学者，提出此点，确实也切中要害。但他又请求"商人入钱以售茶者，宜优之"，可见他所代表的，其实是当时富商阶层的利益。

新茶法屡遭议论，可见朝廷当时承受的压力很大，刘太后此时势力尚未稳固，不能抵受如此压力，所以她不得不接受孙奭等人的意见，取消贴射法而重新实行三说法，这实在令人为之惋惜。《宋史》记载："自（孙）奭等改制，而茶法浸坏。"可见，刘太后当初主持茶法改革，其实是顺应历史潮流之举。这次改革虽然失败，但也是一次很好的尝试。嘉祐四年（1059），仁宗再次推行通商之法，此法一直沿用到北宋末年，足见当初刘太后的改革目光颇为长远。

第四，盐法改革。盐与茶一样，在宋代均属于国家专卖。天圣年间，陕西解县、安邑两地盐池，乃京师周围州县食盐的主要供应地。对于这两池之盐，京西、陕西、河北三地共三十七府、州、军，乃实行通商之法，由政府收税；京师、西京、南京、京东、京西、陕西、河东、淮南、河北共三京、二十八府、州、军，乃由政府专卖（禁榷），禁止商人私贩。在禁榷地区，由官府组织百姓轮流运输，造成"百姓困于转输，颇受其弊"。此外，也有人上书，说"县官榷盐，得利很少而为害很大。两池的盐堆积如山，上面长出的树木有二人合抱那么粗"，他们请求用通商的办法，以公平的价格售卖，以缓解老百姓的劳动力。于是，刘太后下诏让盛度、王随讨论盐法改革。二人与权三司使胡则商讨，认为通商有四大好处：第一，官府运盐，劳民伤财，致使"兵民罢劳"，"贫人惧役，连岁逋逃"，而通商之法可去其弊；第二，在运输过程中，会面临各种损失，官吏为补足斤两，不惜在盐中掺杂沙土等物，通商后食盐可以变得纯净；第三，富室大户藏富于家，不利于货币流通，通商后能"得商人六十余万，颇助经费"；第四，官府不再组织运输买卖，可减轻财政负担。

于是，刘太后下诏曰"罢三京、二十八州军的禁榷之法，让商贾到京师榷货务交钱，然后到两大盐池取盐"。这个方法跟当初茶法改革所实行的贴射法差不多。通商之议刚提出的时候，很多大臣并不同意，但刘太后却是"一意孤行"，于是她与大臣之间有一段精彩对话，她对大臣说："听说外面老百姓都深受恶盐的困扰，是不是呢？"大臣回答说："只有御膳及宫中的盐是好的，外面的都是混有沙土的盐。"太后说："不对，御膳用的盐也有很多沙土，不能吃。有人提议用通商之法，你们觉得如何？"大臣们都认为这样一来，官府的消耗就会增加。太后说："就算放弃几千万收入都可以，消耗就消耗吧，有什么害处！"众大臣就不敢再多说什么了。盐法改革的结果是"蒲、解之民皆作感圣恩斋"。

以上就是天圣、明道间刘太后所施行的经济政策。解放劳动力，是商业、手工业发展的必要条件；变实物货币为纸币，乃使货泉流通，从而促进商品经济的发展；茶、盐通商，也是宋朝经济商业化进程的体现。以上种种，均体现出北宋天圣、明道间的经济改革，有利于商业的发展。何以刘太后要出台这一系列政策呢？张明华先生认为，这一切与她本身是小工商业者出身有关，正因为她能切身体会经济对社会的作用，又能在早年有机会了解民间疾苦，才能"冲出传统贤明君主的仁德思想，顺应经济发展的需要，改变落后的生产方式和流通方式"。刘太后的出身，当然可以解释她为何积极推动有利于商业发展的经济政策，但这并不是全部原因，我认为，这些经济政策得以在这时期推行，有三大原因。

其一，宋代商业发展至真宗末年、仁宗初年，已经有一定规模。如文中提及的交子，在刘太后秉政之前已在民间出现，她只是促其成为官方货币而已。再如盐法改革，其实早有三十七州、府、军实行食盐通商，而太后也只是推动其他地方实行这种通商之法而已。试想，如果宋代商业不是已经发展到一定规模，太后又如何能将改革做到画龙点睛、水到渠成的效果呢？再者，无论货币，抑或茶法、盐法的改革，都是宋朝的国家大政，这些改革的实质，根本上是用商业经济的手段来解决政治问题，这种做法并非始创于刘太后，在宋初三朝中，也早有试剑之人。如宋、辽之间，自澶渊之盟后，设榷场互市，正是以商业手段解决外交问题。再如真宗时，丁谓为夔州路转运使，专责处理与当地少数民族的关系，他当时就采取"以盐换粟""以盐换马"等商业手段解决当地少数民族的实际困难，并化解了各民族间的矛盾，经济矛盾得到解决，其他问题也就迎刃而解了。上述的一些人与事，说明在刘太后以前，宋代商业从士大夫的思想到现实实践，都已经发展到一定规模，在这种商业环境之下，刘太后推行有利于商业发展的经济政策，既是效仿前人之举，同时也是大势所趋。

其二，爱民的统治思想在经济中的体现。先秦时代，孟子即提出"民贵君轻"的思想；至唐代，魏徵以古人之训对唐太宗讲"水能载舟，亦能覆舟"的道理。可见在中国古代，能够被称为仁君的，其首要条件乃是爱民。纵观刘太后出台的这些经济政策，其实均是便民之举，实际上也是爱民的体现。在茶法改革中，孙奭提出新茶法的三条弊病中，最为切中要害的，正是茶法有损于民。刘太后在天圣、明道年间乃宋朝的实际统治者，她当然明白"爱民"对她的统治是何等重要。她本身无宗族势力，在朝廷上又受到士大夫们质疑的压力，若提出或坚持有损于民的政策，她更无法在合法性与统治能力方面应对士大夫们的挑战。故此，在茶法改革中，她不得不屈服于孙奭等人的理由，否则她就有了"害民"之嫌；而在盐法改革中，她能把握主动，让士大夫们明白到她的改革乃惠民之举，故而才能一举成功。当然，要注意到的是，刘太后本身也有爱民思想，这正如张明华先生所言，她的这些仁政，其实与她本人的出身有很大关系。

其三，维护专制王朝的统治利益，这是刘太后推行有利于商业发展的经济政策的根本目的。诚然，这些政策有爱民、便民之意，但也有增加国家财政收入的目的。真宗"天书封祀"的闹剧，可以说把国家财用虚耗殆尽，到仁宗继位、太后垂帘之时，这种财政问题就突显出来了，朝廷上下可以说是捉襟见肘。面对这样的财政局面，刘太后及其统治班子必须有开源节流的举措。节流方面，天圣元年（1023），太后即命御史中丞刘筠、提举诸司库务薛贻廓"与三司同议裁减冗费"。开源方面，正是通过货币、茶法、盐法等改革，来提高国家的财政收入。通过货币改革，可使商贾流通，在促进商业发展的同时，国家也可以增加税收。茶法改革如上文所言，于朝廷收入大有增加，只是迫于当时朝廷内外的压力，改革不得不终止而已。至于盐法改革后，虽然从即时效果看，"岁课入官者耗矣"，也就是官府的收益减少，但从长远来说，却是"自是商贾流行"。且入官者虽耗，但通商法使朝廷得到另一种形式的补偿。景祐元年（1034），盛度上言说："解州之盐施行通商三年，收到盐种二百七十五万八千六百余斤。"正是因为有这些利益所在，盐法由禁榷转变为通商，成为一种历史趋势。至仁宗庆历八年（1048），"旧禁盐地一切通商，盐入蜀者亦恣不问"。由此可见，刘太后的盐法改革，的确把握了历史的脉搏，顺应历史潮流，她虽立足于大宋朝廷的根本利益，但其改革眼光也可谓远大。

宋代在中国历史上，是经济、文化发展的黄金时期，尤其是北宋年间各种经济、政治的改革，在很大程度上促进了整个宋代经济的高速发展。商业经济是宋代经济的重要特征，它绍端于宋初，而臻盛于南宋，仁宗初年刘太后的经济改革，则是宋代商业发展过程中承前启后的阶段。如果说仁宗庆历、嘉祐间的经济改革极大促进宋代商业的发展，则其改革模式乃成型于天圣、明道年间，无论茶法、盐法改革，抑或是货币改革，甚至劳动力的解放，都是如此。当然，商业得以发展的同时，也会给社会带来一些不良影响，当时社会上的官商勾结现象，正是其中之一。此外，商业的发展，固然会造就一批豪商巨贾，但这些大商人的利益，有时未必与商业发展的方向一致，茶法改革的失败就是典型的例子，因为新茶法触碰了这些大商人原有的巨额利益，使得他们极力反对这样的改革。然而，在宋代专制政权的条件下，商人对专制政府有很强的依赖性，他们只能依赖并利用政府为他们谋取更多的利益，而不能彻底改变这种专制制度。这种官商勾结，最终的受害者只是普通老百姓或小生产者，而商人的这种所谓参与政治，也未能造就近代资本主义的政治秩序，只能为当时带来消极的影响。刘太后的改革并没有解决这一问题，既得利益集团上与朝廷，下与小商人及小生产者的博弈，在此后宋代的经济改革中将不断出现。

三、对外交往

除内政外，天圣、明道间北宋的外交同样充满女主的特色。北宋建立之际，可谓内忧外患，宋初时期，宋朝与契丹、党项可谓战事连连。但至真宗时期，澶渊之盟订立，宋辽两国结束了宋开国以来的战争局面，达成了宋辽间百年无事的政治局势，中间虽然有一些小摩擦，但局势大致平稳，这种状态一直延续到宋金的海上之盟。刘太后垂帘期间，最重要的对外交往国家，当然也是北方的契丹。与北宋打交道比较多的还有西夏，但在天圣、明道的大部分时间内，党项首领是赵德明，他一直坚持臣服宋朝，故在此时期并未与宋朝有所冲突。赵德明于明道元年（1032）十一月逝世，其继承者元昊虽然在后来脱离宋朝统治，建立西夏国，但这是仁宗亲政之后的事了，故在刘太后垂帘期间，党项只是宋朝统治内的一个民族部落，而并非国家。自真宗与契丹缔结澶渊之盟后，两国一直和平相处，并且互有使节来往。

真宗驾崩后，大宋的报哀使还没到契丹，辽圣宗就收到了幽州的奏报，他立即召集蕃汉大臣举哀，宫中后妃也为之涕下。圣宗对宰相吕德懋说："我与皇兄没有结好之前，大家互相攻伐，各有胜负，我们约为兄弟至今二十余年了，现在皇兄奔天，他跟我是同一个月生的，比我大两岁，我还能有多长时间呢？"于是他哭了起来，然后又继续说："我听说皇侄年纪还很小，肯定不知皇兄当初跟我结义的深意，怕他被臣下离间，违背两国的盟约啊。"后来大宋的报哀使薛贻廓来到契丹，说明继续通好之意，辽圣宗高兴地对齐天皇后萧菩萨哥说："我看侄皇帝的来意，必定不会违背我跟皇兄的盟誓。"随后他又继续对萧菩萨哥说："你可以先写信给南朝的太后，述说一下妯娌之间的感情，这样使者往来，你的名字也可以在南朝传扬了。"从辽圣宗的话中可以体会出他对宋、辽两国的和平关系相当重视，这就使得宋朝在维护双方关系中比较主动了，起码圣宗在位时，不会主动挑衅宋朝，贸然与之开战，甚至对宋朝一些礼制、法度有不与契丹对等的，他也不以为忤。真宗驾崩后，他曾下诏曰："汉人的公事都必须按照南朝的法度行事，不能鲁莽。"这种和平的外交环境，对刘太后的对内统治是很有利的。

从上引史料可以看出，辽圣宗也曾让他的皇后萧菩萨哥致书刘太后，以"名传南朝"，这其实也引起了刘太后统治时期宋朝与契丹交往的一个特色：双方使节互相通问对方女主。乾兴元年（1022）八月，"以礼部郎中、知制诰张师德为契丹妻萧氏生辰国信使，西京左藏库副使赵忠辅副之"，宋朝派使者祝贺契丹皇后生辰，是从此时开始的。契丹方面也投桃报李，天圣元年（1023）正月，"契丹遣镇安节度使萧师古、咸州观察使韩玉来贺皇太后长宁节"。天圣三年（1025）九月，以"右正言、直史馆张观为契丹妻正旦使，东头供奉宫、阁门祗候赵应副之"，宋朝专门派使者祝贺契丹皇后正旦，则是从此时开始。同年十二月，"契丹遣彰胜军节度使萧穆古、潘州观察使郑文囿来贺皇太后正旦，辽使贺太后正旦始此"。从上述史料可知，宋、辽两国的太后与皇后，从天圣元年（1023）开始，即互贺生辰，而从天圣四年开始，即互贺正旦。于私交上，按照澶渊之盟规定，真宗乃圣宗之兄，故或如圣宗所说，此举之意是要"备述妯娌之媛"；又或者如叶梦得所言："契丹与大宋既然修兄弟之好，仁宗初年，耶律隆绪在位，对仁宗来说是伯父。所以明肃太后临朝，生辰正旦，契丹都派遣使者致书太后，本朝也遣使回报，就像弟妇给大嫂写信，双方没有猜忌。"

但是我认为，此举在政治上的意义远不止两国通好这么简单，因为外交乃朝廷军国大事，一向由男性主导。从《长编》史料的顺序看，无论生辰或正旦之贺，其次序皆非如叶梦得所言，相反，是刘太后首先遣使契丹，而契丹也报以同等礼遇。刘太后此举，显然是要把女主统治的权威延伸到外交中，她才是真正想把自己的名声传扬于外国者。值得注意的是，遣专使贺契丹皇后生辰、正旦，乃是刘太后统治时期的外交特色，此举在整个宋朝，可谓前无古人，后无来者。在辽圣宗驾崩后，宋朝对契丹后妃的祝贺，从皇后改成国母（即太后），而且一直延续至北宋后期。这种对契丹国母生辰与正旦的祝贺，并非始于刘太后。根据澶渊之盟，真宗应该称萧太后为叔母，所以在盟约缔结的次年，也就是景德二年（1005），真宗就遣使祝贺契丹国母的生辰与正旦，而由于萧太后是当时辽国实际的统治者，大宋对她祝贺的规格甚至高于辽圣宗，这是外交需要，而且一直延续到萧太后逝世。此后自仁宗始，一直延续贺契丹国母生辰与正旦的习惯，根据《长编》记载，起码到神宗时仍是如此。但是，这些贺契丹国母的使节派遣，都是在契丹有国母的情况下进行的，若契丹国内无国母，这使节就不会派了，如仁宗景祐元年（1034）辽兴宗囚禁其生母，宋朝就罢停了贺契丹国母生辰与正旦的使节。到后来兴宗重新迎回法天太后，宋朝才"遣使如故"。其后到神宗朝也是如是，熙宁九年（1076）开始，神宗只派遣贺契丹国主的生辰、正旦使，此后不再见宋朝派遣贺契丹国母的生辰与正旦使，这应该与辽国同时期的种种宫廷变乱有关。但是，在罢遣贺契丹国母生辰与正旦使的同时，除刘太后统治时期外，并未见其他皇帝或太后向辽国派遣贺皇后生辰与正旦使，可见此乃刘太后统治时期的外交特色。

事实上，自承天太后萧燕燕去世后，终辽圣宗之世再无垂帘太后，所以刘太后并不能找到与其地位相称的外交对象。若以女主身份通使圣宗，则不符合宋朝士大夫的伦理观念。乾兴元年（1022）六月，契丹使者来到大宋吊丧，准备离开的时候想亲自慰问刘太后，当时负责接待契丹使者的程琳说："以前先帝曾经与承天太后互通使者，但当今皇太后乃是贵国皇帝的嫂子，按照礼制，不应该通信问候。"叔对嫂尚且"礼不通问"，若嫂与叔通信，更是有乖伦常。刘太后想找到自己对契丹外交的切入点，就只有圣宗皇后萧氏，而萧氏首先向她致信慰问的举动，应该是她得到启发的源泉。刘太后与萧氏乃平辈妯娌关系，每年在双方皇帝互相祝贺的同时，自己与对方皇后亦能互贺，确实能体现出她"夫妇齐体"的伦理概念，与此同时，她也能享受到本朝太后未能享受的外交待遇，即在生辰与正旦接受外国使节的问候。

除对契丹皇后遣使祝贺外，刘太后对被派往契丹的使节控制得也甚为严格，使节出使契丹之前，必须先到帘前请对，方可成行。前文提到过，天圣二年（1024）时，李若谷被任命为契丹妻生辰使，但未向刘太后请对，直接跑到长春殿奏事，引至刘太后不满，即被罢使。再如天圣四年（1026），韩亿与田承说为契丹妻生辰使副，田承说自恃太后姻亲，向契丹妄传太后之旨曰："南北欢好，传示子孙，两朝之臣，勿相猜沮。"辽圣宗命大臣问正使韩亿为何不传太后之旨，韩亿说："本朝每次派遣使者，太后都一定会在帘前用这段话来告诫我们，并不是要专门转达给北朝的。"这个故事所表现的，当然是韩亿聪明机巧，善于应变，但从另一方面看，宋朝的外交主导权乃是在刘太后而非在仁宗手中，在契丹君臣看来，仁宗乃少年之主，能主持国事、主导外交的人，当然是刘太后。

那么，刘太后作为女主，是不是就能完全掌控宋朝的外交呢？显然是不能的，仁宗虽然不能主导外交事务，但宋朝士大夫的作用却不容忽视。总体来说，当时士大夫对外交的作用有两个。其一，限制外交中女主的礼制。这种限制并非直接施加于刘太后，而是通过对契丹使者的种种限制，以使刘太后的权力在外交中不能过分延伸。前文提及程琳"礼不通问"之语，就是在契丹吊慰使要求致问太后的情况下说出的。再如天圣三年（1025）正月，契丹遣朔方节度使萧从顺来贺长宁节，想请见太后，并且说南朝使者到契丹都可以见到太后，当时负责接待的薛奎反驳他说："皇太后垂帘听政，就算是本朝群臣都见不到她。"薛奎之所以阻止萧从顺见太后，乃与宋朝礼法有关，因为太后作为内廷女性，确实不应与陌生男子见面，所以听政的时候才需要垂帘，以遮挡其容颜。然而，无论是程琳的礼不通间，抑或是薛奎不让萧从顺当面谒见太后，都是不想女主过分涉足外廷的男性世界，打破男权社会的秩序，因为女主与女主之间的使节来往，尚可算是妯娌间的交往，但若直接面见使臣，则等同于让太后走出外廷，这是侵夺皇帝的权力，而且也不符合他们所提倡的礼法。

其二，在外交中打击一些契丹使臣的气焰，或为刘太后解决外交困局。在这一点上，士大夫与刘太后的利益是一致的，因为外交往往代表的并非刘太后或者仁宗的个人利益，而是整个大宋朝廷的利益与外交形象，当这两点有受到损害的可能时，宋朝士大夫对之加以维护，是责无旁贷，而当中的刘太后或仁宗，只是这种利益与形象的代表而已。某些契丹使臣，自恃国力强盛，气焰嚣张，上文提及的萧从顺就是其中的代表者，他为人桀骜不驯，除要求当面谒见太后外，在贺寿完毕之后，说自己病了，要求留在宾馆里，而不是按照约定的时日上路回去。仁宗派使者来慰劳他，又派太医来给他诊治，这些人往来于路上，好不气派。枢密使曹利用请停止这一切举动，萧从顺知道摆不起谱了，才愿意离去。再如天圣五年（1027），契丹遣昭德节度使萧蕴和政事舍人杜防来贺乾元节（即仁宗生辰），程琳又再当接待，萧蕴把位次图拿出来指着说："中国使者到契丹，坐在殿上，位置很高；现在契丹使者来到中国，却是安排下位，请把我们的座次提升一下。"程琳说："这是真宗皇帝所定的，不可以更改。"杜防又曰："大国之卿，能跟小国之卿对等吗？"程琳又说："南北朝有什么大小之分呢？"杜防不能应对。仁宗就此事令宰相讨论，有人认为这是小事，没必要争论，于是朝廷准备答应契丹使者的要求了，程琳说："小事答应了，缺口就会打开，他们就会要求大事。"他据理力争，最后萧蕴屈服。这些事情都体现出宋代士大夫在契丹使臣面前不卑不亢，坚持宋朝的国家形象容不得丝毫损害。

天圣四年（1026）契丹遣枢密副使萧迪烈来贺长宁节，但又随即派人拿着酒果等物来给萧迪烈等人，皇帝问宰相王曾："契丹派来送果酒的一共三十多人，已经到莫州了，可以随他们来吗？"王曾回答说："最好不让他们来，而用州兵代替，把那些果酒转交给萧迪烈等人就可以了。"契丹派人来送酒果等物，未必真有祸心，但三十余人跨境而来，也容易发生事端，王曾此举其实是防患于未然。当然，这只是小事而已，其实也可以看成是契丹使者的不恭态度，但若处理不好，或者也会制造麻烦。真正的外交困局，应该是一些涉及国家利益的军国大事，如第四章提到吕夷简成功劝阻刘太后借兵契丹讨伐高丽一事，就属于这一类。此事发生在吕夷简任相之时，应该是刘太后统治后期了，而在太后统治早期，也有类似事情发生。天圣二年（1024）冬天，契丹大阅兵，声言要到幽州（今北京）打猎，朝廷对此十分担心，于是刘太后问二府大臣，他们大多数人认为要准备粮草，训练军队，以防有什么变故。只有枢密副使张知白说："契丹跟我国交好才不久，如今他们举兵前来，是因为皇上刚刚登基，想观察试探我们朝廷罢了，我们岂可自己先去挑事呢？如果还是有所怀疑的话，现在不是河决吗，不如以防河为名派兵到河北，万一有变，也足够应对了。"由此可见，刘太后乃是在士大夫的帮助下，化解了这一外交困境。

综上所述，可以看到刘太后在其统治期间，确实有意提高自己在外交中的形象与地位，并且意图插手甚至主导宋朝的外交事务。然而，士大夫对她是有所限制的，她不能走出外廷直接处理外交事务，所以不得不倚靠士大夫处理一些外交困局，以维护大宋朝廷的利益与形象，女性意识与当时朝廷的人事格局，正在外交中得到充分体现，而和平的外交环境，也正是这种人事格局下的统治效果。宋人对这段时期的外交是这样评价的：

本朝只有真宗咸平、景德年间最为繁盛，当时我们与北方讲和，不需要打仗，所以人人生活富足，老百姓用车带着酒食和乐器，到处旅游，谓之"棚车鼓笛"。仁宗天圣、明道年间依旧是这样，但到了宝元、康定年间，元昊背叛，西方用兵，天下的事就多起来了，这种游玩之风就再没出现了。后来元昊称臣，皇帝绝口不谈战争。庆历以后，天下虽然恢复太平，但始终不如天圣、明道之前了。

这种评价，其实是高度肯定了刘太后主政时期的外交。

四、女性意识

什么是女性意识？据陈弱水先生阐释，"这个词语基本上意谓一个信念：女性应当从男人所掌控的社会政治结构以及支撑这种结构的意识形态中解放出来。换言之，'女性主义'追求在行动与意识上的解放"。中国历史上一些优秀女性政治人物都会在各个时代有限的条件下，尽其所能尝试伸张自己的权力，在这个过程中，她们本身固有的女性意识也能得到体现。陈弱水先生在他的文章中，论述了初唐期间包括武则天在内的一些女性政治人物的女性意识，据陈先生自己介绍，该文的主旨"是在揭示，从唐代高宗朝到睿宗朝的历史中，出现了女性政治人物试图提高女性地位的行动"，他进一步表示，他在这些行动中"看到了某种'女性主义的冲动'，一种要为自己和其他女性争取更高地位与更多权益的想望"。诚然，唐朝初年是中国女性政治发展的高峰期，当中所体现的女性意识也是空前的。然而，几百年后的宋朝，刘太后作为实际的统治者执政长达十一年之久，她的作为让当时的男性士大夫惶恐不已，怕在宋代出现第二个武则天。刘太后在争取女性权力方面的作为当然远逊于武则天，但在"试图提高女性地位"，以及为女性争取更多权益方面，她也作出了自己最大的努力。

在刘太后以前的中国历史上，有很多皇后或太后与在位的皇帝并称"二圣"，如《魏书·杨椿传》中，有两处涉及"二圣"一词，其一乃指北魏孝明帝与灵太后胡氏；其二则指孝文帝与文明太后冯氏。又如隋朝时，隋文帝与独孤皇后也合称"二圣"。唐代武则天更是如此，早在上元元年（674）的时候，唐高宗就号称天皇，皇后武氏号称天后，天下并称二人为"二圣"。她驾崩后，其侄武三思又建议说："大帝封泰山，则天皇后建明堂，封嵩山，二圣之美不可废。"可见"二圣"的意义并未因武氏去世而消失。

以上所列举的，都是在各自时代以预政闻名的皇后或太后，那么刘太后作为宋代女主，是否有"二圣"的称号呢？严格来说，她并没有正式得到这份殊荣，因为真宗在世之时，她虽然已经参与政治，但并没有像武则天那样被称为"天后"，也未像辽景宗皇后萧燕燕那样获得称"朕"的权力。而在刘太后垂帘期间，也很少见有大臣以"二圣"来并称她跟仁宗。但事实上，刘太后在其垂帘之后，立即给予自己"二圣"的认定。仁宗即位次年正月，"皇太后诏改元"，这就是宋仁宗的第一个年号"天圣"。在宋代就已经有人指出，天圣二字，拆开来就是"二人圣"，而仁宗第二个年号"明道"，也是取其"日月道"的意思。这就暗示着，在天圣、明道这十一年间，宋朝并非一人独尊，而是二人同圣，与仁宗一同被视为圣人的，当然是垂帘听政的刘太后了。太后的用意也很明白，历代有所作为的女主，大多与皇帝并称"二圣"，她自己当然也需要这种与其身份相符合的称呼。

然而，在中国古代的男权社会里，这种称号往往来自男性皇帝的授予，或朝中重臣的认同。在宋朝以前，贵族政治占据主流，皇后本人，乃是其家族势力的代表，故她们被称为圣，其实是后族分享皇权的一种象征。但经历了唐末五代的乱世后，中国的贵族政治几乎被消灭殆尽，皇权更趋于神化与独立，尤其是宋初三朝，基本确定了皇帝"一人尊强"的专制统治格局，后妃背后也已经没有了庞大的家族势力，故也很少再看见把后妃与皇帝并称为圣的现象了。显然，真宗生前没有赐予刘氏一些特殊的称号，而此时众大臣也不把她与仁宗并称为"二圣"，所以她只能在年号上做文章，变相为之，以暗示朝中大臣士大夫，她与历代英明女主一样，与皇帝同为圣人。这种年号，是太后女主权力的彰显，也是她女性意识的体现。

在她看来，女性应该跟男性一样，平等分享政治权力。

刘太后所要达到的"二人圣"效果，并非只限于年号上的暗示，也不只是追求与仁宗一同垂帘听政，她统治期间，颁布多种法律，发展科举制度，治理滑州决河，从而提高她的政治形象，并巩固其统治基础；在外交上，她主动与契丹皇后互通使节，这更是女性权力对外扩张的表现，这些举措，使"二圣"的概念在政治上得到深化。但这些似乎并不够，她同时还需要"二圣"的效果在礼法周全的中原王朝得到礼制上的确认，以彰显女主的权力，并昭示女性统治者地位的提高。在垂帘听政期间，她有很多礼仪的规格与皇帝接近，甚至想与皇帝等同。如她的生日，早在乾兴元年（1022）时就被规定为"长宁节"，与仁宗的生辰"乾元节"一样普天同庆。再如供她出入的仪驾乘舆大安辇，其规模与气派，在宋代可谓空前，其规格之高，也堪比皇帝。而她父亲刘通的名字，也像皇帝的名字一样，被纳入王朝的避讳系统之内，故当时的"通进司"一度被改名为"承进司"，而通判也被改为同判。凡此种种，足以昭显刘太后的权力与地位之高，虽然不能说超越皇帝，但也与之相差不远了。

天圣二年（1024）九月，刘太后在文德殿受册。按照宋初制度，太后受册一般在崇政殿，这是后宫之殿，属于内朝，在刘太后统治时期也只是"阅事之所"而已。而文德殿乃正衙殿，在宫中地位仅次于天安殿，按照它的位置，已经属于外朝。刘太后在文德殿受册，其实已经在礼制上冲破内朝的界限，闯入男性统治的外朝世界。事实上，她最初是想在最高等级的天安殿受册的，但在众大臣的反对之下，才退而求其次，选择文德殿。由此可知，男性士大夫还是想把女主限制在内闱里面，以使男性统治的格局与制度不被打破。前文提到的范仲淹上书一事，其实也相类似。在范仲淹看来，仁宗率群臣给太后上寿的举动，已经不是"奉亲于内"，而是跟百官一起在外朝朝拜太后，这是臣子的行为，所以"亏君体，损主威"，显然是破坏了男性世界既定的政治格局。然而，刘太后接受仁宗及大臣朝贺这种颠覆男女权力结构的行为，早在天圣五年（1027）就已经开始了，当时宰相王曾反对过，而如今哪怕范仲淹再次反对，最终也是徒劳。由此可见，刘太后对仁宗的影响力战胜了外朝大臣，而这种影响力，乃来自人类最原初的母子关系，这种关系在强调"百行孝为先"的传统中国社会里又有着不可忽视的力量，它是女性政治人物获取权力、伸张女性意识的主要源泉之一。

刘太后垂帘时期最为瞩目的礼仪事件，乃明道二年（1033）她以女主身份恭谢太庙。这件事其实在明道元年（1032）末就已经确定下来了，而且朝中就太后的服装、仪式等有所讨论。最开始的时候，太后坚持要穿皇帝的衣服衮冕去参拜太庙，参知政事晏殊要求太后穿《周官》中王后的服饰，但太后不同意，大臣们都不知如何是好。最终，另一位参知政事薛奎用他带着陕西口音的语调对太后说："太后一定要穿这些衣服去见祖宗，那是像男子那样参拜，还是像女子那样参拜呢？"最终太后不得已，于是在衮冕的基础上稍微作出删减，把太后参拜太庙当天的衣服定为衮衣，头上戴的帽子称为仪天冠。

到了明道二年（1033）参谒太庙之日，刘太后"服袆衣、花钗冠，乘玉辂以赴太庙。改衮衣、仪天冠，内侍赞导，享七室。……受册文德殿，帝奉贺"。这次参谒太庙，历来被视为她有心效法武则天的证据，所以王夫之才在《宋论》中指责她"乱男女之别，而辱宗庙"。其实不能怪士大夫们有这种想法，因为刘太后这次参谒太庙，乃沿用帝王礼仪，她所穿的衮衣，其实是皇帝在重大庆典时所穿衣服的低配版；而她所戴的帽子，虽然不是叫做"冕"，但其"前后垂珠翠各十二旒"，外表上已经跟皇帝没有差别了。再看她所乘坐的车，竟然是玉辂。所谓玉辂，乃是"五辂"之首，一般来说只有皇帝进行郊天大典的时候才会乘坐，是皇帝所乘车驾中规格最高的。此外，在文德殿受册，并接受皇帝及士大夫们朝贺参拜，依然如故。在王夫之等男性士大夫看来，刘太后这些举动最大的罪名，是"乱男女之别"，因为太庙本来就是男性皇权的象征，只能由皇帝祭祀，刘太后亲行祭祀太庙，不但侵犯皇权，更是以一介女流之辈扰乱男性世界的权力秩序，当年武则天称帝之前，也有过类似的举措。然而，刘太后此举也隐现着女性政治家对男权独裁的社会制度的反抗，男性可以做的事，女性为什么不可以呢？这正是一种女性意识的伸张，武则天如此，刘太后也是如此。

　　事实上，刘太后在明道二年（1033）亲自参谒太庙，并非事出无因，她当时的统治正面临着严重的危机。回顾明道元年（1032），其实当时应是天圣十年，只不过在当年发生了两件大事，刘太后才不得已，在当年十一月改元明道。第一件，乃江南、淮南一带发生了极为严重的饥荒，从当年正月"池州言民饥"起，饥荒范围不断扩大，在《长编》当年的记载中，朝廷不断有救济淮南饥荒的措施施行，可见其灾伤之严重。这次饥荒是刘太后统治期间仅次于滑州河决的第二大自然灾害，但事实上滑州河决是发生在真宗在世之时的，而且被刘太后成功治理，可以算是她的功绩，所以与这次饥荒不能相提并论。第二件事情，乃皇宫大火。天圣十年（1032）八月，开封皇宫发生大火，蔓延到崇德、长春、滋福、会庆、崇徽、天和、承明、延庆八座大殿，仁宗与刘太后只能跑到后苑中躲避。这次大火可谓大宋开国以来最大的一次宫灾，火势蔓延甚至摧毁了刘太后与仁宗的寝宫（崇徽殿与延庆殿）。饥荒是自然灾害，宫火或者是人为疏忽，但在中国古代，人们认为灾异是上天给予统治者的警示，如今宋朝在一年之内发生两次严重灾害，是否预示着身为统治者的刘太后有失德之处呢？或者是连上天也认为，刘太后应该马上还政？上天是肯定不会有任何想法的，但士大夫们的想法就多了，他们想趁此机会，要求太后还政。宫灾过后不久，滕宗谅就上言"国家以火德王天下，火失其性，由政失其本"，于是请太后还政，而在当年，奏请太后还政的，不在少数。要求还政，本身就是挑战太后的权力，而利用灾异事件要求太后还政，更是对她的能力以及之前功绩的否定。这是刘太后完全不能接受的事情，所以她需要更为高级的礼仪性活动，来宣示自己权力与地位的合法性。参谒太庙之举，就是要回应男性士大夫，自己虽然身为女子，但一样可以如男性皇帝一样，行使最高权力，并承担相应的责任，这也是要说明女主可以像皇帝一样有效治理国家。直到弥留之际，刘太后对此仍然念念不忘。她驾崩后，仁宗对辅臣说："太后病重的时候不能说话，还几次牵了一下自己的衣服，似乎想表达什么，这是什么原因呢？"薛奎曰："那是她想穿衮冕啊！但如果穿了，她又有什么脸面去见先帝呢？"可见她甚至想在死后仍然享受皇帝的葬礼。其实刘太后并没有自立之心，更无残害赵氏之意，她的一切举动，都只是想以女子之身享受皇帝的一切待遇。但仁宗听从薛奎的劝谏，以后服下葬太后，把她重新纳入当时男权社会的正常秩序之中。

按照刘太后的设想，这种二圣同朝的政治格局，不应该因她的逝世而结束。明道二年（1033）她驾崩之前曾颁下遗诰，要求"皇太妃……宜尊为皇太后。皇帝听断朝政，一依祖宗旧规，如有军国大事，与皇太后内中裁制"。其实这个时候仁宗早就已经成年了，按照当时的专制制度，皇帝一人独尊，实在不应该再让一个太后来垂帘听政。刘太后此举当然是出于对仁宗执政能力的不信任，但她又何尝不是想延续这种女性闯入男性世界而统治天下的格局呢？她本来就是开封街头一个卖艺女子，因机缘巧合，再加上聪慧勤奋，最终攀上权力的顶峰，让所有男性士大夫对她顶礼膜拜。作为女子能够让自己的人生达到这样的高度，本来也应该心满意足了。然而，她认为这种荣耀不应该及身而止，而应延续下去，让其他女性继续平分男性社会的权力，故此，她才会作出让杨太妃继续听政的决定。然而，在专制的男权社会里，无论是皇帝还是士大夫，都不会让这种女主称制的格局延续，所以在刘太后逝世次日，御史中丞蔡齐立即提出："皇上已经长大，熟悉天下的情况，现在才开始亲政，哪能够再让女后相继执政呢？"第二天，仁宗就删去了太后遗诰中"皇帝与太后裁处军国大事"之语。

其实，刘太后让杨太妃接她的班，继续垂帘听政，并非只有一纸遗诰而已，她本人在统治过程中，创设了一套与其垂帘听政有关的制度，她是希望把这些制度延续下去的。天圣九年（1031）六月，"翰林学士宋绶、西上阁门使曹琮、夏元亨上《新编皇太后仪制》五卷，诏名曰《内东门仪制》"。这部文献，实际上记录了刘太后垂帘听政期间各种相关制度，如果能流传下去，必定可以成为宋代女性政治的典范之作，不但杨太妃，甚至以后的宋代后妃，也可以据此在礼制上继续分享男性的皇权；而到今天，它也可以成为研究宋代女主垂帘制度历史的重要文献。然而，男性士大夫认为这些制度实在僭越太过，不想为后人所效法，于是把它烧毁了。正如贾志扬先生所言，刘太后是想建立一份历史遗产，可惜的是一众士大夫以及仁宗还浸泡在女主垂帘的恐惧之中，且惧怕女主接踵而来，继续破坏男权统治的格局，从而草率地毁灭了这份遗产；而作为继承者的杨太妃，也没有刘太后的手腕，能够延续女主与男性皇帝分享权力、共治天下的局面。

除礼制外，刘太后统治时期所颁布的一些法律，也能体现她伸张女性意识的主张。大宋皇帝常常会亲自裁决一些特殊案件，尤其是发生在京城的案件，刘太后作为实际上的最高统治者也不例外。其中，有两个案件特别值得留意。第一件发生在天圣六年（1028），当时，开封府上言说："有一个老百姓叫冯怀信，曾经放火，他的妻子极力劝阻他。后来，他又令妻子偷摘邻居的水果，妻子不听，他就用刀来威胁，妻子害怕了，于是就到官府去告丈夫。按照法律，妻子告丈夫死罪的，应该判流放之刑，而冯怀信则在当日被免除刑罚。"太后听了，说："这完全不符合人情！"于是判处冯怀信杖脊，也就是打板子，并刺配广南牢城，而他的妻子则特赦释放。第二件是天圣八年（1030）在开封发生的贵戚殴妻至死的案件，刘太后知道后大怒说："夫妇齐体，怎么就把人打死呢？"刘太后本来要判处杀妻的贵戚死刑，但最终因此事发生在南郊大赦之前，所以只能按例免死。对这两个案件的处理，充分体现出刘太后对儒家理论中限制女性的"三纲五常"的反抗。第一个案件中，犯罪者被免除刑罚，而告发者却被判处流刑，其原因仅仅是妻子不得告发丈夫死罪，这一理由可谓荒谬，不但置法律于不顾，更是中国古代男女不平等的极端表现。刘太后重新改判，释放守法的妻子，不但维护了法律的尊严，也维护了女性应有的权利。第二个案件中，"夫妇齐体"一语，乃刘太后发自内心，她认为，夫妻应是平等关系，法律不应偏向丈夫而歧视妻子。更进一步看，"夫妇齐体"，其实也正体现出她心里男女平等的理念，如前所述，这种理念也在她的政治生涯中得到充分的实践。然而，刘太后并不满足于提高自己的地位或为自己争取更多的权力，她的一些作为、她所颁布的一些法律、诏令，均隐现着提高当时妇女地位，或为她们争取权利的意向。

　　首先是礼制方面，按以往规定，作为父亲的后代，是不能够为被休弃的母亲服丧的。但到宋朝，这种礼制已经不能严格执行了。乾兴元年（1022）开封判官王博文的母亲逝世，王博文年幼丧父，母亲改嫁，如今他提出"现在去世的人都应该祭祀，这并不妨碍居丧守孝的制度"，于是请求丁忧服丧。王博文的行为在朝中大受非议，故他能解官服丧，必定得到当时刚刚垂帘听政的刘太后的赞同。在后来的《天圣令》中就规定，"母亲出嫁，作为父亲后代的儿子虽然不必为出嫁的母亲服丧，但也要服心丧"，这种规定虽然未能完全肯定儿子为改嫁母亲服丧的行为，却是有意提高改嫁女子的地位，并且照顾亲生母子之间的人伦关系，显得更加人性化。

其次，在遗产继承方面，据《宋刑统》记载："唐代开成元年七月五日敕令，从今以后，如果老百姓以及在大唐生活的各色人等死绝之后，没有男性后代，只有女儿，已经出嫁的，根据令文应该获得死者的资产。"由此可见，唐代已经规定出嫁女有继承户绝之家财产的权利，但并没有具体指出份额多少。到了宋初，《宋刑统》继续记载说："臣等讨论后认为，请从今之后，户绝的人家，所有店宅、畜产、资财，除去丧葬功德所需费用之外，如果有出嫁女的，应该给予三分之一，其余的全部充公。"由此可见，宋初已规定出嫁女可继承户绝且无在室女之家财产的三分之一，但这并不包括田产在内，且余下三分之二财产全部充公。天圣四年（1026）刘太后着审刑院审定颁布了《户绝条贯》，其文如下：

今后户绝之家，如果没有在家的女儿，有出嫁的女儿，那么现金、房子以及其他物品，除去丧葬费用外，给予三分之一；如果没有出嫁的女儿，那么这三分之一就给予出嫁的亲姑、姐妹、侄女，剩下三分之二如果死者在生时，有亲属，或者入赘女婿、义子、随母亲改嫁过来的儿子等一起居住的，并经营家业，耕种田地，一直到户绝之人身亡，总共达到三年以上的，那么他可以获得这三分之二，另外店铺、财物、庄田都给他为主；如果死者连出嫁亲姑、姐妹和侄女都没有的话，那他的财产就全部给跟他同居的人；如果同居不足三年，以及户绝之人孑然一身没有同居者的话，那么财产就充公，田地按照法律平均分配给近亲；如果没有近亲，那就分给从前耕种或者分种之人，让他们纳税，并成为田主。如果去世之人有遗嘱，且验证明白的，那就按照遗嘱进行分配。

与《宋刑统》的条文比较，《户绝条贯》的进步有两点：首先是清晰安排了户绝之家的继承顺序；其次是把近亲女属，如亲姑、姊妹及女姪也纳入继承人的范围。此外，在不久之前，朝廷重申户绝之家，丈夫死前如果已经分家，财产只能由妻子继承，而丈夫的兄弟不能染指；如果妻子带着丈夫的遗产改嫁，后夫也不得占有。这不但充分体现了刘太后"夫妇齐体"的思想，并且更进一步保障了夫死改嫁女性的财产权利。条文规定如此，具体执行如何呢？据《长编》记载，天圣六年（1028）雄州上言："民妻张氏户绝，田产按照法律，应该给她的出嫁女三分之一，其余的三分之二尽管有同居外甥，但估价有一万多缗钱，应当上奏，听取朝廷裁决。"仁宗说："这些都是老百姓们早晚经营所得，官府不能看到钱多就想充公，全部按照法律给他们就是了。"这桩案子所透露的信息有三个：其一，"民妻张氏户绝"，意味着张氏的丈夫死后，她作为妻子首先继承了所有的遗产；第二，张氏死后，财产一如《户绝条贯》所规定的执行，出嫁女和同居外甥均得到应得的一份；第三，朝廷不允许地方政府因为遗产价值高而把它没收入官。由此可见，《户绝条贯》在刘太后统治时期是得到贯彻执行的。更重要的是，在这个案例中，宋朝廷更进一步规定了田产也属于出嫁女可继承的财产。

其三，颁布系列诏令，改善军人及流配者妻子的生活境况。如天圣元年（1023）诏令，裁造院所招的女工，及军士妻子配隶在南北作坊的，放其自由。天圣四年（1026）九月，诏令从今配隶军人（刺配充军者），他们的妻子每日给口粮，一直到发配的地方。至天圣九年（1031），朝廷更进一步规定，逃亡军士的妻子被拘押在本军营的，经过赦免后，可恢复自由。也就是说，即便是逃亡军人的妻子儿女，境况也能有所改善。对待军人妻儿如此，流配囚徒的妻儿也是如此。天圣七年（1029），诏罪人流配到其他州，但妻子儿女不愿意跟从的，听其自由。也就是说，妻子不必根据"出嫁从夫"的原则，跟随丈夫到流配之地受罪。关于此点，《天圣令》中有进一步的规定："诸流人科断已定，及移乡人，皆不得弃放妻妾。如两情愿离者，听之。"根据令文的意思，被判流罪之人，不得随意抛弃妻子；相反，妻子不但可以不跟从丈夫到流配之地受罪，如有必要，更可以与丈夫协议离婚，这就让妇女在这种特殊的婚姻关系中有了更多的主动权。

当然，无论刘太后再怎么努力，都改变不了中国古代男权社会的事实。当时，儒家理论中男尊女卑的思想深入人心，以刘太后一人之力，是不能颠覆男权社会的既有秩序的。有一次太后与仁宗一起出行，她想其大安辇先仁宗而行，参知政事鲁宗道说："妇人有三从，在家从父，嫁从夫，夫殁从子。"于是她只得命令大安辇跟着仁宗的乘舆。由此可见，她本人虽然很无奈，但却不得不遵守妇人"三从"这一现实的社会道德规范。重责冯怀信而释放其妻，确实是她对不公法律的挑战，但也只能算是个案而已；在贵戚殴杀妻子的案件中，权知开封府寇瑊一句"有司不敢乱天下法"，就迫使她不得不放弃原来的想法，赦免那贵戚的死罪。其他一些法律、政策，多数也是顺应人情而为之，并未能真正突破男权社会的藩篱。她能够做的，只是在社会主流思想允许的范围内，尽量提高女性的社会地位，伸张女性的权利，并让男女达到一个相对平等的状态。中国妇女要真正挣脱男权社会主流思想的束缚，还需要有更大的时代变革。虽然无奈，但她并不甘心，在垂帘听政的十一年间，刘太后运用自己独到的智慧，一度使女主权力在宋代得到彰显，并以女子之身实现了"立朝纲、平天下"的政治理想。

第七章

◎

垂帘终成宋典范

一、章献明肃

也许是去年的灾荒，再加上皇宫大火，确实让刘太后心力交瘁，她从明道二年（1033）初开始，身体就逐渐变差了，尽管在这一年的二月她穿着类似衮冕的衣服完成了祭拜大宋太庙的壮举，却也阻挡不了死神的召唤。三月二十五日（庚寅），皇太后不豫，仁宗大赦天下，乾兴以来被贬谪的官员，死者复其官，生者往内地迁徙，连当初包藏祸心的丁谓也被特许致仕，也就是退休。读者们可能会很奇怪，这还算恩典？当然算，在宋代，没有致仕，就还算是在朝廷的编制里，犯罪的官员还是官员，朝廷有任何理由把他编排到一个山旮旯的地方当个半死不活的小官，很多官员就是被这么折腾死的。但致仕了，不但获得自由之身，而且还能够享受退休待遇，安享晚年，这如何不是恩典呢？除大赦外，朝廷还招募天下有才华的医生赴京师为太后治病，并且剃度僧道，为太后祈福。然而，这一切举措都不能挽回太后的生命，三月二十九日（甲午），刘太后在宝慈殿（原来的崇徽殿，去年皇宫大火后改的名）驾崩，享年六十五岁。

太后驾崩后，仁宗是实实在在地哭了几天，毕竟此时在他心目中，大娘娘依然是那个生他养他教导他成长的亲娘。可是没几天，一如刘太后生前所料，一旦失去她的权力制约，皇帝非她亲生的秘密就会被揭发。仁宗立即派兵包围刘家府邸，并且到奉先寺开棺验尸，在发现李宸妃乃以后服入殓，且容貌依旧栩栩如生后，才感叹了一句："自今大娘娘平生分明矣！"仁宗似乎是不再追究刘太后过往的一切了？其实不然。仁宗对太后有亲情，但也感到压抑，这种压抑非比寻常，毕竟太后对他的管束非常严格，甚至可以说，仁宗之所以仁（懦弱），就是太后一手造成的。而年轻人总有叛逆的时候，一旦听到生母并非刘氏，而另有其人，以往的道德枷锁一下子打破，叛逆的行为也就随之而来了。太后没有把皇帝生母怎么样，一切都按照正常的礼制，甚至高于正常的礼制，皇帝自然不能追究她和她的直系亲属，但心中之恨，并非一句"大娘娘平生分明矣"可以抚平的。不久之后，太后曾经重用过的宦官，包括罗崇勋、江德明、张怀德等，被统统贬斥到地方去；而外戚王蒙正、马季良等也被严厉对待，哪怕是钱惟演，也会在本年九月被拿掉同平章事的头衔。随后，太后生前的宰执班子，除了拜相没多久的张士逊，及刚拜枢密使的杨崇勋外，其余统统被罢免，包括为仁宗策划此事的宰相吕夷简，也因为郭皇后一句"夷简独不附太后耶？但多机巧，善应变耳"，而被罢相。当然，郭皇后这句话，也为她后来的悲剧埋下了伏笔。而原来一些因上书要求太后还政的，或在太后统治时期反对过她的官员，如王德用、范仲淹、孙祖德、刘涣等，纷纷得到重用。

范仲淹就是在这种情况下被召入朝廷成为右司谏的。按道理说，范仲淹应该对仁宗感恩戴德——可能仁宗就是这么想的。当时朝廷上跟红顶白的人非常多，看见仁宗大有变革之志，他们似乎嗅到了什么风向，于是纷纷上奏，不但有要求改变太后主政时期政策的，还有主张追究刘氏族人，乃至太后本人的。诽谤之言，纷至沓来。而此时，范仲淹站了出来，对仁宗说一句"宜掩其小故以存大德"，也就是请求仁宗回想太后过往对他的种种保护之恩，不要再追究她在政治上的僭越之举。范仲淹此时站出来说这番话，实在是难能可贵，因为之前为太后说过话的人，很多都被贬了。可范仲淹就是范仲淹，当初反对太后垂帘，是为了赵家的正统礼制；而如今反对追究太后往事，也是持公正之论。既然他当初不怕太后，如今也更不会因为仁宗的知遇之恩，而不敢言直谏。其实这就是宋朝的优秀之处，尽管趋炎附势的大臣很多，但也有很多正直的名臣只论公议而不夹带私情。比如张知白，在真宗朝时，与王钦若在公事上有隙，后来丁谓当国，把王钦若调去分管南京应天府，又把张知白调去当南京留守，意在让张知白报复王钦若，可张知白对王钦若却甚为优厚。再如刘太后时期的鲁宗道，经常贬损曹利用，可在天圣七年（1029）曹利用被诬告有反心时，他却站出来为曹利用说了句公道话。主政者对于这种敢言之风一般持开放态度，起码在北宋后期以前就是如此的，所以这也造就了北宋开放的言路，尤其是仁宗朝时期台谏官员的"风闻言事"。

　　仁宗这次听从了范仲淹的意见，毕竟他对刘太后还是有感情的，而且刘太后是真宗亲自册封的皇后，在礼法上也是他的嫡母，作为皇帝，他必须把这套孝道的礼仪走完。然而，他心中依然有一根刺，他还是想通过什么事情来伸张自己的权力与主张。明道二年（1033）末，皇后郭氏被废一案，可以说就是他向朝中大臣展示自己权力的契机。我在第三章里讲过，仁宗当初喜欢的女子不是郭氏，而是张美的孙女张氏，但在刘太后的强势之下，他不得不立郭氏为皇后。仁宗跟郭氏有没有感情呢？我不能说没有，否则就不存在他跟她说起罢免宰执之事，从而让郭皇后嘴碎了吕夷简一句，让吕夷简也罢相了。但要说他跟郭皇后感情很深吧，其实也不然。可能是刘太后在生前对他管束太过，让他不能接近宫中女色，所以太后一旦驾崩，仁宗就如放飞的野马，在宫中纵情声色，宠爱杨氏和尚氏两位美人，并且在本年十一月追册已故的张氏为皇后。有皇后在世而追册另一女子为皇后，这在大宋是绝无仅有的事情，但仁宗自己一人竟然就干过两次。

　　死者如是，生者更是仗着仁宗的宠爱作威作福。十二月，尚美人在仁宗面前对郭皇后出言不逊，是可忍孰不可忍，郭皇后急怒攻心，随手就往尚美人脸上招呼一巴掌，可此时，仁宗保护爱姬心切，飞身挡在尚美人面前，郭皇后这一巴掌，就这样结结实实地落在了仁宗的脖子上。史书上说郭皇后之所以有这一举动，是因为她生性妒忌，但我认为这是史书对她的刻意丑化，目的可能是要维护仁宗的形象。郭氏并不是没有见识的人，她能在仁宗面前指出"夷简独不附太后耶？但多机巧，善应变耳"，说明她看问题非常精准。只不过她是沙陀人，性格太直爽了，得罪人而不自知。至于娇妒，也不看看仁宗自己做了什么事情？根据史料，尚、杨两位美人在景祐元年（1034）被赶出皇宫，而原因则是仁宗因近女色过甚而导致"不豫"，宣告病危。他老爸真宗到了晚年才有这毛病，仁宗年纪轻轻就已经如此，可见失去了太后的管控，他是如何放纵自己。郭氏作为六宫之主，一来不受皇帝宠幸，二来看见后宫混乱如此，加上自己脾气直爽急躁，一气之下，教训尚、杨二位，也是情理之中——当然，如果按照其他皇后的做法，可能是忍让忍让再忍让，如后来的曹皇后，以及哲宗孟皇后。

可无论如何，在中国古代，皇帝是至尊，就算是太后、老师们要批评教育他，都要斟酌一下措辞，更何况是打在他身上了。故此，郭皇后这一巴掌，已经是冒犯天威。仁宗很生气，后果很严重，他立即跟被召回朝重新拜相的吕夷简商议，要废掉郭皇后。这一回，吕夷简报仇雪恨的机会到了，现在皇上要废掉郭皇后，他如何会不支持？但宰相支持，台谏可不干。废后是什么事情，按照台谏们的话说，那是"失德之举"。为了让仁宗不至于失德，以范仲淹为首的台谏集团集体出动，对上劝谏仁宗不能废后，对下抨击宰相怂恿皇帝做此失德之事。可仁宗却是一意孤行，在十二月下诏旨，以"皇后以无子愿入道"为理由，把郭氏废为净妃，并把她迁到长宁宫居住。

仁宗废后，并非憎恨郭氏，更准确说应该也是为了宣泄太后当政以来自己积压的怨气——后来他自己也悔恨此事，想召回郭氏，可一切太晚了，据野史记载，听到风声的阎文应以诊病为名，派人把郭氏毒死了。宋代有两个皇帝废后，一个是仁宗，一个是后来的哲宗，而他们的共同之处，都是太后（或太皇太后）垂帘听政多年，所以废后也是一种宣泄。但跟后来哲宗废后不一样的是，仁宗废后的决心最开始并没有那么坚定，尽管吕夷简出于报复，不断撺掇，但仁宗依然犹豫不决。然而，以范仲淹为首的台谏官们知道此事，立即介入，就激起了仁宗的反抗之心。他才刚刚摆脱了母后的掣肘，而这些台谏官们都是自己一手提拔上来的，本来想倚重他们让自己在政治上一展拳脚，却先被管起家事来，可谓是刚脱牢笼，再陷藩篱。如此一来，废后与否，已非正题，仁宗欲借此立威逞强，才是题中应有之意。再加上宰相、内臣的挑拨煽动，废后一事就更加骑虎难下了。这一幕废后大戏，可谓惊心动魄，十分精彩。而最后的结果是，被仁宗一手提拔的台谏们，被尽数赶出朝廷。然而，台谏也因此获得了正直敢言的名声，为他们将来在官场的发展打下基础。可以说，大宋朝若无范仲淹等勇于直谏的名臣，就不是那个政治风气开放、文化飞速发展的大宋朝了。

除了自己的感情问题外，仁宗还有一件事必须解决，那就是自己生母李宸妃的身份问题。四月初七（壬寅），当他得知生母为李宸妃后，立即下旨追尊她为皇太后，并且改葬于永定陵。永定陵就是真宗的陵墓，由于他驾崩之时，潘皇后与郭皇后早已去世，所以前者乃附葬于太祖永昌陵，而后者附葬于太宗永熙陵。换言之，至刘太后驾崩时，真宗永定陵是没有附葬的皇后的。按道理说，刘太后是真宗亲自册封的皇后，她应该才是附葬于永定陵的那一位，也是长伴真宗于地下的那一人，这其实也符合真宗的意愿。可现实是，死者的意愿必须靠生者来实现，而显然仁宗在一时冲动之下，想让自己的亲娘永远陪伴真宗。此时史书上并没有记载刘太后的下葬之地，我怀疑最初之时，她陪伴真宗的权利有可能是要被剥夺的。不过在"大娘娘平生分明"之后，一切回到正轨，毕竟仁宗对刘太后有再多的不满，也要按照儒家的礼仪来安排两位太后的后事。四月二十八日（癸亥），刘太后的谥号被定为"庄献明肃"，而李宸妃的谥号是"庄懿"。之所以刘太后的谥号为四个字，是因为她曾经临朝称制，而这也成为宋代后来的制度，即太后只要曾经临朝听政，驾崩后即可获得四字谥号。

接下来就是两位太后神主安放的问题了。按道理来说，太庙里的皇帝只应该配一个皇后，可真宗的皇后实在太多了，此时也早就将郭皇后的神主放进太庙真宗室中。五月，钱惟演被罢景灵宫使，并被要求返回洛阳判河南府，他知道太后一死肯定倒霉，于是上了一道奏章，称颂了李宸妃的美德，并指出，本朝孝明王皇后、孝章宋皇后均配祔太祖之室，而懿德、明德、元德三位皇后均配祔太宗之室，所以现在也应该把庄献明肃和庄懿两位太后配祔真宗之室。钱惟演恐怕搞错了一件事：当时配祔太庙太祖之室的只有孝明王皇后，至于孝章宋皇后的神主，要到神宗元丰六年（1083）才配祔到太庙太祖之室，须知道宋皇后逝世时，宋太宗甚至不愿意为她发丧。但无论如何，孝惠、孝明、孝章都是太祖承认的皇后；懿德、明德也是太宗承认的。元德李皇后是真宗的生母，所以真宗即位后也马上把她追尊为太后，但一直到大中祥符七年（1014）才敢把她配祔到太庙太宗之室。此时钱惟演提出让两位太后立即配祔真宗之室，说白了就是想逢迎仁宗。

刘太后对仁宗有保育之情，李宸妃对他有生育之恩，他何尝不想让两位太后进入太庙，永世享受大宋子孙的供奉呢？可问题是，这种事情不能立即公开做。刘太后就算了，毕竟那是自己亲爹承认的妻子，可李宸妃算什么？虽然那是自己的生母，可总不能硬生生给老爹塞个妻子吧？于是，他把钱惟演的这封奏章发到太常礼院，让礼官们来讨论一下，他是真心希望，礼官们说这事没问题，就这么办，那他就可以理所当然地把两位太后的神主安放在太庙了。可礼官们并不给这个面子，六月，太常礼院上言，认为按照礼制，每室一帝一后，这才是正理。他们还一一驳斥了钱惟演的所谓先例，认为太庙真宗室中配袝郭皇后就够了，刘太后应该在后庙享受祭祀，而李宸妃没有并袝之理。仁宗不死心，让都省跟太常礼院再议一次，但他们议论的结果是：太庙只配袝郭皇后一人就够了；刘太后辅助皇帝十几年，神主放在后庙确实不合适；至于李宸妃，诞育圣躬，确实应该另外立一座庙来供奉。所以，两位太后应该另立一庙，把她们的神主都放进去，以区别于其他安放在后庙的皇后。仁宗无可奈何，也只得同意。

九月二十日，刘太后与李宸妃的灵驾出发，仁宗亲临祭奠；十月初五，两位太后的遗体被安葬在永定陵，她们一直陪伴在真宗身边，直到今天，河南巩义的宋代皇陵中，依然能找到这两位太后的陵墓；十月十七日，两位太后的神主被安放在新建的奉慈庙；十月二十六日，刘太后的御容被安放在慈孝寺彰德殿，李宸妃的御容被安放在景灵宫广孝殿。至此，"狸猫换太子"故事中的两位女主角，才终于得到安宁。不过故事还没有完全结束，因为仁宗还要继续为他的生母争取荣誉。一直到庆历五年（1045），在仁宗的争取之下，才把刘太后与李宸妃的神主配袝太庙真宗之室。而在此之前，庆历四年（1044），有礼官上言说，"孝"字与太祖的谥号相连，所以太祖的皇后谥号中都有"孝"字；"德"字与太宗谥号相连，所以太宗皇后的谥号里都有"德"字；而真宗谥号是章圣，但他的皇后的谥号都带"庄"字。于是，仁宗下令，改"庄"字为"章"，从此，刘太后的谥号就是"章献明肃"了。在史书中，所谓"章献太后""明肃太后"或"庄献太后"等，其实指的都是刘太后。

二、垂范后世

说起中国历史上的女主，很多读者可能都会想到汉之吕、唐之武，或者清朝的慈禧太后。就外戚干政而言，汉朝是最严重的，以至于现在的历史课本上，都把东汉中后期的政治特征归结为外戚与宦官交替专权。而女主权力最盛的，当然是唐朝的武则天，非但她本身成为中国历史上唯一一位女皇帝，她还同时影响着其他同时代的女性，以致她驾崩后，韦皇后、安乐公主、太平公主等为了政治权力而前赴后继。慈禧太后的权力虽然大，但在清朝也只是算个异数。提到女主，似乎没有多少人会想到宋朝，可中国历史上女主垂帘听政数量最多的朝代，确实就是大宋，北宋跟南宋的垂帘太后加起来，竟然有九位，而垂帘的次数达到十次。宋朝有很多标签，比如"重文轻武""积贫积弱"等，但女主政治绝对不是它的标签之一，之所以如此，可能正如《宋史·后妃传》卷首所言："宋三百余年，外无汉王氏之患，内无唐武、韦之祸，岂不卓然而可尚哉！"说白了，就是没有折腾出什么大问题来。

明道二年（1033），随着刘太后逝世与仁宗亲政，宋初首次太后垂帘听政也宣告结束。纵观刘太后执政这十一年，宋代并没有出现唐代女主称制、祸及朝廷、皇室的局面；相反，在其主持下，宋真、仁两朝得以顺利、平稳过渡。刘太后作为女主执掌朝政，虽然也不免有外戚、宦官参与政治，甚至造成一些消极影响；刘太后本人权力欲也不小，其专制权威甚至压过仁宗。但与前代某些女主相比，她对于大宋朝廷和赵氏皇室，其实是功大于过。王夫之在《宋论》中对刘太后大肆鞭挞，但也暗示出她实际上就是宋代后妃垂帘听政局面的开创者。虽然刘太后确立的一些制度，其文字记录因统治者的偏见而被毁弃，因而未能留传后世，但她毕竟是宋代第一位垂帘太后，她的垂帘听政模式以及从中产生的政治影响，也一直延及整个宋代。及后，在宋人的记载中，经常会出现"章献明肃故事"的字眼，其所指的就是刘太后所创设的各种先例。宋代太后垂帘听政，基本上都是因循"章献明肃故事"，尽管她们的模式会有所不同，但归根到底还是追随刘太后的步伐。

刘太后去世后，遗诰尊太妃为皇太后，皇帝听政如祖宗旧规，军国大事与杨太后在宫中裁处。她至死也要把皇权托管于另外一位后妃，而不想交还给仁宗，这既是她对仁宗理政能力的不信任——事实上她看得很准，也是她把女性与男性君主共享皇权的局面延续下去的想望。当然，皇帝跟士大夫们是肯定不愿意的，正如范仲淹回朝后所言，岂可"一太后崩，又立一太后"，这样一来，天下不是都说皇帝离不开母后，要成为"妈宝男"吗？他们依然要维持男权社会的正常秩序，杨太妃虽然当上太后，但已经不能垂帘听政了。曾经是幼主的仁宗终于亲政，这意味着宋代第一位幼主顺利成长，太后垂帘听政也在宋代得到第一次比较成功的试验，这个过程、这种经验，给后来的宋代君臣起了很好的模范作用。

一方面，经过刘太后垂帘之事，士大夫们不再视太后垂帘听政如洪水猛兽。翻查史料其实可以发现，在刘太后以后，宋代太后垂帘听政，基本都是士大夫主动要求的，而且再未因争论太后是否垂帘听政而发生政治争斗，这在幼主继位的情况下尤为如此。宋神宗在元丰八年（1085）病重之时，宰相王珪请求"早建东宫"，"并奏请皇太后权同听政"。不久，神宗去世，当时大臣以"章献明肃故事"向太皇太后上奏，请求她为大宋社稷打算，暂时跟幼主（即宋哲宗）一同听政。于是，英宗高皇后垂帘听政，"应军国事并太皇太后权同处分，依章献明肃皇后故事"。由此可见，刘太后垂帘的故事，对宋代第二位幼主继位影响甚深，在此过程中，士大夫并未掀起如天禧末年的政治争斗，而是主动把最高权力临时交给太后。此外，高太后的很多礼仪制度，均是"依章献明肃皇后故事"。至于南宋末年，恭帝即位，理宗谢皇后也是"大臣屡请垂帘同听政，强之乃许"。后来杨淑妃听政端宗与祥兴帝，虽然我没有看到有史料直接记载为大臣所请，但当时时局动荡，二帝流亡，淑妃听政也是因循故事而已。而在南宋初年的苗刘之变中，叛军也请隆祐太后（即哲宗孟皇后）为宋高宗的三岁孩儿听政。

刘太后以前，宋代士大夫总认为"政治出于宫闱之内，这是国家的不幸"。刘太后垂帘十一年间，虽然稍有风波，但总算稳步发展。自此之后，宋代士大夫幡然发现，母后垂帘，其实也不是那么可怕，只要约束得当，唐武、韦之祸也不会发生。再者，两代君主承接之际，在历朝历代中都是非常危险的时刻，如果大权落到宦官或权臣的手中，其所产生的祸乱会更加严重。相比之下，前朝太后，一般是新君的母亲或祖母，无论从文化上的孝道，还是从伦理上的家长权力看，母后为新君主持国事，行使皇权，都是名正言顺。因此，在神宗弥留之际，士大夫们化解了蔡确、章惇等人另立皇子的阴谋，促成哲宗登位，高太后垂帘。当然，士大夫们不会对母后垂帘听之任之，他们对刘太后垂帘时的种种僭越行为仍然耿耿于怀，英宗初年，仁宗曹皇后垂帘听政，宰相韩琦设法令其归政；哲宗即位时，士大夫们对垂帘听政的高太后要求更加严格。只要高太后举动稍有僭越之嫌，群臣必定轮番上奏，务必使高太后就范。如元祐二年（1087），有关部门想根据刘太后的旧例，让高太后在文德殿受册，群臣纷纷上疏谏阻，最后还是高太后下手诏，在崇政殿受册。

另一方面，刘太后垂帘，对于大宋后来的垂帘后妃来说，又是另外一番经验。纵观前朝，汉代后妃能力有限，总得依靠一些特殊人群去处理政事，因此，汉代太后垂帘之际，实质上就是外戚专权之时，而太后只不过是外戚家族在宫内的代表而已。唐代武、韦两位皇后，可算聪明绝顶，她们不是家族的代表，却把家族外戚打造成自己统治的基本盘，同时依靠酷吏对反对者进行镇压，杀戮太重，在史册上留下恶名。但经过刘太后垂帘一事，后妃们发现，其实不需要依靠外戚、宦官和酷吏，也不用对内实行高压政策，只要能有效依靠、利用和防范士大夫，一样可以顺利地处理朝政；如果是因为新君年幼而垂帘听政者，更可以因皇帝之名而紧握最高权力。《宋史》认为，宋代"经历君主年幼，母后临朝的一共有三朝，如果放在前代，这岂不是宦官当道的时期吗"？其实岂止宦官，南宋参知政事龚茂良认为："汉、唐之乱，或者是因为母后专制，或者是因为权臣不受节制，擅自发号施令，或者是因为诸侯强大，藩镇嚣张跋扈。这些现象本朝都没有。"平心而论，宋代也有太后垂帘之时，出现权臣专政的情况的，那就是南宋理宗时的史弥远。但史弥远成为权臣，是从宁宗朝开始的，这与宁宗杨皇后有多少关系。然而，在宁宗弥留之际，她与史弥远合谋废掉原来的皇子赵竑，另立一皇子为帝，是为理宗，故三人早已是绑在一根绳子上的蚂蚱，而杨太后本人也沦为史弥远在政治舞台上的傀儡。这在宋代垂帘太后中属于个别现象。

在宋代，垂帘太后总是非常聪明，她们一方面在仪制、礼节上对士大夫多作忍让，更不会冒天下之大不韪，触碰士大夫的心理底线——登基称帝；而另一方面，她们又能利用和防范士大夫，特别是在辅助幼主之时，垂帘太后能紧紧掌握最高权力，使她们的意志得以实行。如高太后一开始垂帘，就利用司马光等元祐大臣，尽革自己一向反对的熙丰新法。其后大臣虽一再请求，她也一如刘太后，至死没有还政。苗刘之变时，哲宗孟皇后虽为苗傅、刘正彦所逼，抱三岁幼儿垂帘听政，但最终也是依靠宰相朱胜非，引韩世忠调兵勤王，铲除叛逆。到南宋末年，国家处于动荡之际，谢太后借士大夫之手，贬死权臣贾似道。可见，宋代的垂帘太后，多数能利用与皇帝共同分享的皇权来抑制权臣，而这一切，不能不说是刘太后垂帘垂范后世的结果。唯其如是，宋代的良法放在前代也未必可行，因为前代朝廷大臣多为世家大族，太后垂帘之时若依靠大臣处理朝政，实际上也只能是造就权臣，把持朝政。既然如此，这个权臣出自外戚家族，起码对垂帘听政的太后有不少保障。但到了宋代，大部分世家大族都在唐末五代的乱世中消失殆尽，而从宋太宗开始，科举录取人数又大幅增加。故此，宋代大臣入仕，多由科举，社会阶层流动迅速，难有宗族世家可言。再者，宋代儒学复兴，士大夫以天下为己任，多愿为皇家所用，而垂帘太后所代表的并非自己的外戚家族，而是赵宋皇室，所以她们才能依靠他们，利用他们。更深层的原因是，宋代专制程度非前代可比，无论垂帘太后对大臣士大夫的防范，还是士大夫对垂帘太后的抑制，都是维护这一专制制度，保证皇帝能够实施专制权力，这一点容后详加讲述。

两宋后妃垂帘听政数量如此之多，主要是帝位传承之际出现这样那样的变故，而后妃在宋代新君嗣立中，往往起着举足轻重的作用。两宋皇帝一共十八位，其中十位皇帝在嗣位过程中受到后妃的直接作用，而当中九位皇帝在即位之初，更由皇太后（妃）垂帘听政。总体而言，在三种情况下，宋代新君嗣立总有后妃的作用。

其一，新君年少幼孤。在宋代十八位皇帝当中，能被称为幼主的，除仁宗外，还有北宋哲宗，南宋末年的恭帝、端宗和祥兴帝。除此之外，南宋初期，由于发生苗刘之变，高宗曾短暂退位，由其三岁皇子暂代帝位，这勉强也算一位。无论是和平时期的北宋，还是处于动荡的南宋初年和末年，太后垂帘听政已经成为宋代幼主即位的一种固定模式。而且，在太后垂帘期间，皇权实际上就是由垂帘太后分享，而不是她左右的外戚、宦官或权臣。即使是南宋末年宋朝衰亡，其原因也是来自外患，而非内忧。由此我们不得不说，刘太后垂帘听政，辅助幼主的经验，的确给了后世很重要的参考价值。宋代后妃因新君年少幼孤而在帝位传承中作用突出的，只有真宗刘皇后和英宗高皇后。事实上，这两位皇后也是参政后妃中执政时间最长的，刘太后"称制凡十一年"，而英宗高皇后辅助哲宗时间长达八年有余，史称"宣仁圣烈高后垂帘听政，而有元祐之治"。不过值得一提的是，北宋两位幼主成年之后，太后都不肯还政，这也对两位幼主造成不良影响：仁宗性格懦弱，而哲宗过于偏执；两位皇帝亲政后，都对太后垂帘之时的政策有所颠覆，对政局造成一定影响；而宋代两个废后的皇帝，恰恰也是这两位。

其二，新君非旧君子嗣。在宋代，一些皇帝驾崩后没有子嗣，往往造成老皇帝不得不选立兄弟或宗子入继帝统。在宋代，非以上一代皇帝亲子身份入继帝统的有太宗、英宗、徽宗、高宗、孝宗、理宗、端宗和祥兴帝，所占比例甚高。其实以宗室子入继帝统，在历代都属于正常现象，但在宋代，一些入继的宗子似乎认为这样不够名正言顺，故多有推托，甚至引起一些风波。如英宗继位之际，在居室内乱走，并喊着"我不敢做，我不敢做！"徽宗在即位时，也推托说"申王，兄也"，不敢僭越兄长成为皇帝。这表明，嫡庶长幼的观念在当时人们心中非常牢固，不按正常顺序继承皇位的皇帝总怕遭人非议。为避免这种情况在政治上可能引起的一些危机，这些皇帝往往由先朝皇后认可，方能顺利继位。而继位之君，为了寻找继位合法性的理据，一般都非常尊重先朝皇后，并请她垂帘听政，以证明本身无私之心。宋代因为非原来皇帝子嗣继位，而由太后决定册立、辅助或得到太后承认的皇帝有英宗、徽宗、高宗和理宗。而端宗和祥兴帝的册立，基本上是由大臣决策的，杨太妃虽然在流亡政权中垂帘听政，但她的作用很小。可即便如此，太妃按例垂帘，也说明这已经成为当时的制度。由于理宗继位掺杂了其他因素，我把他归于另一类。

英宗乃宋代第一位以宗子入继帝统的君主，在他册立及嗣立过程中，仁宗曹皇后所起的作用甚大。她首先与仁宗共同主持了英宗的婚礼，当时宫中说这是"天子娶妇，皇后嫁女"。在仁宗驾崩之际，曹后表现镇定，对仁宗死讯秘而不宣，只令两府大臣黎明入宫，并叫人"三更令进粥，四更再召医"，制造仁宗尚在人世的假象，使英宗顺利登位。英宗继位不久之后就患病了，曹太后又为他垂帘听政，此中意义重大，因为这样既进一步证明英宗继位的合法性，在当时也起到了稳定朝局的作用。当然，由于仁宗生前曾想等待自己的亲生儿子降生，所以一直把英宗作为备胎，故此，尚为皇子的英宗对仁宗夫妇一直有所怨恨，这也为后来曹太后与英宗关系恶化埋下伏笔。但无论如何，曹太后在仁、英两朝过渡过程中的作用不可或缺，难怪邵伯温后来评价说："慈圣光献太后立子的功劳，哪能被掩盖？"

如果说英宗继位在仁宗生前已经由皇帝钦定，那么徽宗之立，则完全由神宗的向皇后决策。哲宗是元符三年（1100）正月驾崩的，他当时还很年轻，膝下无子，宋朝又一次断统。此时向太后已经垂帘听政，她不顾宰相章惇的反对，以"先皇帝曾言端王生得有福寿"为由，主张立端王赵佶，也就是后来的徽宗。向太后主张立端王，当然有她的政治考虑，但由此也可见，宋代太后在立嗣当中有相当大的权力，章惇作为宰相，最后也不得不屈从。这种现象后来又出现在宁宗、理宗的嗣立问题上。向太后在徽宗登基之后，继续垂帘听政半年。其实，徽宗继位之时已年届十八，太后垂帘之举其实是出于他自身的要求。他一登基，立即对众大臣说："刚才我已经再三告诉娘娘，请求她一同听政了。"因为这样不仅可以加强他继位的合法性，另一方面，他的继位曾经遭到宰相反对，以太后垂帘，有利于稳定人心，实现顺利过渡。

高宗乃徽宗之子，钦宗之弟，以皇弟身份入继大统，确实有点说不通，所以传统观念根深蒂固的文人士大夫对此很是无奈，因为当时赵宋皇室的所有宗室近亲，都已经被金人掳掠一空，唯康王赵构不在东京，因而幸免于难。国不可一日无君，赵构继位其实是士大夫乃至整个大宋不得已的选择。但高宗虽然继位，其帝统问题一直受到时人的诘难及挑战。当时以敢言著称的太学生陈东就曾经上书高宗，要求他"亲征以还二圣"，也就是把徽宗和钦宗从金国接回来。而在苗刘之变中，苗傅也曾肆言曰："皇帝不应该登上大位，将来渊圣皇帝（即钦宗）归来，如何自处？"这虽然是叛军的借口，却一针见血。在这种情况下，高宗需要有人证明他皇位的合法性。哲宗孟皇后因两度被废，其名不在宗室籍内，故避过金人掳掠的浩劫。其后她又在张邦昌的伪楚政权中垂帘听政，所以早就名扬天下了，她是证明高宗帝位合法性的最佳人选。孟太后在苗刘之变时，曾为高宗幼子垂帘。在听政期间，她听从朱胜非的策略，一方面安抚苗、刘二人，一方面暗中设法让韩世忠调兵勤王，使高宗得以复辟。最后，她亲自写信让高宗回宫，自己马上就撤帘了，这实际上是承认了高宗帝统的合法性。

其三，新君通过政变继位。这是指在非特别情况下，没有老皇帝谕旨认可和正式禅位仪式，或由不合法的继承人通过政变而继承皇位。在宋代，明显属于这一类的，有宁宗和理宗，出于稳定人心，证明继位合法性，两朝之初均有皇太后垂帘听政。宁宗继位一事，历代史家评价很高，称之为"绍熙内禅"。但这次事件，名义上是内禅，实际上光宗是被迫"内禅"，因为他根本没有同意把皇位传给自己的儿子，只不过他对孝宗的不孝之举已经危及大宋朝廷的统治，所以一众大臣才弄出这次"内禅"来另立新君。宁宗是因赵汝愚、韩侂胄等人发动的政变而继位的，光宗本人也不承认这次"内禅"，当宁宗去朝见他的时候，光宗问是谁，韩侂胄回答说："是嗣皇帝。"光宗瞪着眼睛看着他说："我儿子吗？"然后就背转过身不再看他们。高宗吴皇后在这次"内禅"中没有多大作为，却有很大作用。无多大作为，是因她已年届八十，"内禅"之事，基本都是听从赵汝愚等人意见行事。她首先稳定了政局，亲自出面为孝宗发丧，然后选定光宗的亲生儿子嘉王赵扩为嗣君，使"内禅"顺利进行。如前所述，皇太后在新君册立方面有很大权力，同时也是新君合法继位的象征，因此，即使是因政变继位，也须从皇太后身上找寻合法理据，否则就是篡位。吴后在这次"内禅"中虽无太大作为，但在这方面的象征意义却十分重要。可以说，如果没有吴太后点头同意，"内禅"之事未必能成，而就算成了，也是一次彻彻底底的谋朝篡位。宁宗继位后，为了稳定朝局，吴太后也为他垂帘听政了几天。

理宗的继位则是由权臣史弥远发动的政变。宁宗本来立了一个皇子赵竑，但这个人是个二百五，还没有继位掌权，就天天吵着要废掉史弥远。

史弥远为了保住自己的权力，秘密培养沂王宗子赵昀，阴谋废掉赵竑。参与这次政变的是宁宗杨皇后，她最开始并不知情，但赵竑确实对她也很不恭敬，并且疏远她为他安排的妻子。史弥远让杨皇后的两个侄子去威胁她，说赵竑一旦继位，杨家必定鸡犬不留，最终杨皇后考虑到家族利益，才同意走上史弥远的贼船。理宗登位后，杨太后垂帘听政，原因乃是理宗既非帝统纯正，又非合法继位。他登基前，杨太后对他一无所知，他在朝中的人心就更可想而知了。但太后既然上了贼船，就不得不垂帘听政，因为这既有助于证明理宗帝位的合法性，又有助于稳定朝局，安定人心，同时也有利于史弥远专权。她在宁宗朝早就已经参与政事，当初更是一手策划铲除掉权臣韩侂胄，如今却只能成为史弥远的傀儡。

　　从上述分析可以窥见宋代后妃在帝位传承中的特点之一，即后妃介入帝位传承的现象非常普遍。宋代以前历朝历代，后妃大多是在新君年少幼孤时介入帝位传承的，这种现象在汉代尤为明显，伴随出现的则是外戚干政。而宋代不但是年幼君主即位，即便是年长君主即位，也会出现太后垂帘听政的政治现象。宋代后妃在帝位传承中的另一个特点，是后妃逐渐从主动转向被动。前代后妃参与帝位传承，大多出于攫取政治权力的考虑，这点以唐代最为突出，甚至出现武后称帝之事。而唐末五代，后妃干政的现象日趋严重，尤其是在沙陀三王朝，皇后、太后多有插足政治。宋初太祖、太宗帝位传承的过程中，有"金匮之盟"的疑案，但这更多是一种象征意义，也就是假托太祖、太宗之母杜太后的话，来证明太宗继位的合法性。但到了太宗与真宗的帝位传承之际，后妃的主动作用却遭到士大夫们的有力打击，太宗李皇后想废太子赵恒而改立元佐的阴谋，被宰相吕端巧妙化解。其后，在真宗、仁宗的传承之际，刘皇后的强势手腕一度让后妃权力在帝位传承中略为抬升，但她最终还是被士大夫限制在一定范围之内。而此后一直到南宋灭亡，后妃在帝位传承中一直处于被动地位。

总的来说，宋代后妃在帝位传承中的作用有三：其一，保证新君顺利登位，两朝顺利过渡；其二，行使立嗣之权；其三，证明新君继位的合法性。值得注意的是，从英宗开始，成年君主以及朝廷大臣似乎并不害怕垂帘女主会给大宋带来祸患，故此，无论是为了朝廷公义，还是为了谋取私利，他们往往是主动要求太后垂帘听政的。之所以如此，乃是因为刘太后垂帘之事给后来的宋代君臣带来了很好的示范经验，他们不但从中知道女主垂帘的积极作用，并且探索出如何抑制女主权力的办法。如英宗继位后得了心疾（就是有点失心疯），不能处理政务，大臣们并没有要求让贤臣辅政，反而是"三上表请（太后）听政"；另一方面，司马光则上书垂帘听政的曹太后，要求她"不可尽依章献明肃皇太后故事"，也就是不能像刘太后那样专制。大臣们对垂帘太后的抑制，当然并非一纸奏章说说而已，后来曹太后与英宗关系恶化，她也想效法刘太后把持皇权，迟迟不肯还政，结果韩琦用计逼她还政，这就可以说明他们对太后防范甚严，防止她们危害赵宋朝政。从此以后，宋代幼主或有争议的君主即位，由太后垂帘听政几乎成为定制，而垂帘太后本身也深知朝中人心所向，所以对自身多所抑制，因而形成宋世三百余年，多有女主垂帘而无女主之祸的政治局面。

实际上，宋代后妃在新君继位过程中的作用，已多偏于象征性，这与宋代皇权被神化有关。在宋以前，皇帝是众公卿大族的代表者，唐代在太宗与武后时期，大修《氏族志》和《姓氏录》，极力使李姓与武姓跻身甲族，这表明他们也承认皇族是公卿大族中的一员。但宋代却完全不同，从太宗开始，皇帝被不断神化。如《宋史》记载，杜太后曾梦见神仙捧着太阳交给她，不久就怀上了太宗；真宗在"天书封祀"中，直接把赵氏皇族认作神的后代；仁宗本人也被认为是赤脚仙人下凡；到南宋后期，即便是靠史弥远阴谋继承皇位的理宗，也说有人见到他"身隐隐如龙鳞"。由此可见，宋代皇帝已不是单单把自己宣传为凡人中最为杰出的一员，而是超然于凡人之外的神的化身。虽然宋代皇帝的权力没有达到后来明清时代的专制程度，但他们却以超然的身份与士大夫共治天下。正是由于神秘主义的流行与渲染，与皇权密切相关的帝位传承，也越来越非士大夫所能触及。太宗于淳化五年（994），向寇准问及立储之事，寇准不敢正面回应，只说："陛下是为天下选择君主，与妇人跟宦官商议是不行的；与近臣商议，也是不行的。只有陛下选择能担负天下希望的人。"仁宗时，韩琦进言立储，被问及人选，也说了类似的话："这不是我们这些当臣子的可以议论的，嗣君人选应该由陛下选择。"其态度也与寇准如出一辙。而更多言及立储的大臣则遭远贬，如陈东、岳飞者，甚至招来杀身之祸。由此也可以理解，为何在"绍熙内禅"中，众大臣必须假借吴太后之手，宁宗才能被立；而史弥远的阴谋，也不敢发难于宁宗清醒之时。而宋人在一些记载中，甚至猜测杨皇后一旦答应参与史弥远的阴谋，竟然不惜弄死尚未断气的宋宁宗。

由此可见，有宋一代，在帝位传承中权力最大的是皇帝本人，而皇后或皇太后的作用大多是象征性的，在皇帝无法决策的情况下，她们作为天下之母，象征性地行使最高权力，以使新旧两朝顺利过渡，其目的，是在皇权神化的社会环境下，使新君继位的合法程序能够顺利完成，这是宋代后妃在帝位传承中的特点之三。这种象征的意义非常重大，因为皇权的终极合法性来自于神的授予，但这是很虚无的；而它的现实合法性，则来自前任皇帝的指定。因此，当前任皇帝无法指定其合法继承人，或帝位传承间可能出现危机时，皇后或皇太后，作为前任皇帝的妻子或母亲，其行使的权力与发挥的作用，都是神化了的皇权的让渡，因而能得到士大夫乃至普罗大众的认可，新皇帝的合法性也随之得到认受。

其实，宋代的后妃政治，实际上就是这种神化皇权的让渡，这虽然使后妃能够参与政治，但并没有为宋代带来男女平等的开明之举，相反，在这个儒学复兴的朝代，士大夫更加强调这只是男权政治的一个补充。例如，皇后或太后在帝位传承过程中作用虽然大，有时也有相当的权力，但这是以不能僭越或侵犯皇权为前提的，也就是说，若先皇早有立储，皇后或太后也不能随意更改。前文提到的吕端化解李皇后阴谋一事就是如此。吕端此举既保证了真宗顺利继位，又维护了太宗的皇权。南宋时，也有记载说孝宗与恩平郡王赵璩被一同养在宫中。孝宗形象英武，为人早熟，聪明过人，秦桧对他甚为惧怕，而高宗吴皇后也主张立赵璩。但高宗不为所动，他通过自己的方法进行测试，最后决定立孝宗。在这次立储中，皇后与皇帝有不同意见，而且皇后得到宰相的支持，但最终还是以皇帝的决定为依归。嘉定末年，宁宗一早就册立赵竑为皇子了，而且这个皇子在当时是唯一的，可却一直没有把他定位太子，这当中也许有等待亲生子嗣的考虑。但太子的名分一天不定下来，赵竑都只能是皇位的合法继承人选，多了一个"选"字，就多了很多变数，这才让史弥远有机可乘，在最后关头推出赵昀取代赵竑。纵然如此，理宗的合法性仍然遭到质疑，他登位后立即引发潘壬兄弟叛乱，他也因此把赵竑干掉；而后来朝廷之内，为赵竑喊冤的也不少，其中包括真德秀和魏了翁等名臣。因此，假若杨皇后坚持立赵竑，必然得到朝中大臣拥护，而史弥远未必就敢发难，就算敢，他的阴谋也未必能够得逞。但话说回来，如果赵竑懂得讨母后欢心，并善待母后给自己安排的妻子，最后也就不会落得个兵败身死的下场了。

当然，宋代后妃参与政治，也有观念上的需要，其中传统的孝道观念起了重要作用。后妃乃新皇帝的母亲或祖母，起码在政治意义上是这样的，她们帮助儿孙处理政事是"慈"的体现，而新皇帝听从先朝皇后的旨意，则是"孝"的行为。这种"慈""孝"的举动，当然得到士大夫的支持和提倡。如曹太后在英宗初年垂帘听政，是以宰相为首的众大臣主张的结果；而英宗高皇后在哲宗朝"以母改子"，更是在历史上备受赞许。但要注意的是，宋代后妃的这些政治行为，都被规范在男性政治权力能够容忍的范围内，一旦超出这一范围，后妃政治就会受到士大夫的反对，被视为"干政"。所以当初力主曹太后听政的宰相韩琦，半年后又用计逼迫曹太后还政，以致曹太后发出"教做也由相公，不教做也由相公"的感叹。而高太后"以母改子"，恰恰符合当时士大夫的意愿，才会得到支持。

相反，在宋代，一些后妃也因干预朝政而遭到责罚或报复。如仁宗郭皇后建议仁宗罢吕夷简相，导致吕夷简因前怨而怂恿仁宗废后；哲宗刘皇后在徽宗朝也想干预政事，而且在宫中也因行为不谨而闻名。徽宗可不管什么先朝皇后，他后来甚至想废掉曾经力主立他为帝的向太后，刘皇后就更不在话下了。消息传来，刘皇后被左右近身之人所逼，最终自缢身亡。再如南宋光宗皇后李凤娘，颇预外政，甚至离间孝宗、光宗父子关系，但当士大夫发动"绍熙内禅"，光宗被迫成为太上皇后，李凤娘的预政也宣告结束。至于本书主要讲述的刘皇后，只因礼仪尊崇太过，便一直受到非议，而从此之后，垂帘太后虽然多，但敢越礼的几乎没有。由此可见，男性士大夫根本不愿意女性过多干预政治，从而破坏男权社会的正常秩序，他们容许甚至促成一些女主参与政治，其实是为巩固和维护独一无二的专制男性皇权。

总之，刘太后在仁宗朝垂帘听政，她的政治影响并未及身而止，她垂帘的经验，对后来的宋代君臣启发甚多。宋代后妃中参与政治的人很多，但与其他朝代相比，遭诟病者甚少，究其原因，总是因为宋代后妃参与政治，都是为男权政治服务，为大宋王朝服务。刘太后僭越行为虽多，野心也不小，但执政期间辅佐仁宗处理朝政，并没有打破男权社会的正常秩序。其后，宋代士大夫大力赞扬刘太后保扶幼主之功，但又以其权力过大为戒鉴，一方面主张新旧两朝间由太后垂帘听政，另一方面又尽力抑制太后的权力。英宗高皇后称制，尽革新法，符合当时士大夫的意愿，因此长期以来受到称颂。而其他垂帘太后，虽然在帝位传承问题上有相当的权力，但她们垂帘，只是为了让新皇帝顺利执政。由此可见，宋代后妃参与政治虽然相当普遍，但已经从主动转向被动，她们在这个过程中的权力与作用，只是神化了的皇权的象征与让渡，并且受到朝廷大臣的制约，它只是男性皇权的一种补充。而且，这些妇女在参与政治的过程中，一旦有些许僭越之行，就会受到诘难、非议，甚至被斥为祸患，有性命之忧。

余论 "于赵氏实有大功"

从贫民孤女到垂帘太后，刘氏可谓是中国的灰姑娘，甚至可以说，她比灰姑娘更加幸运。因为偶然的机会，与尚为皇子的真宗相遇，继而相知、相爱，最终相濡以沫；真宗驾崩前，甚至把整个大宋王朝托付给她，让她成为整个朝廷里权力最大的人，在武则天的前车之鉴下，这可以说是一种绝对的信任。有很多作者认为真宗是一个胆小怕事，但又好大喜功的人，但我却不这样认为，起码在爱情上，他敢爱敢恨，而且能坚持、有计划、有谋略。说他能坚持，那是他竟然可以等待近三十年，到刘氏四十四岁，一切时机成熟的时候才立她为皇后，换了别的有权有势者，早就"大丈夫何患无妻"，与刘氏相忘于江湖了。或者如《莺莺传》里的张生，把崔莺莺当作红颜祸水，始乱终弃，从而树立自己不被女色所惑的道德形象了。事实上，刘氏最初作为一个贱妾，就算被真宗抛弃，也不会有人说三道四。说他有计划有谋略，是因为他不会逞一时之英雄而意气用事，而是不断铺排，让刘氏一步一步地走上后位，否则，太宗、李沆、寇准、李迪，甚至他的乳母秦国夫人都可以让他放弃刘氏，比如，太宗完全还可以让真宗在江山与美人中选择一个。真宗不做选择题，他爱江山，更爱美人。与他相比，其儿子仁宗在感情问题上简直幼稚得像一个小孩子。

真宗驾崩后，刘太后对他十分思念，有记载说，她在自己的寝殿中建了一个小佛堂，里面贡奉着一幅功德画，上面有三个人物，中间的是一尊菩萨，左边一个人捧着手炉，却是真宗的容貌，右边有个妇人捧着花篮，是她自己的容貌。她每天都会对着这幅功德画焚香礼拜。这个记载尽管出自一部书话类的笔记小说，但也可以看到，当时人对她与真宗之间的感情十分认可。正因为有这份感情在，她并没有辜负真宗对她的托付。当时很多人怀疑她会效法唐朝的武则天，可她从来没有像武则天那样，大肆诛戮赵氏宗室，相反，她对赵氏族人相当好。据《宋史》记载，仁宗继位后，太宗之子尚在人世的，只有长子赵元佐与泾王赵元俨。赵元佐在仁宗即位不久后就去世了，得"赠河中、凤翔牧，追封齐王，谥恭宪"，可见刘太后对他甚为优待。死者如此，生者待遇更甚，深通韬晦之道的赵元俨在仁宗即位后，"拜太尉、尚书令兼中书令，徙节镇安、忠武，封定王，赐赞拜不名，又赐诏书不名。天圣七年，封镇王，又赐剑履上殿。明道初，拜太师，换河阳三城、武成节度，封孟王，改永兴凤翔、京兆尹，封荆王，迁雍州、凤翔牧"。刘太后除了按照惯例不让宗室掌权外，可谓让赵元俨享尽位极人臣的待遇了。故此，从前我看《清平乐》的时候，真想不通那八大王哪来对太后这么大的火气。对与真宗同辈的赵氏长者如此，对仁宗后辈的赵氏宗室，刘太后也同样体现出家族长者对晚辈的关怀之情。据王珪记载，尚为儿童的赵世延入见刘太后，因为能背诵唐明贤诗几十篇，立即受到太后嘉许，"遂赐名，以为右侍禁，稍迁西头供奉官"。此外，陪伴仁宗读书的赵元佐之孙赵宗旦，同样得到刘太后的关怀，为他寻找衣冠之族进行婚配。

刘太后对待赵氏外嫁的公主也非常好，有一次，两位大长公主（皇帝的姑姑辈）进宫见太后，头上只戴着很廉价的头饰。太后看见大为心疼，说："两位小姑都老了。"立即命左右给她们赐予珠宝，让她们用作头饰。大长公主有这待遇，其他妯娌可不见得有了。当时陈王元份的遗孀安国夫人李氏也老了，开始掉头发，她入宫见太后，也想讨要珠宝头饰，太后说："大长公主是太宗皇帝的女儿，是先帝的妹妹，你一个赵家的老妇人，可以比吗？"换言之，她认为赵家的女儿比赵家的媳妇要尊贵，这种观念在今天看来当然是错的，但却也反映出刘太后对赵氏的褒崇。不但对其他妯娌如此，她对自己也很节制。每当给刘氏族人赐食的时候，她必定会把金银餐具换成铅器，并且说："皇家的器物不能进入我家。"而她自己一般穿的，都是粗绸做的上衣，以及白绢做的下裙，这在宫中是很一般的服饰。她身边的宫女看见皇帝左右的侍女耳环漂亮，也想效仿，她就说："那是皇帝嫔御的服饰，哪是你们能学的？"从家族观念的角度出发，刘太后的这些事迹，乃反映她在赵氏家族中的家长地位与作用。在处理家族事务时，她并没有做出有损赵氏利益之事；相反，她对待赵氏族人，始终带有温情，其目的是想让赵氏族人和谐相处，并紧密维护以皇帝为核心的家族关系。

或者有读者有疑问，武则天之所以大肆屠戮李氏族人，乃是因为李氏宗亲中有很多人反对武氏专政。那么赵氏宗亲里有没有反对刘氏专政的呢？史料对此记载甚少，主要是因为从太宗朝开始，宗亲就很少有人掌权，情况与唐代不同。然而赵氏中与刘太后意见相左的却也有人在。如赵廷美之孙赵承庆，其名犯刘太后虚构出来的爷爷刘延庆的名讳，太后派宦官去令他改一个名字，他不愿意。后来，刘太后亲自过问此事，赵承庆的语气相当强硬，说："彭城王（刘通）的名讳，是天下人一起避讳的，臣不敢不避讳；彭城王父亲的名讳，不是天下人都要避讳的，臣不敢独自避讳。而且臣的名字乃先朝所赐，怎么敢私自改变来讨好上级呢？"这番话不但表达了他对太后要求他改名这一无理要求的不满，更表达了他对彭城王刘通避讳问题的不满。然而太后并没有因此责罚他，这足见她对于赵氏家族并无遏制甚至迫害之心。

前文提到过，有记载说太后想以荆王赵元俨为皇太叔，并且养荆王子于宫中，似乎要对仁宗不利。这种记载，似乎认为刘太后有另立君主之意，但实在不堪一驳。刘太后如果想另立新君，就必须选有利于己的人，如果真的以年长的赵元俨为君，她就连继续垂帘听政的理由都没有了。至于荆王子，或取其年幼易制之意，但仁宗即位时就是个孩子，而且一直把她当作亲生母亲，故一直为她所掌控，她又何必再多此一举？而且再立一个小孩，重新培养感情，也未必能像仁宗这么好控制。其实刘太后如果真想另立幼主，甚至易姓而代，也根本没有必要迫害仁宗。唐高宗驾崩时嗣君李显已经成年，有自己独立的思维与执政能力，所以与母亲武则天会经常发生矛盾，武则天谋求自立为帝，就必然要找各种各样的借口来迫害儿子。

但刘太后的情况与武氏大不相同，仁宗即位时尚且年幼，其思想、性格、爱好等尚未定型。作为一个后妈，要毁掉一个孩子不是对他严加管教，而是对他放任自流，纵容他，娇惯他，让他为所欲为。事实上，作为大宋的皇帝，仁宗也有为所欲为的资本。因此，她若真有另立或代立之心，大可放纵仁宗，把他培养成一个昏君、庸君，这样皇帝在内宫骄奢淫逸，太后在外朝掌控朝政，待时机成熟，无论另立、代立，都是水到渠成的事情。可刘太后本身并没有另立或代立的主观意向，而是一心一意为大宋培养理想的皇帝。

仁宗当然是不完美的，至少在我看来，他的"仁"在某种程度上就是懦弱的表现。但他确实是两宋十八个皇帝里比较优秀的一个，而且就是在他的仁政之下，大宋营造出了一个相对开放的政治氛围。曾与刘太后为敌的李迪，后来不禁感叹："诚不知太后圣德乃至此！"而北宋名臣司马光后来也对她评价道："章献明肃皇太后保护圣躬，纲纪四方，进贤退奸，镇抚中外，于赵氏实有大功。"这个评价当然是我断章取义的，因为司马光接下来就要批评刘太后的各种僭越行为。但司马光这话也不是瞎说的，因为他这份奏章是想让垂帘听政的曹太后学章献太后的好，而避免她不好的行为。所以，在司马光看来，刘太后对于赵氏来说，确实是有大功的。

最后，我们回到"狸猫换太子"的故事。这个故事荒诞不经，除了凸显包青天的刚正廉明之外，其实更多是从根本上否定女主统治的合法性与合理性。刘太后垂帘听政的合法性是来自她与仁宗的母子关系，但如果连儿子都是她抢来的，后位也是她欺蒙真宗得到的，那这合法性就无从说起，更不要说合理性了。当然，这个故事也有一定依据。首先，宋代后宫的宫廷斗争中，确实有妃嫔会被残害，或者被送出宫的。这种事情在南宋光宗朝很常见，光宗皇后李凤娘忌妒心很重，有一次光宗称赞一位宫女双手好看，结果第二天李凤娘就喊人把这个宫女的手剁了下来献给光宗。另外，光宗后宫有两位得宠的妃子也被李凤娘送出了宫。故此，就宋代而言，李宸妃被迫害出宫并不是没有原型的。其次，刘氏在这个故事中也确实有对不起李宸妃的地方，那就是剥夺了她与仁宗母子相爱相亲，最后共享天伦的权利，让她到死都不能再看见自己的儿子。但在那个专制时代，一个小宫娥几乎没有反抗的力量。后来刘氏为李宸妃找回了弟弟，并且封了官。这实际上就是一种利益的交换，李氏自己很清楚这一点，而且这在那个没有选择的时代里，总算是一种比较好的选择了。

在这个故事中，与刘氏合谋的是真宗，但在"狸猫换太子"里，他被撇得干干净净，这其实也凸显出传统中国小说的立意：皇帝可以昏庸糊涂，但绝对不能有坏心，心眼儿坏的都是他身边的大臣后妃，或者宦官佞幸。我们当然也不能说真宗有多坏，他为刘氏安排借腹生子这出戏，只是出于他对刘氏的爱情，想为她立后铺路。我相信，在中国古代还是有爱情的，但它是可遇而不可求的。真宗是皇帝，当然有权力追求爱情，可刘氏却没得选择，当皇帝的爱情遇上她，无论她喜不喜欢，都得接受——当然，在她的个案中，她是欣然接受了。可生育仁宗的李氏难道就不渴望真宗的爱情？应该也是渴望的，在一些记载中，还描写过她对真宗含情脉脉，可皇帝不喜欢她，她也没法选择。所以，"狸猫换太子"中李宸妃的悲剧，与其说是刘皇后对她的迫害，不如说是中国古代的皇权制度与女性地位对她的迫害。

后　记

　　2004 年，我从汕头大学外语系毕业，考入暨南大学中国史籍文化研究所，拜入张其凡先生门下，从此开始了我的历史研究生涯。同样是在 2004 年，香港 TVB 播出了一部电视剧叫《金枝欲孽》，这部剧可谓现今荧屏上宫斗剧的鼻祖。我当时很喜欢这部电视剧，于是在跟张先生商谈毕业论文选题的时候，就提出要做宋代的后妃政治，但张先生说这个选题太大，我思前想后，又跟张先生提出，要做宋真宗的刘皇后。张先生说这依然是一个博士题，但既然我想做刘皇后，那就做跟刘皇后有关的寇、丁之争吧。这就是我硕士论文选题的缘起，但即便如此，我从来没有放弃过对刘皇后的研究兴趣。两年后我考进武汉大学攻读博士学位，拜入杨果教授门下，她当时刚申请到了《宋代女性史研究》的国家社科项目，所以当我提出要把刘皇后作为博士论文研究对象时，她十分高兴。做开题报告的时候，有老师指出我的题目作为博士论文太小了一些，但杨老师事后鼓励我说，不要嫌题目小，深挖下去，一样可以做出很好的成果。后来，我的博士论文写了 23 万多字，并在答辩中取得优秀。张其凡先生和杨果先生都是我学术生涯的启蒙导师，尽管我在他们身上学到的是不同的学问。我在今天能够走上学术道路，都要感恩于当初两位导师对我的引导和培养。

　　这本书是一本通俗读物，但却是在我的博士论文基础上改写的。在"宋朝往事"系列第一辑出版后，耿元骊教授立即组织我们撰写第二辑，其中选题就有"狸猫换太子"，于是我欣然接受了这次的任务，并选定了这个题目。尽管这是一本通俗读物，但当中很多观点都是经过我自己的思考形成的，当中有一些已经超越了十几年前我博士论文成型的时候，并在这十几年里陆续成为研究成果，发表在不同的刊物和论文集上。但这并不是我的博士论文，因为出版社对通俗行文的要求，我删减了所有的注释以及考证，并对学术化的语言乃至全文的结构作出了调整。但通俗读物也有通俗读物的优势，有一些在学术著作中需要谨慎对待的问题，在通俗读物里却是可以以猜想的形式表达出来。当然，我所做出的猜想都是有一定根据的，故此，无论怎么说，这都应该算是一部关于刘皇后的比较靠谱的通俗读物。我之所以写刘皇后，可能是因为我跟她同姓，感到亲切，但更多的是，我被她实现人生逆袭的经历震撼了。小时候听《三侠五义》的评书，总是觉得刘皇后是一个恶毒的女人，但后来阅读一些专业书籍才发现，她并没有做什么"狸猫换太子"的事情，更是一位非凡的女政治家。希望广大读者通过这本通俗的小书，能全面了解章献明肃刘皇后这个人物，以及她所处的大宋时代。